Menno Aden

DAS WERDEN DES IMPERIUM AMERICANUM

ARES
VERLAG

Menno Aden

Das Werden des

IMPERIUM AMERICANUM

und seine zwei
hundertjährigen Kriege

ARES VERLAG

Bildnachweis: Umschlagabb. Vorderseite: Der Gefechtsverband U.S.S. Abraham Lincoln mit Kriegsschiffen aus Australien, Chile, Japan, Kanada und Südkorea im Juni 2000 (Foto: Gabriel Wilson, Wikimedia commons, gemeinfrei)

Wir haben uns bemüht, bei den hier verwendeten Bildern die Rechteinhaber ausfindig zu machen. Falls es dessen ungeachtet Bildrechte geben sollte, die wir nicht recherchieren konnten, bitten wir um Nachricht an den Verlag. Berechtigte Ansprüche werden im Rahmen der üblichen Vereinbarungen abgegolten.

Bibliografische Information der Deutschen Nationalbibliothek

Die Deutsche Nationalbibliothek verzeichnet diese Publikation in der Deutschen Nationalbibliografie; detaillierte bibliografische Daten sind im Internet unter http://dnb.d-nb.de abrufbar.

Hinweis
Dieses Buch wurde auf chlorfrei gebleichtem Papier gedruckt. Die zum Schutz vor Verschmutzung verwendete Einschweißfolie ist aus Polyethylen chlor- und schwefelfrei hergestellt. Diese umweltfreundliche Folie verhält sich grundwasserneutral, ist voll recyclingfähig und verbrennt in Müllverbrennungsanlagen völlig ungiftig.

Auf Wunsch senden wir Ihnen gerne kostenlos unser Verlagsverzeichnis zu:
Ares Verlag GmbH
Hofgasse 5/Postfach 438
A-8011 Graz
Tel.: +43 (0)316/82 16 36
Fax: +43 (0)316/83 56 12
E-Mail: ares-verlag@ares-verlag.com
www.ares-verlag.com

ISBN 978-3-902732-63-7

© Copyright by Ares Verlag, Graz 2016

Layout: Ecotext-Verlag Mag. G. Schneeweiß-Arnoldstein, Wien I.
Printed in the EU

Inhalt

Vorwort

In diesem Buch wird die heutige amerikanische Welthegemonie als das Ergebnis von zwei jeweils etwa hundert Jahre dauernden Langkriegen gedeutet. Die Vorherrschaft der USA zeigt sich als die ins Globale erweiterte Fortsetzung des hegemonialen Wettbewerbs in Europa. In der außereuropäischen Welt hatte England aufgrund seines kolossalen Weltreiches um 1850 praktisch eine Welthegemonie. In diese Alleinstellung wurden um 1870 die USA zuerst als eine Art Juniorpartner aufgenommen. Kurz vor 1914 hatten die USA in dieser Partnerschaft ein leichtes Übergewicht, sozusagen 51 Prozent der Stimmrechte, errungen. Nach dem Ende des Ersten Weltkrieges, der nicht nur Deutschland politisch vernichtet, sondern auch das Britische Weltreich massiv geschwächt hatte, wurden die USA praktisch allein bestimmend. Damit hatten die Vereinigten Staaten von Amerika in einem – seit Verkündung der Monroe-Doktrin (1823) gerechnet – etwa hundertjährigen und von vielen Gewalttätigkeiten geprägten Prozess erreicht, was sie als ihre *manifest destiny* oder göttliche Bestimmung interpretierten: sie waren die dominante Großmacht der Welt. Dieser *erste hundertjährige Krieg* betraf auch Asien, aber im Wesentlichen Europa.

1919 begann der zweite Teil des *Great Game*. Nicht, wie dieser Begriff ursprünglich meinte, um den zwischen Russland und England strittigen Besitz Persiens, sondern um die Sicherung und womöglich Vertiefung der hegemonialen Weltstellung. Ein Körper braucht eine gewisse Zeit, um zu erkennen, dass er von Krankheitserregern befallen wurde, aber dann setzt die Bildung von Antikörpern ein. Nachdem der Erste Weltkrieg den kolonisierten Völkern der Welt gezeigt hatte, dass ihre Kolonialherren die ganze Welt hatten aufbieten müssen, um das auf der Weltkarte kaum auszumachende deutsche Volk politisch zu vernichten, erwachten sie aus ihrem Stupor und begannen, deren Machtansprüche in Frage zu stellen. Überall regten sich Unruheherde. Dieser Prozess begann 1919. Seither gab es bis heute (2016) wohl kein Jahr, in dem die USA nicht irgendwo Kriege führten oder militärische Aktionen initiierten; darunter der Zweite Weltkrieg, der sich daran anschließende Koreakrieg, der Vietnamkrieg, die Golfkriege und etliche andere. Diese Vorgänge werden hier als einheitlicher Langkrieg gedeutet, also als *zweiter hundertjähriger Krieg*, den die USA seit ihrem Bestehen führten. Dieser betrifft auch Europa, aber im Wesentlichen Asien.

Aus den hier angestellten Überlegungen folgt auch, dass die eurozentrische Sicht auf die beiden Weltkriege mit dem Hauptthema Deutschland überdacht werden muss.

Menno Aden
Essen, im Februar 2016

Vorspiel in der Alten Welt

1. Kapitel:
Fränkischer Geschwisterneid

Die Rivalität der beiden Kinder Karls des Großen, des deutschen Michel[1] und der französischen Marianne, bestimmt die europäische Geschichte bis heute. Diese Rivalität zeigt sich schon in der Geburt beider Staaten. Da der Ältere in fast allen Kulturen der Haupterbe ist, nimmt Frankreich den Frankenherzog Chlodwig exklusiv für sich in Anspruch und fixiert die Gründung seines Staates auf das Jahr 496, als sich Chlodwig (= Ludwig) zusammen mit dem Germanenstamm der Franken taufen ließ. Auch Karl der Große wird in Frankreich als „Franzose" reklamiert.[2] Das ist zwar historisch nicht haltbar, es gilt aber: „Avec ces Français il n'est pas permis de dire la vérité quand elle choque leur vanité."[3] [Gegenüber diesen Franzosen darf man die Wahrheit nicht sagen, wenn sie deren Eitelkeit verletzt.] Deutschland gilt als Nachfolger der barbarischen Germanen. Das lateinische Frankreich ist in dieser Sicht der Erbe Roms. Diese Einordnung scheint die europäische Geschichte bis heute zu prägen. Die französische Kirche trug den Ehrentitel „La fille aînée de l'église" [Älteste Tochter der Kirche].[4] Das Kaisertum aber, die Idee des alle Christen umfassenden irdischen Reiches, hatte im Reich der deutschen Nation seinen Sitz genommen. Im Mittelalter, gerechnet etwa ab 800 bis zum Ende der Staufer um 1250, war Deutschland das gefestigte Imperium. Frankreich dagegen war der von inneren und äußeren Kriegen zerrissene und vor dem Zerfall stehende Staat. Das Deutsche Reich war die unangefochtene Vormacht in Europa. Der Papst war Herr aller geistlichen Dinge, der deutsche König als Kaiser der irdische Herr.

---

1 Der Erzengel Michael galt seit etwa Otto den Großen als Patron der Deutschen.

2 Vgl. Aden, Menno: Historia No. 765, September 2010, Dossier Charlemagne, S. 43 (französisch).

3 Stendhal von seinen Landsleuten in: Die Kartause von Parma, 4. Kapitel.

4 Papst Stephan II. an Pippin im Jahre 756: „Au dessus de toutes les nations qui sont sous le ciel, votre peuple francs est montré le plus dévoué envers moi, Pierre, apôtre de Dieu." [Über allen den Völkern unter der Sonne hat sich Dein Volk der Franken als das mir am treusten ergebene gezeigt.] Vgl. im Netz: www.christ-roi.net (zuletzt eingesehen am 16. Januar 2016).

Die Religionswirren hatten die kaiserliche Macht geschwächt. Mit dem Abgang Karls V. (1556) und der Teilung der habsburgischen Macht in eine deutsche und eine spanische Linie verlor das Reich daher rasch an europäischem Einfluss, der an Frankreich überging. Das Heilige Römische Reich Deutscher Nation erhob aber weiterhin einen Anspruch, welcher der Wirklichkeit immer weniger entsprach. Es konnte kaum mehr regiert werden. Das zeigte sich im Dreißigjährigen Krieg (1618–1648). Es erntete nun die Früchte seiner zielstrebigen Politik. Der Krieg brachte den Durchbruch Frankreichs zur Hegemonialmacht. Frankreich gewann Mitspracherechte in Deutschland, die denen entsprachen, welche die USA später in Lateinamerika aufgrund der Monroe-Doktrin nebst Erweiterungsformen in Anspruch nahmen. Insbesondere konnte Frankreich sich gefahrlos und fast ohne Widerstand zu Lasten des Reiches bedienen. Beispiele hierfür sind unter anderem: 1552 kamen Metz, 1633 das Elsass und 1681 Straßburg zu Frankreich.

Zusätzlich hatte sich Frankreich in überseeischen Handelsplätzen und Kolonien Anwartschaften auf ein Weltreich erworben, das dem späteren britischen hätte gleichkommen können. 1555 hatte es eine Niederlassung in Rio de Janeiro gegründet. Es konnte dann auch in der Karibik Fuß fassen (1635 Martinique, 1718 New Orleans nebst Anwartschaft auf die Länder westlich des Mississippi). Ab 1600 kamen Franzosen nach Kanada und gründeten unter anderem Quebec. Ab 1675 gab es französische Handelsniederlassungen in Indien und es war lange Zeit durchaus offen, ob Indien britisch oder französisch werden würde. Französische Kaufleute wurden nach den Spaniern und Portugiesen die erfolgreichsten Sklavenhändler, ehe sie um 1750 von England auch hier verdrängt wurden. Die Briten beherrschten dann bis zum Ende des transatlantischen Sklavenhandels diesen hochprofitablen Markt, dessen Erträge ihre Kolonialkriege finanzieren halfen und auch die Kapitalbildung begünstigten, welche die Industrialisierung in England ermöglichte. Frankreich hatte aber um 1800 ein politisches Gewicht erhalten, das kein anderes europäisches Land hatte, auch nicht Großbritannien. Allenfalls Österreich, das durch seine erfolgreichen Türkenkriege seinen Machtbereich im Südosten Europas erweitert hatte, konnte noch halbwegs mit Frankreich konkurrieren.

Die Niederlande konnten in Südafrika (Kapkolonie) und Asien, in Ceylon, Indien sowie Java/Indonesien, aber auch mit der Entdeckung Australiens und Neuseelands sowie der Gründung von Neu-Amsterdam (= New York) die Nachfolge der Portugiesen antreten. Man kann die Niederlande wegen ihres deutschen Fürstenhauses und ihrer vielfachen, bis 1648 auch staatsrechtlichen Verflechtungen als Deutschlands überseeischen Arm sehen. Das ändert aber nichts daran, dass Deutschland an der kolonialen Aufteilung der Welt keinen Anteil hatte und die aus überseeischem Besitz resultierende politische Bedeutung nicht erlangte. 1806 ging das Heilige Römische Reich ruhmlos zu Ende und zerfiel in politisch mehr oder weniger einflussreiche Staaten.

2. Kapitel:
Englands Eintritt in die europäische Binnenpolitik

Protestanten auf dem englischen Thron

Vielleicht mit Ausnahme von Kaiser Karl V. hat kein Europäer jemals eine so umfangreiche und glänzende Erbschaft angetreten wie Kurfürst Georg Ludwig von Hannover. Der König von England war in Personalunion auch König von Schottland, das seit 1707 durch die Vereinigung der Parlamente praktisch, wenn auch nicht rechtlich, zum Einheitsreich geworden war. Der englische König nannte sich auch König von Irland, um dessen Besitz England seit dem 12. Jahrhundert bis zur Unabhängigkeit Irlands 1947 im Grunde unentwegt hatte kämpfen müssen. In seiner großen Titelnatur führte der König auch noch den Titel eines Königs von Frankreich, der einen alten Erbanspruch aus dem Hundertjährigen Krieg gegen Frankreich wachhielt. England war durch den Besitz der nordamerikanischen Kolonien, kleinere Besitzungen wie Jamaika und aufstrebende Handelsniederlassungen in Indien nicht mitgerechnet, zu einer in Europa bis dahin noch kaum wahrgenommenen Großmacht geworden. Georgs Geschäftsträger Bothmer hatte den Übergang des Thrones von Königin Anna aus dem Hause Stuart auf das Haus Hannover gut vorbereitet. Geleitet von einer Flotte von 22 Kriegsschiffen konnte Georg am 1. Oktober 1714 in London einziehen: „Unter allgemeiner Zustimmung ward der neue König allenthalben in dem britannischen Reich und den Kolonien ausgerufen" (Ranke). Damit vollendete sich ein historischer Zyklus im Verhältnis zwischen England und Deutschland, zwischen Britannien und Mitteleuropa. Bei Beda Venerabilis (673–735), dessen Schriften zu den Hauptquellen der ältesten englischen Geschichte gehören, steht zu lesen: „Die von jenseits des Meeres kommenden Einwanderer waren die Sachsen …"[5] Aus diesem Sachsen stammte auch Georg I. Seit dem Ende der

---

5 Vgl. Aden, Menno: Deutsch und Englisch, Paderborn 2009, in: ders.: Englisch – ein deutscher Dialekt? Wiener Sprachblätter 2014, Hefte 1 und 2.

Offizielles Staatsporträt Georgs I.,
König von Großbritannien und Irland,
im Krönungsornat (Ölbild von
Joachim Kayser, um 1715)

Römerzeit hatte es auf den Britischen Inseln niemals mehr eine längere Phase ohne innere Kriege gegeben. Unter Knut dem Großen (ca. 995–1035) kam die dänische, dann folgte 1066 die normannische Eroberung. Auf die Hundertjährigen Kriege mit Frankreich folgte der dreißigjährige Rosenkrieg (1455–1485) und bald darauf begannen die mit Henkerbeil und Bürgerkrieg geführten Auseinandersetzungen um die richtige Religion und Staatsform. Derweil hatten die Kriege zwischen den allmählich zu Engländern gewordenen Sachsen und den Kelten (Waliser, Schotten, Iren) im Grunde niemals aufgehört. Die Regierung Georgs (1714–1727) brachte die Befriedung des englisch-schottischen Doppelkönigreiches im Sinne einer „protestantischen" Verfassung. Noch einmal erhob die Gegenseite zwar ihr Haupt, wurde aber 1746 in der Schlacht bei Culloden endgültig besiegt. Seitdem hat es auf den Britischen Inseln keinen offenen Krieg mehr gegeben.

Konfession und Verfassung

Die Reformation ist die große Zäsur der europäischen Völker, nicht nur in konfessioneller Hinsicht. Mit der Reformation beginnt die Aufklärung, die Selbstbefreiung des Menschen aus seiner Unmündigkeit. Anfangs nur gegenüber Kirche und Papst in geistlichen Dingen, dann aber bald auch gegenüber den politischen Gewalten. Auf der in England eingeführten Reformation und der durch sie entstandenen *High Church of England* liegt allerdings ein Makel, der die seitherige Kirchengeschichte Englands prägt. Ein in höchsteigener Sache gesprochenes Machtwort des Königs Heinrich VIII., der sich seine Lust nach Anne Boleyn, die er dann nach wenigen Ehejahren köpfen ließ, ermöglichen wollte, brachte 1531 die Trennung von Rom. Seine Tochter Königin Maria (1553–1558), genannt „die Katholische", versuchte, das Rad zurückzudrehen, ihre Schwester und Nachfolgerin Königin Elisabeth

(1558–1603) drehte es, um im Bilde zu bleiben, wieder nach vorn und führte die Reformation entschlossen durch.[6] Der Nachfolger dieser Königin, König James I. oder, wie wir ihn nennen, Jakob I. aus dem Hause Stuart, näherte sich erneut dem Papsttum.[7] Sein Sohn König Karl I., mit einer Katholikin verheiratet, hielt seine katholisierenden Neigungen mühsam zurück, wie auch später sein Sohn Karl II., der freilich auf dem Sterbebette zum Katholizismus übertrat. Dessen Bruder und Nachfolger Jakob II. bekannte sich von Anfang an offen zum Katholizismus, als er 1685 den Thron bestieg.

Der Streit katholisch/protestantisch hatte längst die religiöskonfessionelle Ebene verlassen. Er stand immer deutlicher für ein politisches Programm. Katholisch war in den Augen der Engländer, aber nicht nur in ihren, gleichbedeutend mit Entrechtung der Stände, in England also des Parlaments, und Stärkung der Königsgewalt in Richtung eines Absolutismus, wie er in Frankreich unter Ludwig XIV. beispielhaft verwirklicht war. Dessen gegenüber Deutschland bereits manifest gewordene Eroberungsgelüste und offene Hegemoniebestrebungen hielten Europa in Unruhe. Katholisch war daher ein Synonym für Bedrohung der inneren Freiheit durch den eigenen König und der äußeren Freiheit durch dessen Glaubens- und Gesinnungsgenossen Ludwig XIV. In der *Glorious Revolution* von 1688 verlor Jakob II. nach wenigen Jahren den Thron an seinen protestantischen Schwiegersohn Wilhelm III. von Nassau-Oranien und seine protestantisch erzogene Tochter Maria. Dass rechtliche Instrument dieses Thronwechsels war die *Bill of Rights* (1688).

König Wilhelm III. und der Act of Settlement

Wilhelm III. war die treibende Kraft des *Act of Settlement*. Er war nicht nur König von England, sondern als Prinz von Nassau-Oranien auch Erbstatthalter der Niederlande und als Graf von Nassau deutscher Reichsfürst, was ihm tiefe Einblicke in das politische Geschäft eröffnete. Sein Regentenleben hat er damit zugebracht, den französischen Ambitionen entgegenzutreten. Der Regierungsantritt eines protestantischen Königs in Gestalt des Kurfürsten von Hannover war seine Lebensleistung. Ranke schreibt:

> Die vornehmste Frage der Zeit … lag in dem Emporkommen der französischen Monarchie zu einem universalen Übergewicht, durch welches die Selbstständigkeit jedes einzelnen Landes und jeder Na-

---

6 Grundsätzlich dazu: Lindberg, Carter: The European Reformations, 2. Aufl., Oxford 2010, S. 293 ff.

7 Ranke, Leopold v.: Englische Geschichte, Stuttgart 1955, IV, 1; 3.

tion bedroht wurde. ... Dass der Protestantismus aufrechterhalten werden musste, lag [für Wilhelm] am Tage, da der Gegner im Innern seines Reiches [England und Schottland] zu einer überaus gewaltsamen katholischen Reaktion schritt: ... Aber die Hauptsache war, England von der Verbindung mit der französischen Monarchie, die dieser erst ihr Übergewicht verlieh, loszureißen; im Gegensatz mit der Krone, welche daran festhielt, mussten dann die parlamentarischen Gewalten in den europäischen Bund gezogen werden ... Diese Koalition der verschiedenartigsten Elemente zu Stande gebracht und sie der vorherrschenden Macht mit Erfolg entgegengestellt zu haben, ist die historische Handlung Wilhelms III. ... Indem nun ... das englische Parlament zu entscheidendem Übergewicht in den britannischen und zu maßgebendem Einfluss in den europäischen Angelegenheiten emporkam, gelangte auch das früher zurückgedrängte Element der Neuerung, dass in denselben mächtig vertreten war, zu einer universalen Bedeutung.[8]

In dieser Form wurde es dann zum Vorbild des amerikanischen Parlaments (Kongress).

Wilhelm III. stand anfangs nur in geringem Ansehen und wirklich beliebt wurde er nie. Zu Beginn seiner mit Maria gemeinsam geführten Regentschaft galt er wohl nur als der Gemahl der eigentlichen Königin Maria. Der britische Historiker Thomas Macaulay schreibt: „Man hasste Wilhelm und seine holländischen Freunde, aber seine ausländischen Feinde [die Franzosen] hassten sie noch viel mehr. ... The Dutch were Protestants, the French were Papists." Die Holländer galten zwar als eigensüchtig und anderes mehr, aber das Schlimmste, was von ihnen zu gewärtigen stand, war, dass sie sich in England bereichern würden:

But the French would conquer us, would enslave us: the French would inflict on us calamities such as those which had turned the fair fields of the Palatinate into a desert.[9]

[Aber die Franzosen würden uns erobern, versklaven. Die Franzosen würden über uns Schrecknisse verhängen von der Art, welche die fruchtbaren Landschaften der Pfalz zur Wüste gemacht hatten.]

Auch als Wilhelm nach Marias Tod am 28. Dezember 1694 allein regierte, blieb er in England der Fremde, aber sein königliches Ansehen war insbesondere durch den erfolgreichen Krieg in Irland (1691) gehoben. Die *Encyclopædia Britannica* (1962) schreibt über ihn:

Innenpolitisch war Wilhelms III. Regentschaft eine der wichtigsten in der englischen Geschichte. Seine Regentschaft sah die Bill of Rights und den Act of Settlement; unter ihm wurde es üblich, dass

---

8 Ranke, Englische Geschichte, XXI, S. 10.
9 Macauley, Thomas: History of England, New York 1972, 15. Kapitel.

das Parlament regelmäßig einmal im Jahr zusammentrat; auch dass das Parlament nicht nur einige Kontrolle über die Gesetzgebung und die Finanzen ausübte, sondern über die gesamte Verwaltung des Landes und die Armee; unter ihm etablierte sich die Freiheit der Presse und die Anerkennung der religiösen Toleranz; die Bank von England wurde gegründet. ... Einige dieser Errungenschaften hat Wilhelm ausdrücklich gefördert, anderen stand er neutral oder sogar feindlich gegenüber. In allem ging es ihm um ein einiges England in dem kontinentalen Kampf.

Wilhelm hatte keine Leibeserben. Anna, Schwester der 1694 gestorbenen Königin Maria, war nach ihm thronfolgeberechtigt, ließ aber nach zahlreichen erfolglosen Schwangerschaften keine Nachkommen erwarten. Damit würde nach deren Tode (Anna regierte dann von 1702–1714) der Thron an Jakob Eduard fallen, den Sohn des 1688 vertriebenen letzten Stuartkönigs Jakob II. Dieser war aber nicht nur entschieden katholisch, sondern hatte sich auch offen den Interessen des französischen Königs, bei dem er Asyl genoss, verschrieben, mit dessen Hilfe er den Thron seines Vaters wiederzugewinnen hoffte: „König Jacobs Interessen waren die Frankreichs."[10] Die britische Staatsräson forderte, dass der Thron von England und Schottland dem Einflussbereich des katholischen französischen Königs entzogen werde. Das englische Parlament verabschiedete daher auf wiederholtes Drängen Wilhelms im Jahre 1701 das „Gesetz zur Regelung" *(Act of Settlement)*, in dem festgelegt wurde, dass

Sophia, Kurfürstin und Herzoginwitwe von Hannover, Tochter der hochedlen Prinzessin Elisabeth, der verstorbenen Königin von Böhmen, Tochter unseres verstorbenen Souveräns und Herrn Jakob I. sei und hiermit, in der protestantischen Linie, als Nächstberechtigte erklärt wird zur Nachfolge in der englischen Krone, ... und ihre Leibeserben, sofern diese Protestanten sind.

Auswirkungen des britischen Thronwechsels auf Georg von Hannover

Der Übergang der britischen Krone an Georg von Hannover war ein staatsrechtlicher Akt von europäischer, sogar weltgeschichtlicher Bedeutung. Die *Bill of Rights* war noch in der Form eines Vertrages zwischen Parlament und (künftigem) König gehalten, wie frühere Akte ähnlicher Art in England und anderswo; zu nennen sind hier beispielsweise die Wahlkapitulationen der deutschen Kaiser gegenüber den Kurfürsten. In diesem *Act of Settlement* aber werden Rechte und Pflichten künftiger, noch nicht lebender Mon-

---

10   „The cause of James was the cause of France", vgl. Macaulay, History of England, 15. Kapitel.

archen beschrieben und beschränkt. Das Parlament verwirklichte hier, erstmals, wie es scheint, in völliger Klarheit, seinen in der Auseinandersetzung mit dem Königtum entwickelten Anspruch, das Recht, das altüberkommene *common law*, nicht nur zur Geltung zu bringen und gegebenenfalls vor den Übergriffen des Königtums zu schützen, sondern weit darüber hinausgehend seinen Anspruch, souverän über Könige und Brauchtum hinaus neues Recht setzen und ändern zu dürfen.[11] Das britische Parlament nahm sich hier heraus, was nicht einmal der absolutistische König Ludwig XIV. gewagt hätte, geschweige denn der Kaiser oder ein deutscher Reichsfürst. Das geheiligte dynastische Erbrecht (hier des Sohnes von Jacob II., James Francis Edward, dem so genannten *pretender*) wurde außer Kraft gesetzt und neue Regeln für die Wahrnehmung des königlichen Amtes wurden festgelegt. Damit waren die Grundlinien der konstitutionell beschränkten Monarchie besiegelt. Es gereicht Georg zur Ehre und Klugheit, dass er diese konstitutionellen Schranken seines Königtums immer achtete. Auch seine hannoverschen Nachfolger auf dem britischen Thron haben nie versucht, diese Verfassungsschranken zu durchbrechen.

Englischer Einfluss in Deutschland: kulturell

Der Kurfürst von Hannover kam in eine fremde Welt. Für Europa hat dieser Regierungsantritt eine viel weitergehende Bedeutung. Nach einem halben Jahrtausend wurde England wieder in Europa eingebunden. England, das bis 1500 praktisch eine französische Kulturprovinz gewesen war, wusste bis 1714 nur wenig von anderen Völkern. Deutschland kommt im englischen Geistesleben fast nicht vor. Das änderte sich nun. Dem König und seinem aus Hannover mitgebrachten Hof folgten die niedrigeren Chargen. Diener, Spielleute und in deren Gefolge Glücksritter, aber auch Künstler. Händel und der „Londoner" Bach sind zu nennen, Haydn, Mozart und viele andere beenden ihre Europareisen nun nicht mehr in Paris, sondern setzen nach England über und feiern wie Haydn Erfolge. Auch Wissenschaftler kommen aus Deutschland, etwa der Begründer der Astronomie in England, Wilhelm Herschel (1738–1822). Deutsche Kaufleute gründen Banken und Unternehmen in England. Die 1995 mit großem internationalen Echo zusammengebrochene Barings Bank war 1717 kurze Zeit nach dem Regierungsantritt Georgs von der aus Bremen stammenden Familie Baring gegründet worden.

Das Haus Hannover öffnete für England ein Tor nach Deutschland und Europa. Und umgekehrt. Für Deutschland öffnete sich

---

11 Bucher, Lothar: Der Parlamentarismus, Stuttgart 1894, S. 85 ff.

ein Tor zur Welt. Das in mancher Hinsicht provinziell gebliebene Deutschland wurde durch die Nahsicht auf England und seinen Aufschwung mit neuen Gedanken und Aussichten bereichert. Die deutsche Einwanderung nach Nordamerika war bis dahin kaum nennenswert. Der Blick auf einen deutschen Kurfürsten, der zugleich König in England war, senkte die psychologische Hürde vor der Fremdheit dieses Inselreiches und seiner Kolonien jenseits des Ozeans. Man stellte namentlich fest, wie eng verwandt die Sprachen beiderseits der Nordsee doch eigentlich geblieben waren[12], wie leicht das Englische für uns zu erlernen sei. Damit trat auch Amerika näher in das deutsche Gesichtsfeld. So wirkten viele deutsche Einflüsse in Amerika. Die geistige Grundlage dieses neuen Staates war der von Deutschland ausgegangene Protestantismus.

Von einer deutsch-englischen Symbiose indes wird man nicht sprechen können, wohl aber davon, dass die beiden denselben Wurzeln entstammenden Völker zeitgleich mit dem Antritt der Hannoveraner in England sich anschickten, die geistige Vorherrschaft Frankreichs beiseitezuschieben, um die Grundlagen der modernen Welt zu legen. Fast jeder Gedanke der modernen Welt wurde in Deutschland zuerst gedacht[13] und fast jeder dieser Gedanken fand über das Britische Weltreich Verbreitung in der Welt. Wenn die Welt von heute europäische und deutsche Kultur kennt, wenn in Schanghai ein Denkmal für Johann Sebastian Bach steht, wenn auf Rarotonga in der Südsee Namen wie Luther und Wittenberg bekannt sind und Choräle von Paul Gerhardt gesungen werden, dann sind das auch Fernwirkungen der protestantischen Hannoveraner auf dem britischen Thron. Der Antritt der Hannoveraner in England lädt ein, darin eine weltgeschichtliche Leitentscheidung zu sehen, um Mitteleuropa und seine Kultur in die Welt zu tragen.

Englischer Einfluss in Deutschland: politisch

König Georg war als Kurfürst von Hannover einer der wichtigsten Fürsten des Deutschen Reiches, ebenso seine Nachfolger nach dem Ende des Heiligen Römischen Reiches (1806) im Deutschen Bund als Könige von Hannover. Als Kurfürst konnte der britische König in allen wichtigen Fragen, die Deutschland betrafen, ein wichtiges Wort mitreden. Die britische Einflussnahme auf deut-

---

12 Vgl. Aden, Menno: Englisch – ein deutscher Dialekt? Wiener Sprachblätter 2014, Heft 1 + 2.

13 Eingangszitat bei Watson, Peter: The German Genius, New York 2010.

sche Angelegenheiten zeigte sich im Österreichischen Erbfolge-krieg, als England/Hannover erfolgreich das von Frankreich unterstützte Bayern abhielt, Österreich zu zerstückeln. Der Siebenjährige Krieg, von dem wir Deutschen glauben, dass er vorrangig um den Besitz Schlesiens ging, brachte im durchaus nicht zufällig zeitgleichen Dritten Karnatischen Krieg Indien in die britische Schatzkiste (Schlacht bei Plassey, 1757), zwei Jahre später mit der Eroberung von Quebec (1759) auch Kanada. Friedrichs des Großen Widerstandskraft, insbesondere sein Sieg in der Schlacht bei Roßbach (1757), banden Frankreichs Kräfte, die ihm in Kanada und Indien fehlten.

Hieraus ergab sich eine Art Tradition politischer Einflussnahme Großbritanniens insbesondere im protestantischen Teil Deutschlands. Der Aufstieg Preußens als Gegengewicht zu Frankreich war anfangs durchaus im Interesse Großbritanniens. Die dynastische Verflechtung seines Königshauses mit Sachsen-Coburg unter Königin Victoria, die Heirat ihrer Tochter, ebenfalls Victoria, genannt Vicky, mit dem preußischen Kronprinzen Friedrich, später Kaiser Friedrich III., waren aus britischer Sicht aussichtsreiche politische Schritte, um den britischen Einfluss im Gemenge der deutschen Staaten nachhaltig zu sichern.

Die Kriege von 1864 und 1866 brachten Preußen den Besitz von Schleswig-Holstein und das trotz des Endes der Personalunion (1837) weiterhin unter britischem Einfluss stehende Königreich Hannover. Das war die Zeit, in der Großbritannien in Äthiopien und Indien, in China und Neuseeland und anderswo Krieg führte; aber die ruchlose Beraubung, als welche sie in England ausgeschrien wurde, des kleinen Dänemarks um zwei deutsche Landschaften zeigte den Engländern, dass Preußen ein „Herd des Militarismus" war.

Die Gründung des Deutschen Reiches 1871 war für die britische Europapolitik das Signal, die alte Koalition protestantischer Mächte gegen das katholische Frankreich zu überdenken. Die nicht ganz unerwartete, aber in ihrer plötzlichen Konkretheit bestürzende (so der britische Premierminister Disraeli) Entstehung eines (1890) rund 50 Millionen Menschen umfassenden, aufstrebenden und kriegstüchtigen Reiches in Mitteleuropa führte in London zu einem Paradigmenwechsel. Nicht mehr Frankreich, das Deutsche Reich war nun der Gegner. Solange Königin Victoria lebte, die ihre rein deutsche Herkunft nicht verleugnete, blieben die deutsch-britischen Beziehungen halbwegs im Lot. Mit ihrem Tode wurde ihr Sohn Eduard VII. König (1901–1910). Dieser war als Sohn eines deutschen Vaters womöglich noch deutscher als seine Mutter. In einer zunehmend chauvinistischen gegen Deutschland gerichteten Umgebung versuchte er daher, durch eine stramm antideutsche Politik seine deutsche Herkunft vergessen zu machen. Nach einem Ausgleich der kolonialen Interessen zwischen Großbritannien, Frankreich und letztlich auch Russland fädelte Eduard 1904 die *entente cordiale* mit Frankreich ein, die 1907 mit dem Beitritt Russlands zur *Tripelentente* erweitert wurde. Das Ergebnis explodierte 1914.

Zugespitzt könnte man sagen: Wären die Deutschen geblieben, was sie waren, nämlich ein machtloses Sammelsurium halbsouveräner Staaten, hätte es in Europa wohl keine Probleme gegeben. Bismarck ist also an allem schuld.

3. Kapitel:
England als Sieger

Rivale Frankreich

Der Siebenjährige Krieg entschied das Schicksal von Kanada und Indien und damit auch das der französischen Weltstellung. Der Frieden von Paris vom 10. Februar 1763 beendete Frankreichs Aussicht, Weltmacht zu werden, und ratifizierte die Vormacht Großbritanniens in Nordamerika, Asien und damit im Grunde auch in Europa.[14] Allerdings war seit dem Sieg von 1709 in der Schlacht bei Poltawa Russland als neue Großmacht auf den Plan getreten. Während England weltweit sein Empire aufbaute und Russland sich im Osten Sibiriens gegen China und im Südosten gegen Mittelasien und im Süden über den Kaukasus hinaus gegen Persien erweiterte, war Frankreich, ähnlich wie das Deutsche Reich, wieder fast ganz auf Europa verwiesen. Es wird anscheinend niemals erwogen, ob dieser französische „Weltverlust" zu den terroristischen Wutausbrüchen der Revolution von 1789 beigetragen hat. Frankreich, das in der Meinung der Franzosen herrlichste Königreich der zivilisierten Welt, war auf dem Wege zur Weltmacht von dem Inselstaat niedergeworfen worden, diesem im Grunde verächtlichen Volk mit seiner barbarischen Sprache und verkehrten protestantischen Religion. Die narzistisch verletzte französische Nation, die sich die erste unter allen dünkte, mochte zusammen mit anderen Faktoren 1789 dahin gekommen sein, aus

---

14 Der im 19. Jahrhundert nachgeholte Aufbau des Kolonialreiches in Afrika (Algerien 1830, Madagaskar 1860, Indochina 1870, Brazzaville 1880) konnte das nicht mehr entscheidend ändern. Per Saldo haben diese Erwerbungen Frankreich wohl eher geschwächt, weil sie mehr kosteten, als sie eintrugen.

Enttäuschung über sich selbst, über König, Adel und Religion, alles kurz und klein zu schlagen und alles neu zu machen. Da wurde das Jahr 1789 zum Jahr 1 einer neuen Ordnung ausgerufen und fast im Sinne des Apostels Paulus (Apg 17) die bis dahin unbekannte Göttin der Vernunft an die Stelle der alten Götter gesetzt. Anstatt seine nach den Schlappen in Kanada und Indien immer noch beträchtlichen Kräfte darauf zu verwenden, die noch freien Teile der Welt (Australien, Neuseeland, Afrika, Teile Südamerikas) in Besitz zu nehmen, verzettelte sich Frankreich in wortreich vorgetragenen Weltverbesserungsentwürfen. Auch Napoleons Kriege konnten zu nichts führen. Er unterwarf zwar Deutschland und Italien, aber schon an Spanien scheiterte er, und es war abzusehen, dass diese Eroberungen Frankreichs Kraft übersteigen würden. Der Verkauf von Nouvelle Orléans und Louisiana an die USA (1803) war vermutlich ein schwerer Fehler. England aber hatte die Gunst der Zeit genutzt und im Windschatten Napoleons sein Reich abgerundet. Das Britische Weltreich wurde groß, weil Napoleon ähnlich wie später Bismarck klein und kontinental dachte.[15] Die Niederlande waren als Zwangsverbündete Frankreichs wehrlos, also konnte die britische Flotte die niederländischen Besitzungen Kapstadt (1806), Ceylon (1803) und Java (1811) an sich nehmen, wobei letzteres 1816 zurückgegeben wurde.

Unter den Klängen des Pariser Einzugsmarsches[16] zogen Kaiser Franz I., Zar Alexander I. und König Friedrich Wilhelm III. am 31. März 1814 als Sieger in Paris ein und am 11. April 1814 dankte Napoleon ab. Es folgte dessen Verbannung nach Elba und die Rückkehr auf den Thron. Am 18. Juni 1815 besiegte Wellington Napoleon bei Waterloo. So sieht man es in England. In Wahrheit hatte Wellington die Schlacht schon fast verloren. Blücher und seine Preußen retteten den Sieg. Auf Sankt Helena (*Mémorial de Sainte Hélène*) sagt Napoleon über Wellington: „Er schuldet dem alten Blücher eine schöne große Kerze, denn ohne diesen weiß ich nicht, wo Sa Grace [Seine Gnaden] ... heute wären.“[17] In einem anderen Gespräch erklärt Napoleon:

---

15 Vgl. Spengler, Oswald: Jahre der Entscheidung, München 1933, Bd. I, S. 54, meinte sogar: „Das französische Volk hat niemals in die Fernen des Raumes und der Zeit zu denken vermocht.“

16 Dieser Marsch wird von der Bundeswehr mit Rücksicht auf die französischen Gefühle nicht mehr gespielt; Frankreich entspricht diesem Feingefühl dadurch, dass es noch alljährlich den 11. November 1918 als Siegestag im Ersten Weltkrieg als Staatsfeiertag begeht.

17 „Ah! qu'il doit un beau cierge au vieux Blücher.“ In: Hinard-Damas, Jean Joseph: Dictionnaire Napoléon, Paris 1854, S. 550. Übers. durch den Verf.

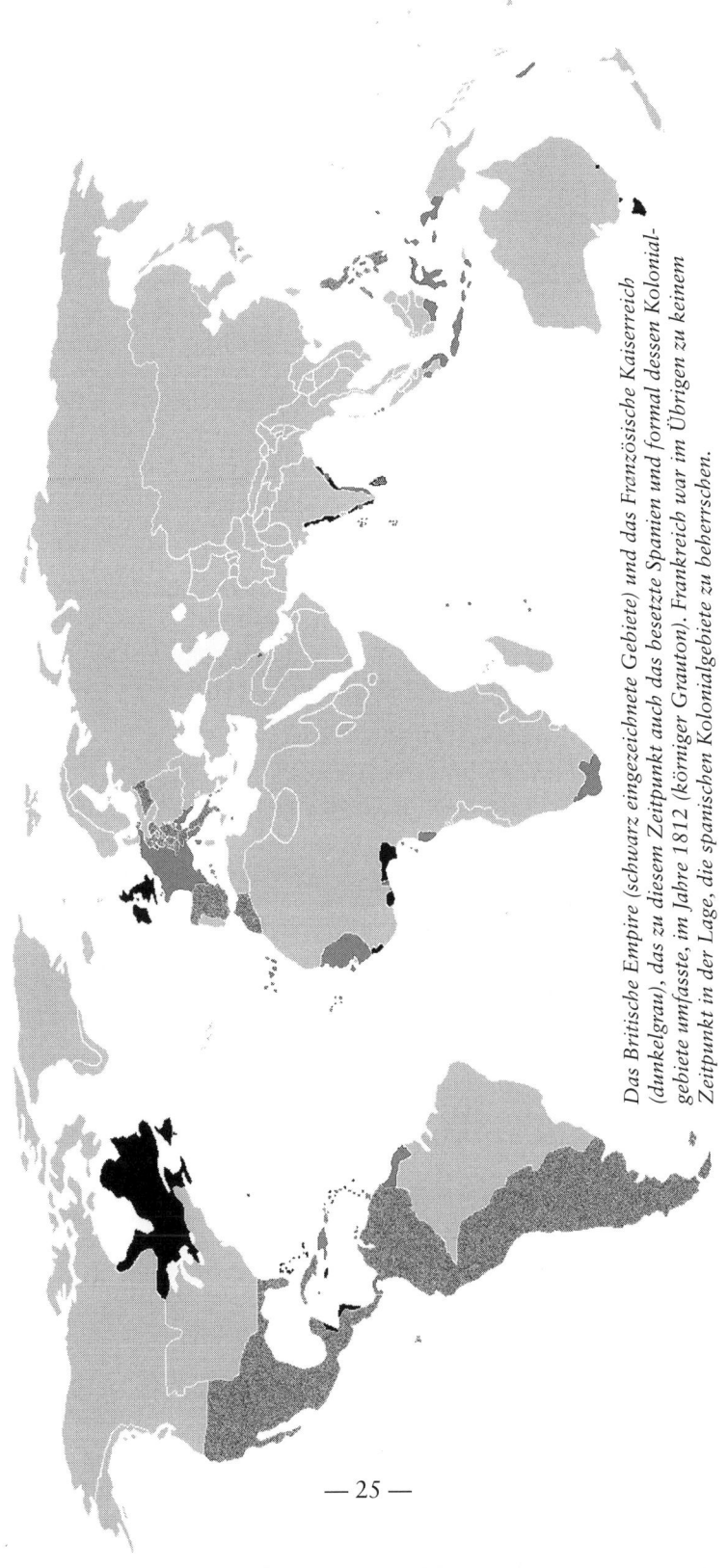

Das Britische Empire (schwarz eingezeichnete Gebiete) und das Französische Kaiserreich (dunkelgrau), das zu diesem Zeitpunkt auch das besetzte Spanien und formal dessen Kolonialgebiete umfasste, im Jahre 1812 (körniger Grauton). Frankreich war im Übrigen zu keinem Zeitpunkt in der Lage, die spanischen Kolonialgebiete zu beherrschen.

Die Entscheidung des englischen Generals, die Schlacht bei Waterloo anzunehmen, gründete sich ausschließlich auf die Hilfe der Preußen; aber diese konnten erst am Nachmittag kommen: er war daher von 4.00 Uhr morgens bis etwa 5.00 Uhr nachmittags, also für 13 Stunden, alleine engagiert. Normalerweise dauert eine Schlacht nicht länger als 6 Stunden, die Hoffnung auf die Preußen war daher eigentlich illusorisch.[18]

Blücher kam noch gerade rechtzeitig mit 40.000 Preußen und brachte den Sieg, den sich England seither an seine Fahne heftet.

Von den rund 70.000 Mann unter Wellingtons Kommando war nur etwa ein Zehntel Engländer, zwei Drittel waren Deutsche, viele davon aus Hannover, dessen König als Georg III. auch der britische König war; es befanden sich aber auch zahlreiche Iren und Niederländer im „englischen" Heer. Die Deutschen, die unter Wellington 13 Stunden den wütend kämpfenden Franzosen standhielten, und die Preußen unter Blücher, die schließlich die Entscheidung erzwangen, haben die Schlacht gewonnen. Deutschland hatte zwar die Hauptlast des Krieges getragen, aber das Britische Reich hatte den Krieg gewonnenen. Kapstadt und Ceylon blieben britisch und die auf dem Wege nach Indien liegende Insel Mauritius auch. Vor allem wurde im Wiener Kongress seine Seeherrschaft förmlich anerkannt.

Das Anwachsen der deutschen Macht

Politisch verlor Frankreich seine kontinentale Vormachtstellung an die Heilige Allianz (Russland, Österreich, Preußen). Nach dem Krimkrieg (1856) stand Frankreich aber fast wieder dort, wo Napoleon I. gestanden hatte. Vergangene Größe aber nagt am Selbstbewusstsein. Der Mexikanische Bürgerkrieg (1857–1861) hatte dort eine Lage geschaffen, die Napoleon III. als Möglichkeit ansah, doch noch ein Kolonialreich in der Neuen Welt zu errichten. Das unglückliche Mexikoabenteuer, zu dem sich Maximilian, der Bruder des österreichischen Kaisers Franz Joseph, als Marionettenkaiser hergegeben hatte, untergrub Napoleons Ansehen. Er suchte, fast wie sein Oheim, der an der (Wieder-)Eroberung von Haiti gescheitert war, Kompensation in Europa und provozierte 1870/71 den Krieg gegen Preußen, den Frankreich hätte gewinnen müssen. Dieser Krieg aber wurde zum Krieg gegen Deutschland.

Napoleon III. hatte Preußen am 19. Juli 1870 den Krieg erklärt. Am 2. September war bereits die Entscheidung bei Sedan gefallen und nach sechs Monaten, am 18. Januar 1871, 70 Jahre nach dem für Deutschland so schmachvollen Frieden von Lunéville (1801), wurde in Versailles das Zweite Deutsche Reich ausgerufen. Fast

---

18 Ebd., S. 548. Übers. durch den Verf.

über Nacht war eine Macht entstanden, an die anscheinend niemand gedacht hatte. Jetzt war Deutschland wieder die Vormacht auf dem Kontinent. 1914 brach der Erste Weltkrieg aus. Über dessen wahre Gründe wurde und wird sehr viel diskutiert. Deutschland war den vereinten Kräften Europas zur Not gewachsen, nicht aber einem zusätzlichen Gegner wie den Vereinigten Staaten von Amerika, die im April 1917 in den Krieg gegen das Reich eintraten. Es wird für diese Gründe wohl das Gleiche gelten, was Thukydides über den Peloponnesischen Krieg sagt:

> Was die Gründe für den Bruch des Friedens angeht, da gibt es die Klagen, welche die Parteien gegeneinander erhoben, und Bereiche, wo ihre Interessen aufeinanderstießen … Aber der wirkliche Grund (αληθεστατη προφασις) wird nach meiner Meinung durch diese namhaft gemachten Gründe eher verdunkelt. Was den Krieg unausweichlich machte, war das Anwachsen der deutschen Macht und die Furcht der Engländer und Franzosen davor.[19]

4. Kapitel:
England, Europa und Amerika

Englisch als europäische Sprache

England hatte nicht zum Frankenreich gehört. Es steht lange Zeit außerhalb des Wettbewerbs, in dem sich die beiden fränkischen Geschwister um die Vorherrschaft in Europa befinden. Die Schlacht im Teutoburger Wald im Jahre 9 n. Chr. hatte verhindert, dass die rechtsrheinischen Germanen romanisiert wurden, wie es den Galliern widerfahren war. Weil die Germanen Germanen blieben, konnte sich, wie der Verfasser an anderer Stelle dargelegt hat, die Mischkultur des Abendlandes entwickeln.[20] Weil die Germanen Germanen blieben, ist auch England wesentlich germanisch. Seine Bevölkerung drang mit dem Zusammenbruch des Römischen Reiches im 5. Jahrhundert aus Norddeutschland ein. Die Eroberer nannten sich Sachsen und ein anderer Teil kam aus Schleswig Holstein, wo es eine Landschaft Angeln gibt, daher Angelsachsen.

England wurde aber mit der normannischen Eroberung 1066 für einige Jahrhunderte französisch überfremdet. Die altenglische Sprache, die bis dahin mit der niederdeutschen Sprache fast

---

19 Statt *deutschen* setze *Athen* und statt *England und Frankreich* setze *Sparta:* Thukydides, 1. Buch, S. 24.

20 Aden, Menno: Die Schlacht im Teutoburger Wald vor 2000 Jahren. Wendepunkt für Europa und die Welt, Eckartschrift 196, Wien 2009.

identisch war, wandelte sich. Das heutige Englisch ist daher in gewissem Sinne ein französisch-lateinisch überblendeter niederdeutscher Dialekt. Die englische Sprache ist daher mehr als jede andere europäische Sprache in der Lage, sich fremdes Wortgut einzugliedern. Diese romanisch-germanische Mischsprache konnte durch die Entwicklung des Britischen Weltreiches und der weltweiten amerikanischen Hegemoniestellung zur tragenden Sprache der heutigen Welt werden.

England und der Kontinent

Politisch trat England erst spät in das Mächtekonzert Europas ein. Im Hundertjährigen Krieg mit Frankreich (1339–1453) war das Inselreich infolge des endlich errungenen französischen Sieges vom europäischen Kontinent förmlich verdrängt worden. Das wird einer der Gründe sein, warum sich England im Zuge seiner Entwicklung zur Nation in der Tudorzeit von vornherein auf die eben zu jener Zeit entdeckte Neue Welt verwiesen sah. Langsam aber stetig baute England, das seit 1701 mit Schottland verbunden ist und sich Großbritannien nennt, im Kampf gegen Spanien ein überseeisches Reich auf. Die im Vergleich zur rasanten Kolonisierung Südamerikas durch Spanien und Portugal langsam und fast schwerfällig verlaufende Kolonisierung Nordamerikas trat erst allmählich in das europäische und besonders spät in das deutsche Bewusstsein. Als die Grundlagen des Britischen Weltreiches durch Einrichtung von Kolonien insbesondere in den nachmaligen Vereinigten Staaten von Amerika gelegt waren, trat Großbritannien aber sofort mit Macht in die europäische Binnenpolitik ein. Diese Macht war zum großen Teil Finanzmacht, was durch den 1878 als Kneipengesang entstandenen Vers

> We don't want to fight but by Jingo if we do,
> We've got the ships, we've got the men, we've got the money too …
>
> [Wir wollen nicht kämpfen
> Aber, bei Jingo, wenn doch,
> Wir haben die Schiffe dazu,
> Wir haben die Männer,
> Und wir haben auch das Geld.]

deutlich wird.

Diese Finanzkraft erlaubte es Großbritannien, praktisch nach Belieben Söldner, meistens in Deutschland, einzukaufen. Dieser Reichtum stammte aus dem praktischen Monopol des höchst profitablen europäischen Zuckermarktes und dem damit unmittelbar zusammenhängenden, seit 1750 ebenso ausgebauten Fastmonopol im wohl noch gewinnreicheren transatlantischen Sklavenhandel. „Großbritanniens Goldenes Zeitalter war Zucker", konstatierte zum Beispiel der britische Historiker Thomas Hugh. „So waren die Plantagen in Westindien die Quelle des Wohlstands.“[21] Durch die Verbindung mit dem wichtigen deutschen Teilstaat Hannover, die erst 1837 mit dem Regierungsantritt von Königin Victoria endete, konnte Großbritannien, gestützt auf seine Finanzmacht, sofort entscheidend in die europäische Binnenpolitik eingreifen. Das Deutsche Reich war nur noch ein Schattenreich, daher war Frankreich der einzige ernsthafte Mitbewerber um die europäische Hegemonie. Erst nach Beendigung der napoleonischen Kriege (1815) konnte Preußen eine – freilich nicht sehr große – Rolle in der europäischen Politik spielen.

Als Preußen und die deutschen Staaten 1871 nun als Deutsches Reich wieder zu einer gewissen Bedeutung in Europa zurückgefunden hatten, war mit den USA eine dem Britischen Weltreich komplementäre Macht in Erscheinung getreten. Großbritannien hatte 1876 mit der Selbsternennung der britischen Königin Victoria zur Kaiserin von Indien einen glänzenden Höhepunkt seiner Macht gefeiert, der aber zugleich das langsame Absinken des Empires einleitete, war die Annahme des Kaisertitels doch die Antwort auf den ersten indischen Aufstand gegen die britische Herrschaft (Sepoy-Aufstand, 1857). Die Vereinigten Staaten, die nach dem Sezessionskrieg nun im Vollbesitz des Teilkontinents zwischen Kanada und Mexiko waren, hatten auch ihren inneren Frieden mit England gemacht und umgekehrt hatte England in den Vereinigten Staaten die Tochter erkannt, die zwar jünger und mächtiger war, aber gelehrig darauf schaute, wie die Mutter ihr weites Reich beherrschte. Man muss sich auf kein Jahr festlegen, aber man wird sagen dürfen, dass die Zeit, als 1871 das Deutsche Reich neu gegründet wurde, auch die Zeit war, in der sich England und die Vereinigten Staaten, wenn zwar weiterhin nicht ohne Rivalität, so doch mit abgestimmtem Verhalten, gegenseitig beim Aufbau und der Sicherung ihrer auf Welthegemonie ausgelegten Macht unterstützten und ergänzten.

---

21 Thomas, Hugh a. a. O., S. 264: „The saccharine soul of Britain's golden age seems clear. How could the sugar be found? As yet the idea of obtaining it from beet was still secret in the brain of an obscure Silesian; so the plantations of the West Indies seemed the source of all comfort.“ Die von Marggraf und Archard um 1800 in Preußen gemachte Entdeckung, Zucker aus Rüben zu gewinnen, zerbrach dieses Monopol und spielte daher indirekt eine wichtige Rolle bei dem dadurch unprofitabel werdenden Sklavenhandel.

1. Teil

Der Aufbau von Imperien

1. Kapitel: Wie Imperien entstehen

Drei typische Konstellationen

Der Aufbau des amerikanischen Imperiums vollzog sich in Konstellationen, die bei der Entstehung von Großreichen auch sonst zu beobachten sind, und zwar sowohl in ziviler als auch militärischer Hinsicht. In ziviler Hinsicht wird man hauptsächlich drei Varianten unterscheiden können, die bei der Entstehung von Imperien eine Rolle spielen:

- Gründung durch einen überragenden Führer
- organisches Wachstum aus kleinen Anfängen
- Abspaltung von einem bereits bestehenden Großreich

Für die *erste Variante* gibt es anscheinend nicht allzu viele Beispiele. Zu denken ist aber an Dschingis Khan, den Begründer des Mongolenreiches, Timur Lenk und an Napoleon I. Vielleicht gehört auch Alexander der Große in diese Gruppe, wobei dessen Reich nur dadurch zustande kam, dass er dem schon vorhandenen riesigen Perserreich mit seinem Sieg über Dareios III. gleichsam den Kopf abschlug und sich selbst an dessen Stelle setzte. Imperien dieser Kategorie scheinen keine allzu lange Lebensdauer zu haben. Rasch zusammengebracht, zerfallen sie oftmals mit dem Tode des Gründers, wie es bei diesen Beispielen der Fall war.

Als Beispiel für die *zweite Variante* ist in unserem Kulturkreis vor allem das Römische Reich zu nennen, das zugleich deshalb bemerkenswert ist, weil seine Entwicklung vom Anfang bis zum Ende in fast allen Stadien historisch gut belegt ist. Auch das Erste Deutsche Reich, das sich aus dem nicht immer freiwilligen Zusammenschluss von germanischen Stämme[22] und einer Ostkolonisation zu Lasten einheimischer Slawen bildete, ist hier zu nennen. Der Aufbau des Russischen Reiches gehört auch hierher: Ausgehend vom Großfürstentum Moskau – insbesondere seit Iwan IV. „Grosny" (dem Strengen) oder dem Schrecklichen (1533–1584)

---

22 Man denke nur an die blutigen Sachsenkriege Karls des Großen.

–, begann es mit der Eroberung von Kasan (1559), den weiten Raum Sibiriens und später Mittelasiens für Russland zu erobern. Herausragend aber ist das Britische Weltreich, das nach zögerlichen Anfängen zur Abwehr spanischer Übergriffe das wohl erstaunlichste Weltreich der Geschichte wurde. Die Entwicklung des Britischen Empires, dessen Beginn auf etwa 1750 datiert werden kann, ist umso verblüffender, als England einschließlich Schottlands mit damals knapp unter acht Millionen Einwohnern eine sehr viel geringere Bevölkerungszahl aufwies als sein Hauptkonkurrent Frankreich mit damals etwa 23 Millionen.[23] Um 1900, auf seinem Höhepunkt, umfasste dieses Reich etwa ein Viertel der Landmasse der Erde und auch etwa ein Viertel der Weltbevölkerung.

Dritte Variante: Oft entwickeln sich Großreiche durch Abspaltung aus bereits bestehenden Reichen. Sie tragen die Tradition des Mutterreiches fort und bleiben ihm innerlich auch dann verbunden, wenn der Ablösungsprozess blutig war. Dann folgt oft ein Prozess der Rückbildung. Die Machtverhältnisse haben sich umgedreht. Die Tochter nimmt die Mutter in sich auf und diese wirkt nun in anderer Weise an dem Aufbau des nun gleichsam wiedervereinigten Imperiums mit. Beispiele hierfür: Nach dem vorzeitigen Tode Alexanders des Großen zerfiel sein Reich. Die makedonischen Eroberungen spalteten sich vom Mutterland ab. Die beiden bedeutendsten Teilbereiche, nämlich die Seleukiden in Asien und die Ptolemäer in Ägypten, waren bis zum Auftreten der Römer 150 Jahre später die beherrschenden politischen Kräfte im östlichen Mittelmeer und im Vorderen Orient. Makedonien wurde wieder zur Regionalmacht.

Die Teilung des Römischen Reiches um 300 n. Chr. war zunächst nur als Verwaltungsgliederung gedacht. Sie führte aber zu einer dauerhaften politischen Trennung. Ostrom entwickelte sich mit seiner neuen Hauptstadt Konstantinopel zum Byzantinischen Reich. Dieses wurde zu einem Großreich eigenen Rechtes. Unter Kaiser Justinian (527–565) und später drehten sich die Verhältnisse um. Byzanz eroberte den Westen und Rom, die frühere Herrin der Welt, wurde nun als byzantinische Provinz geführt.

Im Laufe der Geschichte des Ersten Deutschen Reiches entwickelte sich mit Österreich ein Reich im Reiche und gewann eigene Bedeutung, sodass die österreichische Präsidentschaft im Heiligen Römischen Reich Deutscher Nation ab etwa 1526 mit dem Er-

---

23 Damit hatte Frankreich zu diesem Zeitpunkt so viele Einwohner wie Österreich einschließlich Ungarns; Preußen hatte nur etwa 3,5 Millionen.

werb von Ungarn und Böhmen nur noch als eine Art Nebenamt zum eigentlichen Herrscheramt erschien, das die Habsburger in Böhmen, Ungarn, Italien, den Niederlanden und Spanien ausübten. Das Deutsche Reich wurde praktisch zur Verfügungsmasse des Hauses Habsburg.

Gegen Ausgang des Mittelalters war es Dänemark gelungen, in der von 1397 bis 1523 bestehenden Kalmarer Union ein nordisches Großreich von Island bis Narwa zu bilden. Aus diesem brach Schweden in vielen heftigen Auseinandersetzungen aus und gründete (zum Teil mit dem dänischen Erbe) ein neues, mächtigeres Reich, das unter seinem aus Deutschland stammenden König Karl X. Gustav (1654–1660) die frühere Mutter Dänemark zu schlucken versuchte. Davor wurde dieses nur durch die deutschen Feldherren im Dienste des deutschen Königs von Dänemark, Friedrich III. (1648–1670), bewahrt.[24]

Die Niederlande hatten sich in ähnlicher Weise vom Deutschen Reich abgespalten. Lange vor der offiziellen Trennung im Jahre 1648 hatten die Niederlande sich aus dem deutschen Reichsverband emanzipiert. Sie bildeten nun ein eigenes weltausgreifendes Reich, mit Besitzungen in Nord- und Südamerika, Südafrika und Ostasien. Der Prozess der Rückbildung, wonach die Tochter die Mutter schluckt, ist hier freilich nicht zu sehen. Allenfalls als Andeutung, wenn die Niederlande im 17. Jahrhundert aufgrund der engen verwandtschaftlichen Beziehungen ihres „stathouders" (Statthalters) nach Norddeutschland als protestantische Macht zeitweilig eine überragende Rolle spielten; man denke hier an Wilhelm III., britischer König, niederländischer Statthalter und deutscher Reichsfürst in einer Person war.

Die Vereinigten Staaten als Abspaltungsimperium

Das Reich der USA entstand 1776 als Abspaltung aus dem schon damals beeindruckenden Britischen Empire, wobei allerdings auch die Elemente der Varianten 1 und 2 zur Wirkung kamen. George Washington, der General der Union, war wohl weder ein militärisches noch ein politisches Genie, aber er verband in sich offenbar Eigenschaften, die ihn zum richtigen Mann unter den gegebenen Umständen und bis heute zur Lichtgestalt der amerikanischen Geschichte machten. Nach Washingtons Tod brachte der Kongressabgeordnete H. Lee diesen Eindruck in die Worte: „First in war, first in peace and first in the hearts of his countrymen." Washington gründete nicht eigentlich ein Imperium, er schuf aber einen Staat, der aufgrund seiner geographischen Lage und der

---

24 Aden, Menno: Deutsche Fürsten, Leonie a. Starnb. See, 2013, S. 71.

historischen Umstände alle Voraussetzungen hatte, sich zu einem Imperium zu entwickeln. Das Mutterland der jungen Union war durch die kurz zuvor in Kanada und Indien gemachten Eroberungen zu einer weltumspannenden Macht geworden. Die Abspaltung vom Britischen Empire gab ihr die politische Erfahrung eines in vielen Kriegen zum Imperium gewordenen Staates mit auf den Weg. Den Vereinigten Staaten war gleichsam in die Wiege etwas gelegt worden, was dem hundert Jahre später neu geschaffenen Zweiten Deutschen Reich fehlte: die globale Perspektive. Im Mythos wie auch im Märchen von Dornröschen wirkt ein solches Geschenk für das neugeborene Kind als Segen und Fluch, prägend für das ganze Leben. Der Grundsatz der Biologie, wonach die Ontogenese die Phylogenese widerspiegelt, könnte wohl auch für Staaten gelten.[25]

Militärische Konstellationen beim Aufbau des Imperiums

Die militärische Entstehung des Britischen und des amerikanischen Weltreichs hat Ähnlichkeit mit der Entstehung anderer Weltreiche. Kriege betreffen ein bestimmtes politisches Thema und enden in der Regel erst, wenn dieses durch Sieg/Niederlage gelöst ist. Remislösungen kommen vor, sind aber selten. Oft stehen daher aufeinanderfolgende Kriege in einem thematischen Zusammenhang, der erst in der Rückschau erkannt wird. Ein Krieg zieht weitere nach sich, die die Parteien des ersten nicht oder nicht in dieser Weise vorhergesehen und auch nicht gewollt hatten. Überraschend viele Kriege erweisen sich insofern als „tateinheitlich", nämlich in Wahrheit als ein Krieg, bei dem in einer Art Staffellauf um ein einheitliches größeres Ziel gerungen wurde. Das Ende des einen Krieges gibt dann dem nächsten die Kriegsfackel in die Hand. Jeder Sieg führt den Sieger zu neuen Aussichten und damit neuen Konflikten, denn um das Eroberte zu sichern, wird der jeweils nächste Krieg erforderlich. Beispiel: Nachdem Rom Norditalien, *Gallia cisalpina*, unterworfen hatte, musste Caesar zur Sicherung dieses Besitzes *Gallia transalpina* erobern; um aber das eroberte Gallien zu sichern, waren die Feldzüge gegen Germanien nötig usw.

---

25 Der Verfasser erlaubt sich hier eine persönliche Bemerkung. Seine Mutter war in Japan als Tochter eines Hamburger Großkaufmanns geboren; ein Teil ihrer Familie lebte als reiche Landbesitzer in Argentinien. Obwohl der Verfasser in der Enge eines friesischen Dorfes aufwuchs, hatte er bis heute, da er diese Zeilen schreibt, immer die Überzeugung, dass auch für ihn – um mit Paul Celan zu sprechen – „jenseits der Kastanien die Welt" beginne.

Es können hauptsächlich zwei Kriegsformen unterschieden werden, der Einzelkrieg und der zu einer Serie von Kriegen gehörende Staffelkrieg, wie er hier genannt sei. In einem Einzelkrieg soll zwischen den Beteiligten ein begrenztes politisches Thema „gelöst" werden. Beispiele: Der britische Überfall 1664 auf das niederländische Neu-Amsterdam.[26] Thema dieses kurzen Krieges war es, den niederländischen Keil zwischen den englischen Kolonien im Norden (Neuengland) und im Süden (Virginia, Carolinas) zu beseitigen. Ein weiteres Beispiel ist der von Frankreich inspirierte Angriff Litauens gegen Deutschland zur Eroberung des Memelgebietes.[27] Thema dieses Überfalls war die Eröffnung einer zweiten Front, um die gleichzeitige französische Ruhrbesetzung militärisch abzudecken.

Im Staffelkrieg werden zwei oder mehr Kriege ausgetragen, die sich in Anlass, Kriegstheater und Verlauf unterscheiden mögen, die sogar unter wechselnden Beteiligten ausgetragen werden, die aber das gleiche langfristige politische Thema betreffen. Beispiel ist die Vielzahl der kriegerischen Auseinandersetzungen zwischen Dänemark und Schweden, die jeweils aus unterschiedlichem Anlass ausbrachen, die aber insgesamt das Thema der Vorherrschaft im Ostseeraum betrafen. Ein anderes Beispiel: die zahlreichen russisch-türkischen Kriege.[28] Diese wurden, wenn man auch den Krimkrieg (1855–1856) dazurechnet, sogar mit wechselnden Parteien ausgefochten, betreffen aber insgesamt dasselbe Thema, nämlich das russische Streben hin zum Schwarzen Meer und zu den Dardanellen und das Vordringen und den Widerstand erst nur der Türkei, dann auch Englands und Frankreichs gegen diese Ziele.

Der Aufbau eines über die Gründernation hinausgreifenden, mehrere Nationen umfassenden Reiches verweist auf ein großes politisches Thema. Im Sinne einer hier versuchten Kategorisierung kann man vielleicht sagen: Staffelkriege werden geführt, um

---

26 Am 27. August 1664 wurde Nieuw Amsterdam von einer britischen Expedition im Frieden eingenommen. Die Niederländer ergaben sich kampflos. Die Kolonie wurde dann in New York umbenannt.

27 Ab 10. Januar 1923, gleichzeitig mit der Ruhrbesetzung durch Frankreich, überfielen bewaffnete Litauer im Handstreich („Klaipėda-Revolte") das Memelland und die Stadt Memel. Offiziell wurde dieses als interner memelländischer Aufstand bezeichnet, die Aktion wurde jedoch von Litauen aus mit (u. a.) Mitgliedern regulärer Truppen in Zivilkleidung durchgeführt.

28 Diese beginnen bereits unter Iwan IV. „Grosny" und enden im Verhältnis dieser beiden Staaten erst mit der Zerschlagung des Osmanischen Reiches im Ersten Weltkrieg.

eine völkisch oder geographisch vorgegebene politische Einheit zu schaffen. Mehrere Einzel- und Staffelkriege werden als Langkriege erkannt, wenn sie unter einem politischen Thema stehen, das sich die aktiv kriegführende Nation zur Begründung ihrer Großmacht selbst gestellt hat oder, auf Seiten der passiv kriegführenden Beteiligten, in der Regel die Besiegten, aber noch nicht Vernichteten, zur Erhaltung ihrer Existenz führen.

2. Kapitel: *Einflussbereich und Imperium*

Die Fragestellung: Was ist ein Reich?

Man spricht vom Reich Alexanders des Großen, vom Römischen, Deutschen oder Britischen Reich. Dabei ist nicht immer ganz klar, was damit eigentlich gemeint ist. Was ist ein „Reich"? War die Kalmarer Union, also die Vereinigung der drei nordischen Königreiche unter den dänischen Königen, ein „Dänisches Reich"? Kann man nach der Union von Lublin (1569), die Litauen und Polen zu einem einheitlichen Staat machen sollte, von einem „Polnischen Reich" sprechen? Der unsystematische Begriff „Reich" meint offenbar eine Zusammenfassung von mehreren Staatswesen oder Völkern unter der Herrschaft eines Herrschervolkes. Da in diesem Buch von dem *Imperium Americanum*, also einem Reich der USA, die Rede ist, stellt sich die Frage, was in diesem besonderen Fall überhaupt unter „Reich" oder „Imperium" zu verstehen ist.

Grade der Abhängigkeit

Staaten stehen zueinander in Abhängigkeiten. Diese zeigen sich als Rechtsbeziehungen aufgrund des Völkerrechts oder zumeist als Verträge. Hierbei gibt es Abstufungen.

Die Grade der politischen Abhängigkeit sind bei der privatrechtlichen Abhängigkeit von Unternehmen im heutigen Unternehmens- und Konzernrecht vorgezeichnet. Eine Abhängigkeit zwischen A und B kann bereits dadurch entstehen, dass A der wichtigste Kunde von B ist, sodass A dem B praktisch die Bedingungen ihres Liefervertrages diktieren kann, wie es den Lebensmitteldiscountern vorgeworfen wird. Eine nächste Stufe der Abhängigkeit ergibt sich, wenn A, in der Regel durch Kapitalbeteiligung, Stimmrechte an B erwirbt. Ab einer im Einzelfall unbestimmbaren kritischen Größe gilt B als Konzernunternehmen von A. Auch wenn B rechtlich selbständig bleibt und eine eigene Geschäftspolitik an sich noch möglich ist, wird die Geschäftsführung von B sich an dem Willen der herrschenden Gesellschaft A ausrichten. Ein vorletzter Schritt zum Verlust der Unabhängigkeit ist der Beherrschungs- und Gewinnabführungsvertrag, in dem sich B völlig der Weisungsmacht von A unterstellt. Der letzte Schritt besteht dann in der Eingliederung von B in A. Vielleicht bleibt der Name von B irgendwie erhalten, aber es gibt kein B mehr. Das ist etwa mit der früher bedeutenden Ruhrgas AG in Essen geschehen, deren Name zwar noch zu Werbezwecken erhalten ist, die es aber als Unternehmen nicht mehr gibt und im EON-Konzern aufgegangen ist.

Überträgt man diese Überlegungen auf das Verhältnis von Staaten, so zeigen sich weitgehende Übereinstimmungen. Die Beziehung des Staates A zu Staat B und anderen kann sich auf der Ebene freundschaftlicher Beilegungen bewegen, was die Schlichtung von Problemen, die zwischen A und B auftreten, erlaubt (beispielsweise Frage des Fluglärms im deutsch-schweizerischen Grenzgebiet). Dem Erwerb von Stimmrechten an einem anderen Unternehmen entspricht der Abschluss eines völkerrechtlichen Vertrages zwischen Staat A und B, in dem B sich verpflichtet, gewisse Hoheitsrechte einschließlich Schaffung von nationalen Gesetzen nicht ohne Abstimmung (oder Zustimmung, das ist dann eine weitere Steigerungsform der Abhängigkeit von B) von A vorzunehmen. Das war etwa der Fall im *Platt Amendment*, ein auf Druck der USA in die kubanische Verfassung aufgenommener Zusatz, der den USA bestimmte Interventionsrechte in Kuba einräumte. Ein weiteres Beispiel wäre, dass Staat A erlaubt wird, auf dem Gebiet von B bestimmte Hoheitsrechte wahrzunehmen. Das ist gegenwärtig zum Beispiel dort der Fall, wo das angeblich souveräne Deutschland den USA erlaubt, Überwachungsanlagen oder in Ramstein/Pfalz praktisch eine exterritoriale Militärstation zu unterhalten.

Eine weitere Stufe ist der förmliche Protektoratsvertrag, der dem unternehmensrechtlichen Beherrschungsvertrag entspricht. Typischer Inhalt eines solchen in der Regel beschönigend als „Freundschaftsvertrag" bezeichneten Unterwerfungsvertrages ist, dass Staat B dem herrschenden Staat A seine Außenbeziehungen überträgt. Ein solcher Vertrag wurde 1939 beispielsweise zwischen dem Deutschen Reich und der Tschechoslowakei geschlossen. Die letzte Stufe, die Eingliederung unter Verlust der rechtlichen Identität, ist wohl die häufigste Form der Unterwerfung eines anderen Volkes. Die Republik Hawaii wurde 1898 von den USA in dieser Weise erobert, sie hörte auf zu existieren. Das war auch die Form, wie das russische Zarenreich verfuhr. Die Völker Sibiriens und die Staaten und halbstaatlichen Formen in Mittelasien und im Kaukasus verloren ihre staatliche Existenz und wurden in das Russische Reich eingegliedert.

Imperien als Rechtssubjekte

Aktien- und andere Gesellschaften des Handelsrechtes sind juristische Personen; Konzerne als solche aber nicht. Staaten als Völkerrechtssubjekte sind juristische Personen, Imperien als solche aber nicht. Ein Römisches Reich gab es staatsrechtlich eigentlich gar nicht. Das was uns mit Blick auf Rom und später auf Konstantinopel als absolute Monarchie und politische Einheit erscheint und was auch antike Zeitgenossen schon als *Imperium Romanum* bezeichneten, war in der rechtlichen Theorie nur eine Ansammlung von Städten, Fürstentümern und ehemaligen Königreichen, deren Gemeinsamkeit darin bestand, dass sie alle durch einen jeweils nur mit ihnen bestehenden und jeweils mit gestuften Abhängigkeitsmerkmalen versehenen „Freundschaftsvertrag" an Rom gebunden waren – die einen mehr, die anderen weniger.[29] Das war das Prinzip des *divide et impera* (teile und herrsche).

Das Gleiche galt für das Britische Weltreich. Auch dieses gab es als Rechtssubjekt eigentlich gar nicht. England und Schottland hatten als eigenständige Königreiche Völkerrechtssubjektivität, also Rechtspersönlichkeit; das Britische Empire als solches aber nicht. Auch dieses war nur eine Ansammlung von Territorien (beispielsweise Belize in Mittelamerika), Städten (vgl. Gibraltar, Singapur), Fürstentümern (vgl. die zahlreichen indischen Fürstentümer und Malaya) und Königreichen (beispielsweise Lesotho in Südafrika, Fidschi in der Südsee), deren Gemeinsamkeit darin bestand, dass sie alle durch einen nur mit ihnen geschlossenen und jeweils mit gestuften Abhängigkeitsmerkmalen versehenen „Freundschaftsvertrag" mehr oder weniger fest an Großbritannien gebunden waren. Es war daher genau genommen zu keiner Zeit ganz sicher, welche Gebiete aus welchen Gründen zum Britischen Reich gehörten oder nicht gehörten. Das an Britisch-Indien grenzende kleine Himalaya-Königreich Bhutan gehörte offiziell nicht dazu; es galt als selbständig. Durch einen Vertrag im Jahre 1910 erkannte Großbritannien formell die Unabhängigkeit Bhutans zwar an, behielt sich aber die Kontrolle von dessen Außenpolitik vor, womit wesentliche Elemente der Selbständigkeit entfielen. Nepal wird in Geschichtskarten ebenfalls als unabhängig geführt. Es war in Wahrheit aber völlig abhängig von Großbritannien. Die aus Nepal rekrutierten Gurkhas waren sogar ein wichtiger Teil der britischen Streitkräfte, die im Ersten Weltkrieg in Frankreich

---

29 Allgemein dazu: Demandt, S. 211 ff. mit Nachweisen.

auch gegen Deutschland eingesetzt wurden.[30] Ähnliches galt für
Österreich innerhalb des bis 1919 Österreich-Ungarn genannten
Staatsgebildes. Die nicht zu Ungarn gehörigen Teile (Cisleithani-
en) führten die sperrige Bezeichnung der *im Reichsrat vertretenen
Königreiche und Länder* und bedeutete eigentlich nur, dass diese
in sehr unterschiedlicher Weise mit dem Hause Habsburg verbunden waren, denn als staatsrechtlichen Begriff gab es Österreich bis
1919 noch gar nicht.

Beherrschungsformen

Zusammengefasst kann man vor dem Hintergrund obiger Ausführungen vier Beherrschungsstufen unterscheiden:

- *1. Stufe:* Eingliederung des eroberten Gebietes und seines
  Volkes in den eigenen Staat, mit der Folge, dass die Unterworfenen entweder vernichtet werden oder gleichsam von
  selbst verschwinden. Beispiel USA: Eingliederung der India-
  nergebiete, mexikanische Eroberungen und Hawaii.
- *2. Stufe:* Unterwerfung durch Protektoratsverträge, in denen
  dem unterworfenen Volk eine gewisse innere Verwaltung gelassen wird, die Handels- und Außenbeziehungen hingegen
  mehr oder weniger vom herrschenden Volk gelenkt werden.
  Beispiel Britisches Weltreich: Indien; USA: Kuba, Philippinen.
- *3. Stufe:* Beherrschungsverträge. Hier können sehr unterschiedliche Abhängigkeitsformen von sehr locker bis fest
  gestaltet werden. Diese werden meistens in Form von so genannten Freundschafts- oder Bündnisverträgen fixiert.
- *4. Stufe:* Verträge, die grundsätzlich den Interessen aller Beteiligten Rechnung tragen, die aber aufgrund der Machtverhältnisse dem überwiegenden Interesse des herrschenden Staates
  dienen. Hierzu können viele wirtschaftliche Verträge nach
  1945 gezählt werden. Herausragend ist der *Bretton-Woods-
  Vertrag* (1944), der neben dem Nutzen für die schwächeren

---

30   Das stellte der Verfasser beim Besuch des Gorkha Memorial Mu-
seum in Pokhara/Nepal fest; vgl. weiter: Wikipedia, Stichwort *British Indian Army*: „During World War I (1914–18), more than 200,000 Gurkhas
served in the British Army, suffering approximately 20,000 casualties, and
receiving almost 2,000 gallantry awards. The number of Gurkha battalions
was increased to thirty-three, and Gurkha units were placed at the disposal
of the British high command by the Nepalese government for service on all
fronts. Many Nepalese volunteers served in non-combatant roles, serving
in units such as the Army Bearer Corps and the labour battalions, but there
were also large numbers that served in combat in France, Turkey, Palestine,
and Mesopotamia. They served on the battlefields of France in the Loos,
Givenchy, Neuve Chapelle and Ypres; in Mesopotamia, Persia, Suez Canal
and Palestine against Turkish advance, Gallipoli and Salonika.“

Staaten den großen Nutzen für die USA hatte, das Weltwährungssystem zu beherrschen und zu Lasten der Welt beliebig Geld schöpfen zu können. In diese Kategorie gehören auch die bisher noch nicht zu Ende verhandelten Freihandelsabkommen zwischen den USA und der Europäischen Union (TiSA und TTIP[31]).

3. Kapitel:
Eroberungskriege als Staffelkriege

Erkennbare Grundmuster

Eroberungskriege scheinen nach dem Muster eines Staffelkrieges aus drei Einzelkriegen (Stufen) abzulaufen. Der *erste Krieg* ist eine Auseinandersetzung unter (fast) Gleichen. Sieg und Niederlage schwanken lange und der Sieg fällt endlich dem zu, der weniger erschöpft ist als sein Gegner. Der Besiegte wird durch Gebietsabtretungen, wirtschaftliche Auflagen, politisch aber auch durch entrechtende Verträge geschwächt. Er bleibt aber staatlich intakt. Was in der Rückschau als historische Notwendigkeit erscheint, hing oft am „seidenen Faden". Athen hätte den Peloponnesischen Krieg gegen Sparta durchaus gewinnen können und ihm hätte dann eine Karriere wie später Rom offen gestanden. Umgekehrt hätte Rom, wie die Niederlage in den Kaudinischen Pässen (321 v. Chr.) zeigte, die Samnitenkriege durchaus mit der Folge verlieren können, dass Italien ein sich selbst zerstörendes „Staatengewese" wie Griechenland geblieben wäre.

Der Zweite Krieg: Der Besiegte erhebt sich wieder. Oft ist es eine herausragende Persönlichkeit, die das Urteil der Geschichte umzudrehen versucht. Dieser Krieg ist oft kürzer als der erste. Der Sieger des ersten Krieges gewinnt abermals. Dieses Mal wird der Besiegte durch Gebietsverluste und Auflagen in einem Maß reduziert, dass er sich kaum mehr bewegen kann. Die treibende Persönlichkeit des besiegten Volkes wird – je schwieriger der Sieg im zweiten Krieg war, desto intensiver – zur Hassfigur im Siegervolk; vgl. Hannibal nach dem Zweiten Punischen Krieg. Dem besiegten Volk bleibt die nackte Existenz.

Der Dritte Krieg: Der Besiegte erhebt sich erneut. Im dritten Krieg, dem in der Regel kürzesten, erreicht der zweimalige Sieger sein Ziel. Der Besiegte wird entweder physisch vernichtet wie im Dritten Punischen Krieg oder er wird in den Siegerstaat einge-

---

31 TiSA = Abkommen über den Handel mit Dienstleistungen; TTIP = Transatlantische Handels- und Investitionspartnerschaft.

gliedert; er verliert jedenfalls endgültig seine Handlungsfähigkeit. Das besiegte Volk verschwindet aus der Geschichte und wird vergessen. So ging es den Samniten, Karthagern, Makedoniern, das Reich der indischen Marathen nach ihren jeweils dritten Kriegen gegen Rom oder im Falle der Marathen gegen England (1818) oder den nordamerikanischen Indianern. Das besiegte Volk mag irgendwie weiterleben, aber es wird sich nie mehr erholen und geht unter. Wo sind zum Beispiel die Sumerer geblieben?

In einer milderen Variante gilt, dass der dreimal Besiegte das Ergebnis des Gesamtkrieges anerkennt und dem Sieger die Beute überlässt, weil dieser nicht die Kraft hat, den Besiegten ganz zu schlucken. Es kann dann zu einer nachhaltig tragfähigen Remislösung kommen. So war zum Beispiel nach den drei Schlesischen Kriegen Schlesien zwar für Österreich verloren, aber seine Großmachtstellung blieb im Wesentlichen unberührt.

In der Folge seien einige Beispiele für Staffelkriege, die aus drei Einzelkriegen bestanden und sich über mehrere Generationen hinzogen, angeführt.

Antike Dreistufenkriege

Die Samnitenkriege (343–290 v. Chr.)
Erster Krieg (343–341 v. Chr.): Die volkreiche Eidgenossenschaft der Samniten südlich von Rom steht der römischen Expansion entgegen. Der lange und mühselige Krieg endet mit einem Vergleich bei leichtem Vorteil der Römer.

Zweiter Krieg (326–304 v. Chr.): Die Samniten und ihre Verbündeten kämpfen um ihre immer mehr bedrohte Unabhängigkeit. Es entwickelt sich ein hin und herschwankender, für beide Seiten verlustreicher Krieg. Die unterliegenden Samniten werden auf ihr Kernterritorium zurückgedrängt.

Dritter Krieg (298–290 v. Chr.): Rom provoziert den Krieg, die samnitische Eidgenossenschaft sammelt letzte Kräfte, verliert nach nur achtjähriger Kriegszeit. Die Samniten verschwinden als politische Größe, ihre Reste gehen ab 100 v. Chr. im italischen Volkskörper auf. Der gesamte Staffelkrieg dauerte also über 50 Jahre.

Die Punischen Kriege (261–202 v. Chr.)
Erster Krieg (261–241 v. Chr.): Rom und Karthago stoßen, auf Seiten Roms aus imperialistischen Gründen, auf Seiten Karthagos aus wirtschaftlichen Gründen, in Sizilien aufeinander. Der Krieg schwankt zwanzig Jahre. Rom bleibt Erschöpfungssieger. Karthago wird zu schmerzhaften Abtretungen gezwungen, kann sich aber als regionale Macht halten und sich nach Gewinn einer neuen Machtbasis in Spanien neu formieren.

Zweiter Krieg (218–202 v. Chr.): Hannibal treibt die halb
entmutigten, halb revanchelüsternen Karthager zum Kampf und
bringt Rom in stärkste Bedrängnis. Nach fast zwanzigjährigem
Krieg verliert Karthago ein zweites Mal und wird nun politisch
entmannt. Es muss Spanien abtreten, seinen Handel einschränken.
Militärisch wird es entwaffnet. Seine außenpolitische Bewegungsfreiheit wird massiv beschnitten. Alle wichtigen Entscheidungen
liegen in Rom.

Dritter Krieg (149–146 v. Chr.): Karthago erhebt sich erneut.
Es wird schnell wieder zur wirtschaftlichen Vormacht im Mittelmeer. Das römische Volk ruft seit Langem nach Rache gegen Hannibal, den treulosesten und perfidesten Feind, den die Welt her-
vorbringen konnte: *Ceterum censeo Carthaginem esse delendam*
(Karthago muss verschwinden!). Das war kein Merkspruch, um
den Lateinschülern den *accusativus cum infinitivo* beizubringen,
sondern ein lauter und immer lauter werdender Schrei des von
neidischen Imperialisten aufgehetzten Stimmviehs auf dem Forum
Romanum. Nach zahlreichen Sticheleien und Erniedrigungen, auf
die Karthago mit immer inständigeren Unterwerfungsgesten antwortet, wird ein neuerlicher Krieg von Rom provoziert. Das Volk
von Karthago wird ultimativ vor die Wahl gestellt, in einem aus-
sichtslosen Kampf gegen die römische Übermacht der physischen

Vernichtung entgegenzugehen oder in seine Vertreibung einzuwilligen. Am Ende des jetzt nur noch drei Jahre währenden Verzweiflungskampfes wird Karthago physisch völlig ausgelöscht. Der Pflug wird über das ehemalige Stadtgebiet geführt. In Karthago wurde das verwirklicht, was die USA kurze Zeit mit Deutschland nach 1945 planten („Morgenthau-Plan") und war offenbar nur angesichts des aufkommenden Kalten Krieges nicht durchgeführt wurde.[32] Was später Karthago heißt, ist nicht das alte Karthago, sondern eine völlig neu gegründete römische Siedlung ohne Bezug zum alten semitischen Karthago. Das karthagische Volk verschwand.

Die Antike kennt im Übrigen noch weitere Dreistaffelkriege, etwa die drei Makedonischen (215–168 v. Chr.) und die drei Mithridatischen Kriege (88–64 v. Chr.).

Britische imperiale Dreistufenkriege

Die Karnatischen Kriege (1746–1763)
Zeitlich parallel zu den drei Schlesischen Kriegen führen England und Frankreich drei Kriege um die Vorherrschaft in Indien, die als Karnatische Kriege bezeichnet werden. Der Verlauf zeigt deutliche Ähnlichkeiten mit den genannten Dreistaffelkriegen: *Erster Krieg* (1746–1748): Der Krieg endet ohne klares Ergebnis, aber mit Vorteil für England. *Zweiter Krieg* (1748–1754): Frankreich muss alle neuen Eroberungen in Indien aufgeben. *Dritter Krieg* (1756–1763): Frankreich verliert alle seine indischen Positionen. Schon die mit den drei Schlesischen Kriegen identische Dauer zeigt den engen Zusammenhang dieser Kriege.

Die Marathenkriege um Britisch-Indien (1775–1818)
Erster Krieg (1775–1782): Im Marathenreich kommt es zu Thronstreitigkeiten. Ein Usurpator wendet sich an die britische Regierung in Bombay, die ihn gegen Gebietsabtretungen unterstützt (Vertrag von Surat). Die Briten unterliegen in der Schlacht von Wadagaon (1779), siegen aber 1781. Im Vertrag von Surat wird ein Friede auf 20 Jahre vereinbart.

Zweiter Krieg (1803–1805): Ein Kleinkönig innerhalb des Marathenreiches sucht 1800 Hilfe bei den Briten gegen seine Nachbarn. Diese helfen ihm, er verliert aber in der Folge seine Souverä-

---

32 Hier findet das an sich widerliche Preisgedicht „Danksagung" von Johannes R. Becher auf Stalin doch seine Rechtfertigung: „Es wird ganz Deutschland einstmals Stalin danken. In jeder Stadt steht Stalins Monument." Tatsächlich ist es offenbar Stalin zu verdanken, dass es Deutschland heute noch gibt.

nität. Hiergegen formiert sich indischer Widerstand, gegen den die Briten militärisch vorgehen. 1803 siegen die Briten in der Schlacht bei Dehli. Ein Kleinfürst (Herrscher von Holkar) versucht im März 1804, ein Bündnis gegen die Briten zustande zu bringen. Die Briten antworten mit Krieg und siegen im November 1804 bei Farrukhad. Im September 1805 kommt es zum Frieden mit den Briten, die erhebliche Gebietsgewinne durchsetzen können. Die Briten sind nun zur Vormacht in Indien geworden.

Dritter Krieg (1817–1818): Indische Kleinfürsten werden von den Briten unter Warren Hastings, dem Generalgouverneur in Britisch-Ostindien, zu Bündnissen gegen die Pindari gezwungen. Diese waren, etwa den russischen Kosaken vergleichbar, halbsesshafte, ethnisch uneinheitliche Gruppen, die von Beutezügen lebten. Die Briten siegen in der Schlacht bei Mahidur (1817), der einzigen größeren Schlacht des Kriegs. Nach der Niederlage der Marathenstaaten ergeben sich viele Pindari den Briten. Der schnelle Sieg der Briten führt zum Zerfall des Marathenbundes und zum Verlust ihrer Souveränität. Die Briten sind nun Herren in ganz Indien.

Die Opiumkriege mit China (1839–1901)[33]
Erster Krieg (1839–1842): Ab ca. 1820 verstärkte die britische Ostindienkompanie den Export von bengalischem Opium nach China. 1838 ergreift die chinesische Regierung Maßnahmen gegen die chinesischen Konsumenten und Zwischenhändler. Daraufhin kommt es zur Entsendung eines britischen Flottenverbandes, der „Genugtuung und Wiedergutmachung" fordern sollte. Im Juni 1840 trifft die britische Flotte in China ein. 1842 endet der Krieg mit dem Vertrag von Nanking. Er verpflichtet die Chinesen unter anderem zur Öffnung verschiedener Handelshäfen und auch zur Duldung des Opiumhandels.

Zweiter Krieg (1856–1860): 1856 gehen chinesische Beamte wegen Opiumhandels gegen ein Schiff unter britischer Flagge vor. Zwölf Männer werden gefangen gesetzt und trotz britischen Verlangens nicht freigelassen. Daraufhin erklären die Briten China den Krieg. Unter dem Vorwand der Rache für die Hinrichtung eines französischen Missionars schließt sich Frankreich der britischen Militäroperation an. 1857 kommt es zur Eroberung von Kanton und 1858 von Tientsin. 1858 wird der Vertrag von Tientsin zwischen Großbritannien, Frankreich, Russland und USA sowie China geschlossen, der die erste Phase des Zweiten Opiumkrieges beendet. China weigert sich allerdings, den unglei-

---

33 Vgl. Gernet, Jacques: Die chinesische Welt, Frankfurt/Main 2007, S. 449 ff.

chen Vertrag umzusetzen, sodass die Kämpfe weitergehen. 1860 erobern britische und französische Truppen Peking und verwüsten den Sommerpalast. Der Vertrag von Tientsin wird im selben Jahr zur Pekinger Konvention erweitert: Großbritannien, Frankreich, Russland und die USA dürfen in Peking Botschaften eröffnen. Der Opiumhandel wird legalisiert, die christliche Mission erlaubt.

Dritter Krieg (1899–1901): Die genannten zwei Kriege leiten über zur Niederschlagung des so genannten Boxeraufstands um 1900, die nun auch unter Beteiligung Russlands und Deutschlands stattfindet. Diese Kämpfe führen zur völligen Desintegration Chinas, das fast zu einem Protektorat Großbritanniens und der USA herabsinkt.[34]

Die Seminolenkriege (1817–1858)

Florida wurde in drei Kriegen gegen die Seminolen von Indianern ethnisch gesäubert. Der *Erste Seminolenkrieg* dauerte von 1817 bis 1818, der *Zweite* von 1835–1842. Der *Dritte Seminolenkrieg* von 1855–1858 brachte das Ende. Danach lebten, von in die Sümpfe geflohenen Resten abgesehen, keine Indianer mehr in Florida.

4. Kapitel:
Langkriege als Verbund von
Einzel- und Staffelkriegen

Antike

Der dreißigjährige Peloponnesische Krieg (431–404 v. Chr.) zwischen Athen und Sparta war in gewissem Sinne das Präludium künftiger Langkriege. Der Dreißigjährige oder Generationskrieg wird als Staffelkrieg ausgetragen. In Langkriegen wird niemals ununterbrochen gekämpft. Die im Verlauf vereinbarten Friedensschlüsse oder Waffenstillstände mögen sogar ernsthaft gewollt sein, aber die politischen Interessen sind so mächtig, dass der Kampf zu ihrer Erreichung immer wieder aufflammt. Der Gesamtkrieg endet dann nicht mit einer großen Entscheidungsschlacht, sondern mit einem „leichten Schubs", mit dem der Erschöpfte den völlig Erschöpften über den Rand des Kriegsglücks in die Niederlage stößt.

Das Thema des Peloponnesischen Krieges war die Hegemonie über Griechenland. Nach dem erfolgreichen Abwehrkampf gegen die Perser, bei dem Athen eine herausragende Rolle gespielt hat-

---

34   Gernet, a. a. O., S. 506 f.: Zerstückelung Chinas.

te, schien insbesondere nach der Bildung des Attischen Seebundes (477 v. Chr.), einer Art antiker griechischer NATO unter der institutionellen Führung Athens, alles auf die Gründung eines griechischen Reiches unter Athens Führung hinauszulaufen. Athen hätte dann eine Rolle wie später Rom spielen können.

Historiker zerlegen den Krieg in mehrere Einzelkriege (erste Phase 431–422 v. Chr.; Krieg um Syrakus, 415–413 v. Chr.; Dekeleischer Krieg, 413–404 v. Chr.), aber das Thema der Vorherrschaft entweder Spartas oder Athens blieb dasselbe. Der Krieg wurde nach zehn Jahren durch den so genannten Nikiasfrieden unterbrochen. 50 Jahre sollte dieser dauern, denn beide Seiten hatten in wechselseitigen Siegen und Niederlagen schwer gelitten. Dieser Friede wurde nach wenigen Jahren unter dem charismatischen Führer Alkibiades von Athen gebrochen. Alkibiades, daraufhin mit Schimpf entlassen, wurde indes nach wenigen Jahren mit Feiergesängen zurückgeholt. Der Krieg zog sich hin, teilweise wurden Ausländer, hier die Perser, mit in den Krieg hineingezogen. In der militärisch unbedeutenden Schlacht bei den Ziegenflüssen *(Aigos potamoi)* wird Athen geschlagen und von Sparta besetzt (404 v. Chr.). Letzteres hat nun zwar die Vorherrschaft in Griechenland, kann diese aber nicht halten. Die nur als halbe Griechen angesehenen Makedonier treten die Herrschaft über das zerrüttete Griechenland an.

Der Hundertjährige Krieg zwischen England und Frankreich (1337–1453)

Im Oktober 1323 kam es in Saint-Sardos in Südwestfrankreich zu einem Zwischenfall, der die bis dahin guten Beziehungen zwischen England und Frankreich zerstörte; alle Versuche, den Konflikt auf friedlichem Weg beizulegen, scheiterten; es kam zum Krieg. Englische Siege führten zu inneren Wirren in Frankreich wie zum Beispiel dem Bauernkrieg (1358) und zur Abspaltung von Burgund. Im Frieden von Brétigny (1360) gewann der englische König Eduard III. im Norden und Westen Frankreichs fast ein Drittel des Königreichs als freies, lehnsunabhängiges Eigentum, verzichtete aber auf seine Ansprüche auf den französischen Thron.

Ab 1364 wird der Krieg wiederaufgenommen. England erobert 1415 die Normandie. Der französische König Karl VII. herrscht südlich der Loire, das Gebiet nördlich davon steht unter englischer Herrschaft. 1429 tritt die Jungfrau von Orléans auf. Der Krieg wird wiederaufgenommen und die Engländer werden Zug um Zug zurückgeworfen. 1435 kommt es zum Frieden von Arras: England wird auf Calais reduziert. Auch dieser Krieg endet nicht mit einer großen Entscheidungsschlacht, sondern mit einem

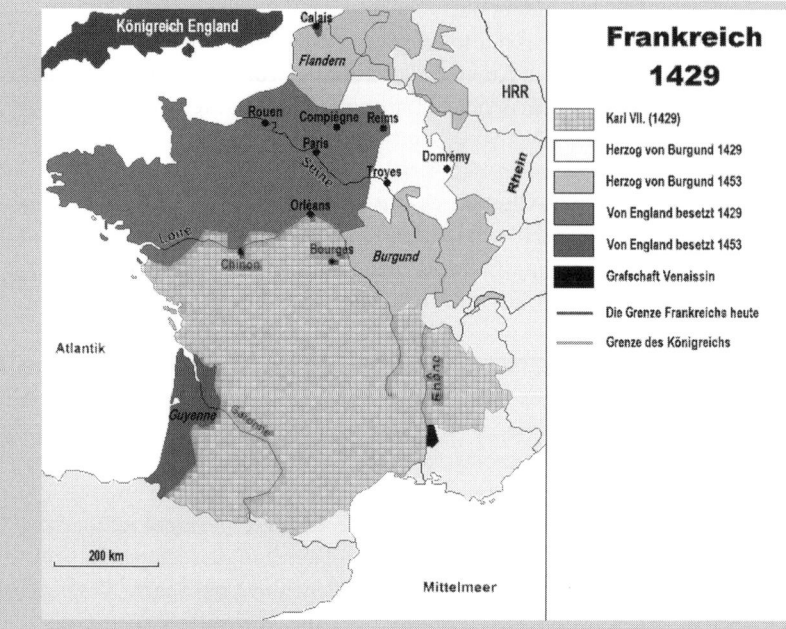

Frankreich im Hundertjährigen Krieg mit England (1429)

eher unbedeutenden Treffen, in dem der englische Feldherr den Tod findet (1453). Die in diesem Umwälzungskrieg getroffene geschichtliche Leitentscheidung besteht in der Ausstoßung Englands aus Frankreich und damit aus Kerneuropa.[35] Das zieht die Politik des britischen Sonderweges nach sich, der als ein wichtiger Einzelgrund für die spätere Gründung des Britischen Empires gelten darf.

Der Dreißigjährige Krieg in Europa (1618–1648)

Der Dreißigjährige Krieg in Europa verlief nach dem gleichen Muster. Im Rückblick zeigt sich, dass die verwirrenden Einzelkriege und -vorgänge, die hier nicht darzustellen sind, unter einem gemeinsamen Thema stehen, nämlich der Vorherrschaft über Mitteleuropa (= Deutschland). Aus einer momentanen Wutaufwallung („Prager Fenstersturz") entsteht erst der Böhmisch-Pfälzische Krieg (1618–1623), den der Kaiser, die katholische Seite, gewinnt. Nach einer Waffenstillstandspause kommt es 1623 zum Dänisch-Niedersächsischen Krieg, der 1629 mit dem (Zwischen-)Frieden

---

35 Dieser Vorgang ist in etwa mit der Ausstoßung Österreichs aus Deutschland im Jahre 1866 vergleichbar.

von Lübeck endet. Der Kaiser entlässt seinen erfolgreichen Feldherrn Wallenstein.

Es folgt der Schwedische Krieg (1630–1635), in dem der Schwedenkönig Gustav II. Adolf unter dem Vorwand, seinen protestantischen Glaubensbrüdern helfen zu wollen, aus dem zerfallenden Deutschen Reich die Südküste der Ostsee (Pommern bis Preußen) zu gewinnen hofft. Nach schwedischen Erfolgen wird Wallenstein wie einst Alkibiades zurückgerufen. Nach dem Tode von Gustav Adolf kommt es zum zweiten Male zu einem Friedensschluss, nämlich zum Frieden von Prag im Jahre 1635. Dieser Friede geht aber über in den Schwedisch-Französischen Krieg (1635–1648). Wie Sparta den Peloponnesischen Krieg formal ge-

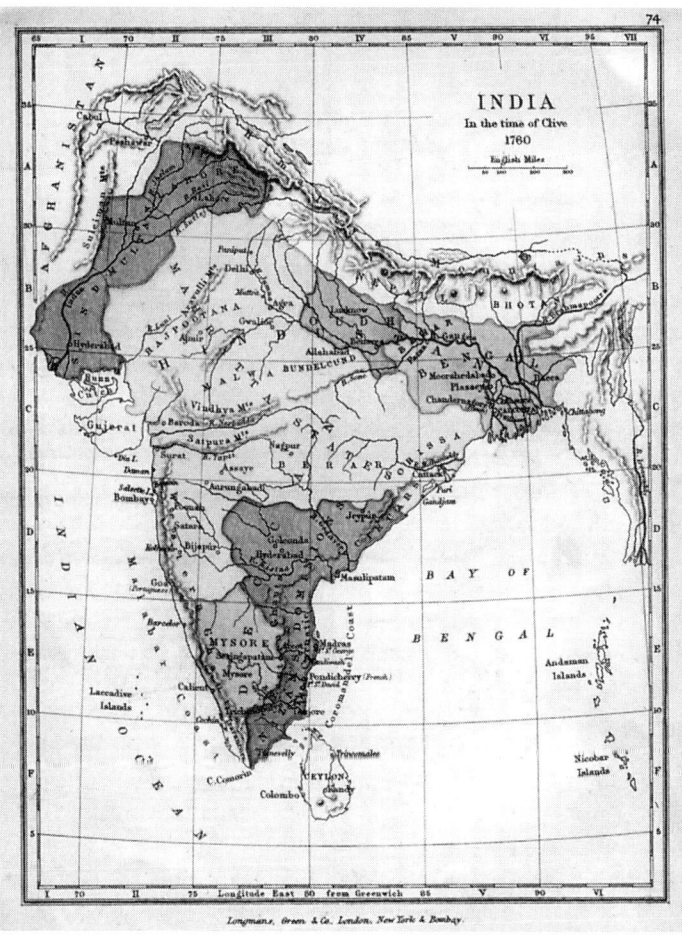

Folgende Seite: Das indische Marathenreich um 1760: Drei Jahre zuvor hatte das Britische Empire in der Schlacht von Plassey den Grundstein zur Unterwerfung des indischen Subkontinents gelegt.

wann, so der Kaiser diesen; wie aber Sparta seine Herrschaft bald an die fremden Makedonier abgeben musste, so hatte der Kaiser in Nord- und Ostdeutschland Frankreich und Schweden den Vortritt zu lassen. Die Hegemonie in Europa lag nun bei Frankreich.

Der hundertjährige Krieg um Indien

Mit der Schlacht bei Plassey (1757) war ein erster Schritt zur Unterwerfung des indischen Subkontinents getan. 1818, nach dem dritten Marathenkrieg, also rund 60 Jahre später[36], war Indien praktisch in englischer Hand. 1843 wurde Sindh, das in etwa dem heutigen Pakistan entspricht, erobert. Exakt hundert Jahre nach Plassey war die Besitzergreifung Indiens mit der Niederschlagung des Sepoy-Aufstandes von 1857 vollendet, in dessen Folge die Ostindien-Kompanie aufgelöst und Indien zur Kronkolonie erklärt wurde.

5. Kapitel:
Langkriege als Einigungskriege: Rom und die USA

Der zweihundertjährige Krieg Roms zur Eroberung Italiens

Vergleicht man den Aufstieg des *Imperium Romanum* mit dem des *Imperium Americanum*, fallen Parallelen auf. Eine mythologische Parallele mag bereits darin gesehen werden, dass Rom infolge eines Mordes, den Romulus an seinem Bruder Remus beging, entstand und die Vereinigten Staaten von Amerika sich gleichsam infolge eines Elternmordes vom britischen König und Mutterland trennten. In beiden Fällen kann beim Aufbau des Imperiums eine ziemlich scharfe Linie zwischen der inneren und äußeren Phase gezogen werden.

Die Aufgabe, die die Römische Republik in ihren ersten Jahrhunderten meisterte, war die Einigung Italiens. Dazu bedurfte es ständiger Kriege gegen die Nachbarn. Die Geschichte Roms beginnt mit der Vertreibung des Königtums und der Einrichtung der Republik um etwa 510 v. Chr. Rom entwickelte sich als im Wesentlichen friedliche Landstadt. Erst die um 450 v. Chr. erreichte Unterwerfung der Latinergemeinden brachte Rom neue Nachbarn und damit seiner weiteren Expansion entgegenstehende Feinde; ein Beispiel hierfür ist der um 400 siegreich beendete zehnjährige Krieg gegen die Etruskerstadt Veji.

Rom führte ab dann einen etwa 175 Jahre andauernden Krieg zur Eroberung seines Raums. Restwiderstände der süditalischen

---

36 Siehe auch das Kapitel: Die Marathenkriege um Britisch-Indien (1775–1818), S. 42 f.

Griechen wurden dann in der Schlacht bei Benevent 275 v. Chr. endgültig gebrochen. Am Ende waren ganze Völkerschaften ausgerottet. Von den italischen Stämmen sind, ähnlich wie es den nordamerikanischen Ureinwohnern widerfuhr, nur im geringen Maße Zeugnisse übrig geblieben. Von Sprache und Kultur der italischen Urbevölkerung blieben nichts als kümmerliche Spuren übrig. So war es auch bei den anderen italischen Stämmen und Völkern wie beispielsweise den Etruskern.

Der achtzigjährige Krieg der USA
zur Eroberung seines Raumes

In Amerika begann diese Phase der Expansion ebenfalls mit der Abschaffung des Königtums und der Einrichtung der Republik (1776). Fast unmittelbar darauf begannen die USA einen Krieg zur Eroberung des Kontinents. In ähnlicher Weise wie Rom breitete sich die amerikanische Republik aus. Es ist müßig und letztlich auch nicht möglich, die einzelnen Kriege und militärischen Handlungen gegenüber den Indianern aufzuführen. In der Rückschau scheint es so, als ob von vornherein ein Bann über den in viele Stämme zerfallenen und sprachlich uneinheitlichen (auch das ist eine Parallele zu Italien vor der Einigung durch Rom) Ureinwohnern lag. Die Sieger und auch die später Besiegten scheinen von Anfang an gewusst zu haben, dass Rom bzw. die USA den Sieg davontragen würden.

Auch die USA gingen anfangs zögerlich vor. Der Landraub vollzog sich zunächst noch in den Formen des Rechts durch (freilich erzwungene) Verträge. Die Formen wurden dann aber immer brutaler. Bezeichnend für die Brutalisierung dieses Prozesses ist der Fall Worcester vs. Georgia (1831). Der Oberste Gerichtshof der USA hatte die Ureinwohner zu rechtmäßigen Eigentümern des von ihnen in Georgia bewohnten Landes erklärt. Das widersprach aber den politischen Ansichten des als kompromisslosen Expansionisten bekannten damaligen Präsidenten Jackson. Dieser soll das Urteil mit den Worten kommentiert haben: „John Marshall [der Präsident des Gerichts] hat entschieden, dann soll er das auch vollstrecken."[37] Die Vollstreckung von Urteilen liegt nicht mehr beim Gericht, sondern beim Präsidenten oder seiner nachgeordneten Organe.

---

37 Im Original: „John Marshall has made his decision, now let him enforce it." Zitiert in: Warren, Charles: The Supreme Court in United States History: Volume Two, 1821–1855, Washington 1999 (Reprint), S. 219.

Die Indianer wurden im klaren Widerspruch zu dem Gerichts-urteil in das heutige Oklahoma vertrieben.[38] Der *Indian Removal Act* (Indianer-Umsiedlungsgesetz oder Indianer-Ausweisungs-Ge-setz) von 1830 sah immerhin noch vor, die vertriebenen Indianer jenseits des Mississippi neu anzusiedeln. Der *General Allotment Act* oder auch *Dawes Act* von 1887, der die Indianerreservate parzellierte, was eine große Verelendung nach sich zog, war dann der Stempel auf dem Totenschein der Ureinwohner.

Der Phase von 400–275 v. Chr. in Rom entspricht in der US-Geschichte die Zeit von 1800–1890, wenn man als Beginn der Expansionsphase 1801 ansehen will, als amerikanische Schiffe erstmals außerhalb des Kontinents, nämlich im Mittelmeer, auf-tauchten, um, wie es heißt, Piraten zu bekämpfen. Die letzten or-ganisierten Widerstände der Ureinwohner gegen die Übermacht der Weißen endeten 1886. 1890 zeigte sich, dass es in den USA kein freies Land mehr gab, um an weiße Siedler verteilt zu wer-den: „Die weiße Eroberung des Kontinents, die so klein begonnen hatte, war vollzogen."[39] In USA dauerte der „kontinentale Eini-gungskrieg" also nicht etwa 200 Jahre wie in Rom, sondern nur etwa 90 Jahre.[40]

Als Herrin Italiens war Rom nun Nachbar von bis dahin be-freundeten oder neutralen Mächten. Schon zehn Jahre nach der Schlacht bei Benevent, im Jahre 264 v. Chr., begann aber der Erste Punische Krieg, der nach fast 25 Jahren 241 v. Chr. mit der Ein-richtung der ersten Provinz, Sizilien, endete und 238 v. Chr. mit der treulosen Wegnahme von Sardinien und Korsika abgerundet wurde. Rom hatte sich nun auf den Weg begeben, ein Imperium außerhalb seiner natürlichen Grenzen, wenn es solche im politi-schen Sinne überhaupt gibt, aufzubauen.

---

38 Irons, Peter: A People's History of the Supreme Court, London 2000, S. 111. Im Ergebnis wurden 17.000 Cherokee-Indianer auf dem be-rüchtigten „Trail of Tears", dem Tausende zum Opfer fielen, aus Georgia in das heutige Oklahoma umgesiedelt.

39 Brogan, Hugh: The Penguin History of the USA, London 1999, S. 68 ff. Im Original: „The white conquest ot the continent, which had begun so small, was complete."

40 Es ist überhaupt festzustellen, aber hier nicht zu vertiefen, dass so-ziale und politische Entwicklungen, die in der Antike und Europa in Par-allele gesetzt werden können, in Europa mit einem Beschleunigungsfaktor von 2–5 ablaufen. Was also in der Antike 100 Jahre dauerte, braucht in Europa nur 50 Jahre usw. Vgl. Aden, Menno: Die unaufhaltsame Islamisie-rung Deutschlands und Europas, Vortrag, Hamburg, 5. April 2013, S. 5 ff. Im Netz unter: www.dresaden.de/A--Veroffentlichungen/IV_-Nicht-juristi-sche-Veroffen/Ende-des-Christentums.pdf [zuletzt eingesehen am 16. Janu-ar 2016]

Ähnliches gilt gegen Ende des 19. Jahrhunderts für die USA: Die Indianer waren so gut wie ausgemerzt; der Kontinent, soweit er sich nicht in britischer Hand (Kanada) befand, gehörte den USA. Es gibt aber weitere merkwürdige Parallelen zu Rom. 264 v. Chr. hatte sich eine Art Räuberbande, bestehend aus ehemaligen Söldnern, die sich Mamertiner (Marssöhne) nannte, der Stadt Syrakus bemächtigt; König Hieron II. von Syrakus belagerte daraufhin die Stadt. Die Mamertiner konnten sich aber mithilfe der Karthager behaupten, derer sie aber bald überdrüssig wurden. Sie riefen daraufhin Rom um Hilfe an, die, wenn auch nach gewissem Schwanken im Senat, so vollständig gewährt wurde, dass es zum Ersten Punischen Krieg kam, in dessen Folge die Karthager aus Sizilien vertrieben wurden. In ähnlicher Weise benutzte die amerikanische Regierung angebliche Hilferufe aus Kuba, um zugleich mit der gewährten Hilfe die Spanier von der Insel zu vertreiben. Die treulose Wegnahme der Inseln Korsika und Sardinien nach dem Ersten Punischen Krieg[41] entsprach im Fall der USA die Annexion der Philippinen. Rom hatte die günstige Gelegenheit genutzt, zur beherrschenden Seemacht im westlichen Mittelmeer zu werden, und die USA wurden zur beherrschenden Seemacht des Pazifiks. Das eröffnete die größten Aussichten auf Ostasien. Der Besitz Siziliens lenkte die römischen Augen im Übrigen auf die reichen hellenistischen Staaten im Osten des Mittelmeers.

Man kann die Parallelen zwischen Rom und den Vereinigten Staaten noch weiter ziehen. Aus dem Griff Roms über Italien hinaus entbrannten nicht nur die Punischen Kriege. Rom wurde nun auch in die Verwicklungen des Ostens hineingezogen. Etwa 100 Jahre nach dem Sieg im Ersten Punischen Krieg, im Jahre 146 v. Chr., waren alle Gegner vernichtet oder so reduziert, dass niemand im Osten die Herrschaft Roms in Zweifel zog. Nach dem Sieg im Spanischen Krieg vergingen nur etwa 50 Jahre, bis mit der Vernichtung Deutschlands niemand mehr in Europa – im Osten von Washington aus gesehen – die Herrschaft der USA in Zweifel zog. 90 Jahre nach dem Spanischen Krieg standen die USA nach dem Zusammenbruch der Sowjetunion (1990/91) auf dem Gipfel ihrer Macht.

---

41 Vgl. hierzu Mommsen, Theodor: Römische Geschichte, III/3.

6. Kapitel:
Langkriege und Erwählungsbewusstsein

Erwählung als historischer Topos

Es bedarf besonderer Voraussetzungen, um ein großes Thema wie den Aufbau eines über die eigene Nation hinausgreifenden Reiches zu formulieren und auch in die Tat umzusetzen. Drei Elemente scheinen dafür vor allem erforderlich zu sein: Volkskraft, Raum und ein Erwählungsbewusstsein. Es war dem französischen Historiker Alexis de Tocqueville wohl nicht bewusst, dass er eine uralte geschichtliche Erscheinung nur erneut beobachtet hatte, als er um 1850 über die Amerikaner schrieb:

> Die Angloamerikaner haben von sich selbst eine gewaltig hohe Meinung und sind nicht weit von dem Glauben entfernt, daß sie eine Sondergattung des Menschengeschlechtes darstellen.[42]

Die Überzeugung eines Volkes, ein ganz besonderer Gedanke Gottes und damit zu einer besonderen Bestimmung berufen zu sein, findet sich bei vielen Völkern, und offenbar bei allen, denen es gelang, andere Völker in ihre Untertänigkeit zu zwingen. Das früheste bekannte Großreich der Geschichte, das Reich des Sargon von Akkad (ca. 2340–2284 v. Chr.), konnte nur entstehen, weil der Herrscher sich der besonderen Zuneigung der Göttin Ischtar erfreuen durfte. Diese scheint bei den 34 Schlachten geholfen zu haben, die Sargon angeblich schlagen musste, um den sumerischen Süden von Mesopotamien, das Land Ur und Uruk, in seine Gewalt zu bringen.[43] Ähnliches gilt für die alten Ägypter. Diese waren stolz darauf, von den Göttern besonders geliebt zu sein, und sahen auf ihre Nachbarn herab, denn Ägypter allein waren es, die den Göttern am Herzen lagen. Nur die Ägypter waren wirkliche Menschen, die anderen Völker waren Neger, Asiaten oder Libyer, aber Menschen waren es eigentlich nicht.[44] Es liegt die Vermutung nahe, dass die alten Israeliten den Glauben an ihre besondere Erwählung aus dieser Quelle geschöpft haben. Von den Persern schreibt Herodot (I, 134) um 450 v. Chr.:

---

42 Tocqueville, Alexis de: Über die Demokratie in Amerika, 1. Teil, 10. Kap.

43 Fischer-Weltgeschichte: Altorientalische Reiche I, Frankfurt/Main 1965, S. 102.

44 Erman, Adolf: Ägypten und ägyptisches Leben im Altertum, 2. Aufl., Hildesheim 1981, S. 35.

Sich selber halten die Perser für die allervorzüglichsten Menschen auf Erden, die Tüchtigkeit der Umwohnenden richtet sich, meinen sie, nach der Entfernung von ihnen, und die Fernsten sind die allergeringsten.

Auch Römer waren davon überzeugt, von den Göttern zu Besonderem, zur Weltherrschaft, berufen zu sein. Die bekannten Verse aus der *Aeneis* des Vergil (VI, 847 ff.) sprechen das aus:

Excudent alii spirantia mollius aera
Andere mögen wohl lebensechte Bilder erschaffen
(credo equidem), vivos ducent de marmore vultus,
und entlocken wohl gar, lebendige Züge dem Marmor,
orabunt causas melius, caelique meatus
Zukunft beschreiben sie besser und die Bewegung des Himmels,
describent radio et surgentia sidera dicent:
wenn sie mit Zirkel und Strich den Gang der Sterne berechnen
tu regere imperio populos, Romane, memento
Dein Beruf, Römer, jedoch ist, über Völker zu herrschen,
(hae tibi erunt artes), pacique imponere morem,
das wird deine Bestimmung: Recht und Frieden zu bringen,
parcere subiectis et debellare superbos.
Unterworfenen schützen, doch Aggression zu bekämpfen.[45]

Später waren es die Franken, die sich das bunte Kleid der Erwählung, wie es erstmals in der Josefslegende beschrieben worden ist, anzogen und mit dem Schlagwort „Gott will es!" auszogen, um das Heilige Land zu erobern. Außerhalb unseres Kulturkreises sind ganz ähnliche Beobachtungen zu machen. Soweit wir die chinesische Geschichte zurückverfolgen können, sieht sich das Volk der Chinesen als das „Volk der Mitte", das unter dem besonderen Schutz des Himmelskönigs steht. Hier waren unter dem sagenhaften „Gelben Kaiser" alle Kulturtechniken erfunden worden, wie es die alten Ägypter freilich von sich und ihrem Lande glaubten. Diese galt es, gegen die ewig anstürmenden Barbaren des Westens zu verteidigen. Auch die nach Nordindien eingedrungenen Arier hatten, wie schon ihr Name – „die Reinen" – andeutet, keinen Zweifel daran, dass sie unter dem besonderen Schutz der Götter taten, was sie taten, nämlich die vorgefundene Urbevölkerung zu unterwerfen und nach ihren Grundsätzen umzuformen.

Das Sendungsbewusstsein

Wenn ein Mensch erwachsen wird, fragt er sich, wozu er bestimmt sei. Er möchte etwas bedeuten, etwas Unverwechselbares sein oder tun, wie es Joseph von Eichendorff in den *Zwei Gesellen* sagt:

---

45 Übers. durch d. Verf.

Die strebten nach hohen Dingen
die wollten, trotz Lust und Schmerz,
was Rechts in der Welt vollbringen ...

Wenn ein Volk sich seiner selbst bewusst wird, stellt es eine entsprechende Frage. Man kann daher Patriotismus als die Gefühlslage beschreiben, in der danach gefragt wird, welche Bestimmung das eigene Volk in der Weltgeschichte habe. Nationen preisen sich selbst und schaffen ein Bild von sich, das sie in Bezug auf bestimmte Eigenschaften oder Leistungen besser aussehen lässt als andere. Bei kleinen Völkern ist es etwa die belgische Praline oder die „sprichwörtliche" griechische, slowenische usw. Gastfreundlichkeit. Größere Völker suchen etwas Heroisches. Dann wird, wie in den südamerikanischen Staaten, etwa der im Kampf erprobte Freiheitswille als nationale Besonderheit gepriesen. Das Wort Freiheit, auch im Deutschlandlied kommt es vor, ist daher eines der meist verwendeten Wörter in der politischen Rhetorik und in den Nationalhymnen der Staaten. Die Losung der Französischen Revolution „Freiheit, Gleichheit, Brüderlichkeit" ist allbekannt. Die argentinische Nationalhymne besingt sie: „Oíd mortales el grito sagrado / Libertad, libertad, libertad!" (Hört, ihr Menschen, den heil'gen Ruf – Freiheit, Freiheit, Freiheit!). In der inoffiziellen englischen Nationalhymne heißt es „Land of hope and glory, mother of the free". Die Hymne der Sowjetunion pries die freien Republiken, die sich zu dem unauflöslichen Bund Sowjetunion zusammengeschlossen hätten; überhaupt ist in der Revolutionsrhetorik der Bolschewisten mindesten ebenso oft und pathetisch von Freiheit die Rede wie bei den amerikanischen Verfassungsvätern.

Auch in den Selbstprädikationen der US-Amerikaner ist das Wort Freiheit eines der wichtigsten, verbunden mit Demokratie. Das Treuegelöbnis gegenüber der Nation und der Flagge der Vereinigten Staaten *(Pledge of Allegiance)* lautet:

> I pledge allegiance to the Flag of the United States of America, and to the Republic for which it stands, one Nation under God, indivisible, with liberty and justice for all.

> [Ich schwöre Treue auf die Fahne der Vereinigten Staaten von Amerika und die Republik, für die sie steht, eine Nation unter Gott, unteilbar, mit Freiheit und Gerechtigkeit für jeden.]

Aber Schiller erkannte schon, dass es mit der Freiheit allein nicht getan ist. Der Mensch denkt und trachtet weiter:

Denn nur der große Gegenstand vermag
Den tiefen Grund der Menschheit aufzuregen,
Im engen Kreis verengert sich der Sinn,
Es wächst der Mensch mit seinen größern Zwecken.[46]

Mit zunehmender Größe und Bedeutung suchen Völker und Staaten größere eigene, sie von anderen unterscheidende Ziele. Hoffmann von Fallersleben wollte, als es Deutschland staatsrechtlich noch nicht wieder gab, das ganze Deutschland „Von der Maas bis an die Memel", während die glücklicheren Briten ins Weltweite dachten: „Rule Britannia, Britannia rule the waves …", wo es dann weiter heißt:

To thee belongs the rural reign;
Thy cities shall with commerce shine;
All thine, shall be the subject main,
And ev'ry shore it circles thine.

[Dir gehört die Herrschaft über das Land,
Deine Städte sollen im Glanze des Handels strahlen,
Ganz dein soll das unterworfene Meer sein,
und dein jedes Gestade, das es umschließt.]

Zuerst kam die Machterweiterung – je mehr, desto besser: *BIG – big is good!* Dann aber wurden auch andere Motive wach. Eroberungen wurden mit einer von Gott dem Eroberer gestellten Aufgabe begründet. Ab 1850 trat der Gedanke der religiösen Mission zurück, an dessen Stelle die selbstgestellte Kulturmission des Eroberers rückte. Die Heiden und rassisch Minderwertigen, die *lesser breeds*, wie Rudyard Kipling sie nannte, lebten ohne Gesetz und Recht. Die eigene Nation war berufen, das zu ändern. Die Niederlande, durch den indonesischen Kolonialbesitz zu kolossaler Größe gekommen, sagten in Bezug auf Niederländisch-Indien:

Vom Gefühl für Recht und Humanität geleitet, müssen wir die Eingeborenen an den Segnungen [= voordeelen] unserer höheren Bildung teilhaben lassen.

Wij moeten het kind opvoeden tot man. [Wir müssen das Kind zum Mann hochfüttern.]

Für ein Volk von (1910) etwa sechs Millionen Einwohnern gegenüber etwa 55 Millionen verrät das kein geringes Selbstbewusstsein.

Die deutsche Bestimmung

Auch wir Deutschen fühlten uns angesprochen. Sogar Goethe spricht 1813 gegenüber Luden davon, dass der „Tag des Ruhmes" für Deutschland noch bevorstehe. Unter dem Eindruck des

---

46 Aus dem Prolog zu „Wallensteins Lager".

Sieges von 1870 über Frankreich schrieb dann sogar Friedrich Nietzsche, der ewige Nörgler an Deutschland: „Unsre deutsche Mission ist noch nicht vorbei!" Richard Wagner war von ähnlichen Gedanken erfüllt.[47] In diesem Zusammenhang steht auch der Vers aus dem pazifistischen Gedicht von Immanuel Geibel, mit den oft zitierten Worten, dass „am deutschen Wesen noch einmal die Welt genesen" solle. Was aber sollte die deutsche Mission sein? Wir Deutschen sahen uns als das Land der Dichter und Denker. Dieses merkwürdige Prädikat hatten wir uns im 18. Jahrhundert selbst gegeben, als man in Deutschland allmählich bemerkte, dass die Seemächte die Welt unter sich aufgeteilt hatten, während das zerfallene Deutsche Reich nicht ein einziges Schiff besaß. Heinrich Heine spricht das an, wenn er im Wintermärchen (Caput VII) einen Gedanken von Jean Paul in spöttische Verse fasst:

> Franzosen und Russen gehört das Land,
> das Meer gehört den Briten.
> Wir besitzen im Luftreich des Traums
> die Herrschaft unbestritten.
>
> Hier üben wir die Hegemonie
> hier sind wir unzerstückelt;
> die anderen Völker haben sich
> auf platter Erde entwickelt.

Um die eigene Bestimmung zu erkennen und womöglich zu erfüllen, braucht der Einzelne wie auch das Volk Vorbilder. An der politischen Zerrissenheit und Machtlosigkeit Deutschlands hatte die Leipziger Völkerschlacht von 1813 nichts geändert. Ein Bismarck blieb auch noch aus, als die Schlacht von Waterloo (1815) geschlagen war. Der einzige bedeutende deutsche Politiker, Metternich, war ein geradezu mephistophelischer Antiheld. Als der Befreiungskrieg beendet war und Diplomaten die Interessensphären absteckten, blieb für deutsche Patrioten wieder nur das Luftreich der Träume. Aber um wenigstens hier die Hegemonie auszuüben, bedurfte es eines „Dichters und Denkers" als Bannerträger.

Wenigstens im Bereich der Wissenschaften wollten wir Deutschen eine Art Hegemonie ausüben. Wenn man die beachtliche Reihe deutscher Ersterfindungen und Entdeckungen im Laufe des 19. Jahrhunderts betrachtet, scheint uns das auch einigermaßen gelungen zu sein. Aber die Ansammlung auch der größten Köpfe wie Goethe oder Justus Liebig, der durch die Erfindung des Kunstdüngers die Ernährung der Welt sicherte, oder Karl Benz, dessen Erfindung des Autos die Welt von heute wie kaum eine andere Erfindung prägt, und vieler anderer können nicht den Glanz

---

47 Vgl. zum Beispiel seine Schrift *Kunstwerk der Zukunft*, 1850.

ersetzen, den ein Volk empfindet, wenn es sich im Besitz eines großen Imperiums weiß. Kaiser Wilhelm II. mochte darüber spotten, dass seine Großmutter, Victoria von Sachsen-Coburg, Königin von England, den Titel einer Kaiserin von Hindustan angenommen hatte – aber letztlich sprach daraus die Anerkennung für die Leistung des britischen Volkes, dieses Empire zustande gebracht zu haben. Es ist bei uns Deutschen ein Komplex geblieben, der bis heute nachwirkt und durch verstiegene Äußerungen wie „Wir sind Hegemon" nur überdeckt wird[48].

Russland: Rückständigkeit als Verheißung

Es ist sprichwörtlich, aus einer Not eine Tugend zu machen. Die Selbstanklage Russlands als rückständig bildet die ideologische Grundlage für das Postulat der besonderen geschichtlichen Sendung Russlands. Geschichtstheologische Entwürfe des 16. Jahrhunderts von Moskau als dem nach Konstantinopel Dritten Rom, auf das ein weiteres nicht folgen werde, hatten die um 1800 neu aufbrechende Frage nach der weltgeschichtlichen Bestimmung Russlands vorbereitet. Diese Frage ist eng mit dem Namen Peter Tschaadajew (1792/4–1856) und seinen *Philosophischen Briefen* verbunden. Darin führt er aus: Das Reich Gottes muss auf Erden verwirklicht werden. Es sei daher die Frage, ob und wie Russland daran mitwirken kann. Tschaadajew überlegt weiter: Wir Russen haben keine Geschichte[49], keinerlei Tradition, unser Volk ist ohne Bildung und Erziehung. Nomaden sind wir und in unserem Wesen chaotisch.

> Von den Ideen der Pflicht, der Gerechtigkeit und der Ordnung, welche den Westen ausmachen, sind wir ganz unberührt. … Wir besitzen ein riesengroßes Land, aber geistig sind wir ganz unbedeutend. Die Errungenschaften des christlichen Mittelalters sind uns unbekannt. … Wir sind zwar Christen, aber das sind die Abessinier auch.

Seine Überlegungen gipfeln in der Aussage: Wir Russen müssen die Erziehung des Menschengeschlechts auf uns nehmen, und zwar bietet sich Russland deswegen an, weil es eine *Tabula rasa*

---

48 Münkler, Herfried, FAZ, 11. August 2015 (S. 9): „Wir sind Hegemon." Darin finden sich Sätze wie: „Die Rolle der Zentralmacht Europas, die Deutschland nun einmal zugefallen ist …" usw.

49 Auch Alexander Herzen schreibt an Georg Herwegh am 25. August 1849: „Unsere Geschichte ist arm." Zitiert in: Europa und Russland, S. 199. Eine auch aus Sicht von 1800 völlig unverständliche, durch grobe Unkenntnis geprägte Aussage. Aber auch Goethe sagte am 9. Dezember 1824 zu Eckermann etwas Ähnliches in Bezug auf die deutsche ältere Geschichte, von der Goethe, im Gegensatz zu Schiller, nicht viel wusste.

ist. Von Russland aus beginnt die Erneuerung der Welt.[50] Solche Gedanken bereiteten offenbar den Boden für den damals aufbrechenden Panslawismus, der in der berühmten Rede Dostojewskis auf Puschkin vom 8. Juni 1880 besonderen Ausdruck findet:[51]

> Es hat noch keinen Dichter gegeben, der so wie Puschkin die ganze Welt in sich aufgenommen hätte. ... Wo läge sonst die Kraft des russischen Volksgeistes, wenn nicht in seinem Streben zur Universalität und nach Allmenschlichkeit. ... Die Bestimmung des russischen Menschen ist unstreitig eine universale. Ein echter, ein ganzer Russe werden, heißt ... ein Bruder aller Menschen zu werden, ein Allmensch. ... Einem echten Russen ist Europa und das Geschick der ganzen großen arischen Rasse ebenso teuer wie Russland selbst. ... Mag unser Land arm sein, aber dieses arme Land durchwandert Christus in Bettlergestalt. ... Warum sollten wir nicht trotz unserer Armut sein letztes Wort in uns tragen können?

Hieraus ergeben sich Folgerungen, die in den politischen Panslawismus und damit in das Ursachengeflecht des Ersten Weltkrieges übergehen. Vielleicht kann man den Gedanken noch weiterziehen. Nachdem das Zarentum und die orthodoxe Religion in ganz ähnlicher Weise wie Königtum und Klerus 1789 in Frankreich vernichtet waren, setzte das russische Volk den Gedanken seiner weltgeschichtlichen Bestimmung mit der säkularen Heilsbotschaft des Kommunismus als Staatsdoktrin fort. „Der Marxismus ist eine Religion", konstatierte zum Beispiel Joseph Schumpeter. „Er bietet den Gläubigen ein System von letzten Zielen."[52]

Hieraus ergeben sich auch Folgerungen für heute. Der russische Präsident Putin hielt am 19. September 2013 im Valdai-Forum eine denkwürdige Rede, in der er dem in allen Bereichen vollzogenen Kulturverfall des Westens[53] die Bewahrung christlicher Werte in Russland entgegensetzt:

---

50 Falk, Heinrich: Das Weltbild Peter J. Tschaadajews nach seinen acht „Philosophischen Briefen", München 1954. Der 1. Brief erschien im November 1836 und erregte ein ungeheures Aufsehen. Ein Zeitgenosse schreibt später: Noch nie, seit man in Russland lesen und schreiben kann, hat ein literarisches Ereignis, nicht einmal der Tod Puschkins, einen solchen Eindruck gemacht. Zar Nikolaus befahl, den wahnsinnig gewordenen Schriftsteller unter medizinisch-polizeiliche Aufsicht zu stellen, der Redakteur der Zeitschrift wurde verbannt, der Zensor seines Amtes enthoben.

51 Zitiert nach Peter, Karl H. (Hrsg.): Reden, die die Welt bewegten, Stuttgart 1959, S. 165 f.

52 Schumpeter, Joseph: Capitalism, socialism and democracy, New York/London 1942, 1. Kapitel.

53 Er sprach u. a. vom Verfall von Ehe und Familie, Mastdarmfetischismus, Kindern und Abtreibung (Kindstötung), Pädophilie usw. Seither hat Putin sich allerdings selbst scheiden lassen.

Wir sehen, wie viele euro-atlantische Staaten [der Westen] den Weg eingeschlagen haben, auf dem sie ihre eigenen Wurzeln verneinen bzw. ablehnen. ... Dort wird eine Politik betrieben, die eine kinderreiche Familie mit einer gleichgeschlechtlichen Partnerschaft gleichsetzt; diese Politik setzt den Glauben an Gott mit dem an Satan gleich.[54]

Solche Worte sind nicht sehr weit entfernt von denen des Vater Paisij in Dostojewskis *Die Brüder Karamasow* (I, 3):

Nicht die Kirche verwandelt sich in den Staat. ... Im Gegenteil, der Staat verwandelt sich in die Kirche, erhebt sich zur Kirche und wird zur Kirche auf der ganzen Erde. Das ist die große Bestimmung der Orthodoxie auf Erden. Von Osten wird das Licht der Welt kommen.

Zur Vergötzung der eigenen Nation ist es hier nur noch ein kleiner Schritt.

7. Kapitel:
Die Rechtfertigung von Eroberungskriegen

Rex est supra legem: *Der König kann nicht Unrecht tun*

Eine mittelalterliche Rechtsfigur schrieb dem König zwei Körper zu. Einmal war er Mensch, der wie jeder Sohn Adams in Sünden fallen konnte und sterben würde. In seiner Eigenschaft als Souverän aber galt er als ebenso unsterblich wie der Staat, dem er vorstand, und als Ursprung und Quelle des Rechts. In dieser Eigenschaft konnte er kein Unrecht tun, denn was er tat, war das Recht: *Rex est supra legem* – Der König als Herrscher steht über dem Gesetz.[55] Hieraus entwickelt sich seit dem 16. Jahrhundert der mit dem Namen des Franzosen Jean Bodin (1529–1596) verbundene moderne Souveränitätsbegriff. Der König wird zu einer abstrakten Idee und verschmilzt mit dem Staat. Aus dem Ludwig XIV. zugeschriebenen Satz *L'état c'est moi* (Der Staat bin ich) wird *L'état c'est le roi* (Der Staat ist König). Daraus ergab sich der Satz des Völkerrechts, dass ein Staat kein Unrecht tun und wegen seiner hoheitlichen Handlungen nicht vor Gericht gezogen werden kann. Erst das moderne Völkerrecht schränkt diesen Satz etwas ein. Mit unterschiedlichen Begründungen und unterschiedlicher Tragweite gilt heute, dass die friedliebende Staatengemeinschaft

---

54 Im Netz unter: www.kreuz-net.at/index.php?id=289 [zuletzt eingesehen am 18. Januar 2016].

55 Grundsätzlich hierzu, auch zu seiner englischen Auslegung: Kantorowicz, Alfred: Die Zwei Körper des Königs, München 1990, S. 177; der Rechtssatz geht auf das römische Kaiserrecht zurück, vgl. Demandt, a.a.O., S. 213.

„Schurkenstaaten" (engl. *rogue states*) mit Zwang, Embargo-Maßnahmen[56] oder notfalls Bomben auf den Weg des Rechts zurückführen kann. Dieser an sich akzeptable Völkerrechtssatz wird freilich dann zweifelhaft, wenn sich ein besonders mächtiger Staat das Recht nimmt, Ankläger, Richter und Vollstrecker des eigenen Urteils zu sein, wie es im Hinblick auf die USA bei den Irakkriegen der Fall war. Wer gegen Gottes Ordnung verstößt, verdient die Zurechtweisung durch den von Gott Erwählten. Die Bibel, besonders das von Sektierern und Erwählten aller Spielarten gerne zitierte Alte Testament, zeigt, dass Gott bei der Durchsetzung seines Heilsplan nicht immer zimperlich ist; also muss man es hienieden in dieser unerlösten Welt auch nicht sein. Staatliche Maßnahmen im Rahmen des göttlichen Erwählungsauftrages sind daher gewissermaßen doppelt gerechtfertigt. Völkerrechtlich als Ausfluss staatlicher Souveränität, und, da Gott den Staat der USA offenkundig auserwählt hat, auch ethisch. So wenig der König von Gottes Gnaden Unrecht tun kann, so wenig kann es auch der Staat von Gottes Gnaden. Die Gewaltmaßnahmen der USA entsprechen daher einer gewissen juristischen Logik. Täte ein anderer Staat das, was die Vereinigten Staaten praktizieren (beispielsweise Verdächtige wie Osama bin Laden geplant zu exekutieren [2. Mai 2011], obwohl sie nicht verurteilt sind), stände er als „Schurkenstaat" international am Pranger.

Die Sicherung des Erworbenen

War der erste Schritt legitim, so musste auch das damit Erworbene legitimes Eigentum sein; folglich sind alle weiteren Schritte, die der Sicherung des Erworbenen dienen, gerechtfertigt. Diese in der Geschichte mehrfach zu beobachtende Erscheinung sei am Beispiel von Britisch-Indien verdeutlicht. Indien war der Stolz Großbritanniens, die Perle des Empires. Die Selbsternennung von Königin Victoria zur Kaiserin von Indien am 1. Mai 1876 war der absolute Höhepunkt in der Geschichte des weltumspannenden Reiches.

Um 1830 war die Eroberung Indiens mit der Eroberung des Sindh (= heute eine von vier pakistanischen Provinzen) praktisch abgeschlossen. Nun musste der Besitz gesichert werden.[57] Eine Bedrohung sah man indes im Norden, konkret: in Russland.

Der Kaukasus war 1828 von Russland erobert worden. Damit war der alte russische Wunsch, das Osmanische Reich, die Dardanellen und Konstantinopel zu erobern, in greifbare Nähe

---

56 Vgl. Anlage 2 im Anhang als ein Beispiel unter vielen.
57 Geoffrey Barraclough bei Mann, Golo: Weltgeschichte, Bd. VIII, S. 722, spricht von einem „Verteidigungsgürtel um Indien".

gerückt. Das hätte insbesondere Englands Verbindung nach Indien gestört. Der Suezkanal war zwar noch nicht gebaut, aber stand als technisch möglich seit spätestens 1830 im Raum.[58] Um Indien zu schützen, musste also Russland zurückgewiesen werden. Das führte zum Krimkrieg (1853–1856), der die russischen Pläne im Mittelmeer durchkreuzte. Allerdings bestand nun die Gefahr, dass Russland den Weg über Persien suchen würde, denn es hatte im heutigen Aserbaidschan eine gemeinsame Grenze mit Persien. Der Weg von dort zum Indischen Ozean und nach Britisch-Indien war im Grunde vorgezeichnet. Um Indien zu sichern, musste daher nun auch Persien gesichert werden. Der Krimkrieg war noch nicht ganz beendet, als es 1856/57 zum Britisch-Persischen Krieg kam. Es stehe dahin, ob Großbritannien bereits damals wie nach dem Ersten Weltkrieg vorhatte, aus Persien ein Protektorat zu machen. Jedenfalls sollte Persien soweit unter Druck gesetzt werden, dass es Russland den Weg zum Indischen Ozean versperrte. Das gelang auch, aber doch nur halb. Großbritannien musste sich zu einer Herrschaftsteilung mit Russland bequemen. Britisch-Indien hatte keine gemeinsame Grenze mit Persien. Die Gefahr, dass Russland über Persien doch noch zum Persischen Golf vorstoßen könnte, um dort, etwa im heutigen Kuwait, einen Hafen für seine schon damals durchaus beachtliche Flotte zu bauen, war also nicht gebannt.[59] Es war daher erforderlich, das zwischen Persien und Britisch-Indien liegende Afghanistan zu beherrschen oder im Idealfall in das Empire einzugliedern. Das war das Thema der drei britischen Afghanistankriege. Der erste Anglo-Afghanische Krieg

---

58 Es hatte sich nämlich herausgestellt, dass entgegen früherer Berechnungen (und ganz anders als zwischen Atlantik und Pazifik) der Niveauunterschied im Wasserstand zwischen Mittelmeer und Rotem Meer vernachlässigbar ist, sodass Schleusen, die später den Bau des Panamakanals so kompliziert und teuer machten, nicht nötig waren – vgl. die Geschichte des Suezkanals.

59 Es ging für Großbritannien um die Frage der Beherrschung des Seeweges von Europa nach Asien, für Russland aber wohl nicht um Indien, sondern um die Sicherung seiner Stellung in Ostasien. Russland hatte um 1860 die Pazifikküste in der Region von Wladiwostok (= Beherrsche den Osten) von China erworben und 1862 dort einen Hafen gebaut. Die transsibirische Eisenbahnverbindung wurde erst 1897 fertiggestellt. Eine effektive Herrschaftsausübung im zu beherrschenden Osten musste daher nach einer kürzeren Seeverbindung von den russischen Häfen dorthin suchen. Der Krieg Russlands gegen Japan 1905 ging auch deswegen verloren, weil die russische Flotte unter Admiral Roschestwenskis, von Oktober 1904 bis Mai 1905, also acht Monate, brauchte, um das Kriegstheater (Schlacht bei Tsushima) zu erreichen.

(1839–1842) endete mit dem Fiasko der Briten am Khyber-Pass.[60] Der Zweite begann 1878 durch die britische Kriegserklärung und war zum Teil erfolgreich. 1880 wurde Kabul zur Warnung niedergebrannt und eine Marionettenregierung eingesetzt. Der Dritte Anglo-Afghanische Krieg im Mai 1919 führte zur Anerkennung Afghanistans als souveräner Staat.

Indien war aber auch von Osten her bedroht. Burma ahnte, was ihm bevorstand, als England in Indien an seine Grenzen gedrungen war. Die drei Kriege gegen Burma waren das Thema der Vorwärtssicherung Indiens. Den Ersten Britisch-Birmanischen Krieg (1824–1826) gewann England nach erheblichen Anstrengungen. Es bleibt beim *status quo ante*. Der Zweite Krieg (1852), den England provozierte, wurde gewonnen und endete mit Gebietsabtretungen Burmas. Dritter Krieg (1885): Inzwischen spielte Frankreich in Indochina eine größere Rolle (1863); König Thibaw Min versuchte, sich Frankreich anzunähern. Es entspann sich ein neuer Krieg, den England gewann; Burma wurde daraufhin englische Kolonie.

Die Sicherung der Seewege

Aus englischer Sicht mussten auch die Seewege nach Indien gesichert werden. 1806 wurde deshalb die niederländische Kapkolonie im Zuge des Britisch-Französischen Kolonialkonflikts durch die Briten besetzt, um Napoleon fernzuhalten. Auf halbem Wege von Kapstadt nach Indien liegt die Insel Diego Garcia[61], die Frankreich nach dem Ende der Ära der Napoleonischen Kriege gemeinsam mit Mauritius an Großbritannien abtreten musste. Auf dem Wege nach Indien von Süden um Kapstadt und durch das Rote Meer von Norden lag das Dorf Aden im heutigen Jemen strategisch günstig. Das wurde 1839 erobert und der Präsidentschaft von Bombay (heute Mumbai), dem *Tor zu Indien*, unterstellt. Die strategisch wichtige Stadt musste nun aber ihrerseits gesichert werden. Die entsprechenden Maßnahmen und Grenzziehungen, die damals mit dem Osmanischen Reich vereinbart wurden, gehören zu den Ursachen der heutigen Konflikte in dieser Region.

---

60   700 britische und rund 3.000 indische Soldaten fanden den Tod; aber auch 12.000 Zivilisten. Das Britische Empire hat stets, so auch in den beiden Weltkriegen, Fremdtruppen eingesetzt, sodass der Anteil der *britischen* Opfer immer relativ gering blieb.

61   Die Insel ist heute an die USA verpachtet und wurde zum US-Marinestützpunkt ausgebaut.

Die Sicherung der Wirtschaftskraft

Damit Indien nun aber auch wirklich zur Perle des Empires werden und es auch bleiben konnte, war es nötig, seine Wirtschaftskraft zu nutzen. Opium kann sehr billig produziert und sehr teuer verkauft werden. Ab ca. 1820 verstärkten die Briten daher den Export von bengalischem Opium. Zwischen 1821 und 1837 verfünffachte sich die exportierte Menge. China verbot den Import. Das führte 1839 zum Ersten Opiumkrieg, den Großbritannien im Namen der Handelsfreiheit führte und gewann. Wenn der Besitz von Opium in Bengalen legitim war, dann war es aus Sicht des Empires auch legitim, dessen Landesprodukte zu verkaufen, und rechtswidrig, wenn China dagegen Handelsbarrieren errichtete.

2. Teil

Manifest destiny – Amerikas Bestimmung

1. Kapitel:
Britischer Erwählungsglaube

....

Tat und Chance

Goethe sagte am 2. Mai 1824 zu Eckermann, um Epoche in der Welt zu machen, müsse man ein „guter Kopf sein und eine große Erbschaft tun". Trifft der Dichter oder der „gute Kopf" auf eine Zeit, welche nach inneren oder äußeren Wirren nach einer neuen Richtung sucht, dann kann er „Epoche machen". Das gilt augenscheinlich auch für Staaten. Die eigentliche, dem Dichter gleichsam in Raten zugefallene Erbschaft war die Suche der Deutschen nach ihrem wahren Wesen. Individuen und menschliche Gemeinschaften wie Vereine, Parteien oder Wirtschaftsunternehmen, auch Religionsgemeinschaften, streben danach, sich zu vergrößern, um mächtiger und einflussreicher zu werden. Völker und Staaten sind von dem gleichen Streben geleitet. Mythisches Beispiel für diese Grunddisposition des Menschen ist der Turmbau zu Babel. In dem Buch Genesis 11,4 sprechen die Leute:

> Wohlauf, lasst uns eine Stadt und einen Turm bauen, des Spitze bis an den Himmel reiche, dass wir uns einen Namen machen! Denn wir werden sonst zerstreut in alle Länder.

Wirtschaftsunternehmen pflegen ihr Streben nach immer mehr in scheinbar altruistische Gründe, wie Sicherung von Arbeitsplätzen, bessere Versorgung der Kundschaft usw., zu kleiden. Staaten verbrämen ihre Machtgelüste mit politischen Erwägungen, wie Sicherung von Ressourcen, Schutz vor Feinden, vor Terroristen usw. Zur Erreichung dieser Ziele sieht der Staat sich berechtigt, notfalls auch die Rechte anderer zu verletzen. Im Rahmen einer selbst geschaffenen Wertehierarchie wird zusätzlich eine Verantwortung vor einer höheren Ordnung entworfen, die zu solchem temporären, wie es dann heißt, Rechtsbruch sogar verpflichtet. Zu dieser höheren Ordnung werden die Würde des persischen, römischen, britischen usw. Volkes, die Wohlfahrt der Menschheit und seit der Aufklärung zunehmend Freiheit, Demokratie und Recht gerechnet. Die Pflicht zu deren Verwirklichung wird dann aus dem Gebot der Gottheit herausgelesen, die sich das entsprechende Volk gewählt hat. Nicht jeder Staat wird zum Imperium. Imperien können aber wohl nur entstehen, wenn ein Volk eine gewisse Vollendung in Raum und Volkskraft gefunden hat und sich aufgrund seiner militärischen und politischen Erfolge dazu berufen sieht, weitere, höhere Pflichten zu erfüllen.

Vielleicht kann man den Beginn des britischen Erwählungsglaubens im Jahr 1588 ansetzen, als die spanische Armada vom Sturm zerstreut und praktisch vernichtet wurde.[62] Diese Errettung wurde zum nationalen Gründungsmythos. England war auf den Wegen Gottes gewandelt und dafür mit diesem Sieg belohnt worden.[63] Damit wurde der spanische Landungsversuch in England abgebrochen und nie wiederholt. Diese unwahrscheinliche Errettung wurde umgehend mythisch oder theologisch überhöht und als offenkundiges Einschreiten Gottes zugunsten der protestantischen britischen Sache, gedeutet. Man sprach von einem „protestantischen Wind", der die Spanier zerstreut habe. In Anlehnung an Hiob 4,9 wurden Gedenkmünzen geprägt mit der Aufschrift: (...) *flante Deo perisse et spiritu iræ ejus esse consumptos* – ... durch den Odem Gottes sind sie umgekommen und vom Geist seines Zorns vertilgt.

Berühmt war Jon Seeleys Buch *The Expansion of England* (1883), in dem dargelegt wird, dass über Englands Imperium ein besonderer englischer Genius walte, sodass das Britische Empire zum Besten der unterworfenen Völker, damit auch Indiens, sei. Das in vielen Auflagen erschienene Buch stärkte das britische imperiale Bewusstsein und seinen Nationalismus.

Anglo-Israelismus

Der Verlangen, das eigene Volkstum unter Berufung auf das Alte Testament zu überhöhen, fand eine eigentümliche Form in dem im 19. Jahrhundert aufkommenden *Anglo-Israelismus (British-Israelism)*: Gemäß dieser Lehre gehen die Briten und insbesondere die Nordamerikaner auf die verlorenen Stämme Israels zurück. Das Alte Testament (Genesis) berichtet von den ursprünglich

---

62 Ranke, Englische Geschichte, 3. Buch, 16: „Es war ein gemeinsames Unternehmen eines großen Teiles der katholischen Welt zum Umsturz der Fürstin, die als der vornehmste Rückhalt des Protestantismus betrachtet wurde. ... Philipp II. hatte gehofft, die Armada werde die Weltherrschaft in seine Hand bringen."
63 Longley, Clifford: Chosen people, London 2002, S. 53.

zwölf Stämmen Israels. Das Großreich Israel, das unter König David entstand, zerfiel nach dem Tode von König Salomo in ein Nord- und ein Südreich. Die zwei Stämme des südlichen Reiches sind mit den Juden identisch, doch die zehn nördlichen Stämme wurden nach der Eroberung durch Assyrien im Jahr 722 v. Chr. umgesiedelt (2. Könige, 17,6 ff.) und verschwanden dann aus der Geschichte. Diese verlorenen Stämme seien nach Nordwesteuropa gezogen und die Briten sollen von ihnen abstammen. Daraus wurde geschlossen, dass diese Völker, vor allem waren wohl die Briten gemeint, am Ende der Geschichte zusammen mit den Juden das gelobte Land bewohnen werden. Einem größeren Kreis wurde der *Anglo-Israelismus* erst 1874 bekannt, als Edward Hine ein Buch mit dem Titel *Forty-Seven Identifications of the British Nation with the Lost Ten Tribes of Israel* (47 Gleichsetzungen der britischen Nation mit den verlorenen zehn Stämmen Israels) veröffentlichte, in dem er das damalige Britische Empire mit dem biblischen Israel gleichsetzte. 1884 entschloss sich Hine, seine Bewegung in die USA zu tragen, um den Amerikanern ihre wahre Identität zu enthüllen.

Ähnliche Gedanken liegen dem *Buch Mormon*, der heiligen Schrift des Mormonentums, zugrunde. Diese eigentümliche Religion ist als einzige in Nordamerika entstanden. Sie betreibt weltweit Mission und zählt etwa 15 Millionen Mitglieder. Das *Buch Mormon* beansprucht, eine Ergänzung des Alten Testaments zu sein. Joseph Smith, der Gründer des Mormonentums, erzählt, ihm sei der Prophet Moroni 1823 als Engel erschienen und habe ihm die Platten mit dem Inhalt dieses Buches zugänglich gemacht. Diese habe er, Joseph Smith, mit Hilfe der Sehersteine Urim und Thummim (Licht und Recht) ins Englische übertragen. Nach Abschluss der Übersetzung habe Moroni die Platten wieder an sich genommen. Das Buch Mormon berichtet: Nach dem Beginn des jüdischen Exils im Jahr 598 v. Chr. seien einige Juden nach Amerika ausgewandert. Diese hätten zu den verlorenen Stämmen Israels gehört und seien in die gottesfürchtigen Nephiten und garstigen Lamaniten zerfallen. Jesus habe die Nephiten nach seiner Auferstehung besucht und ihnen das Evangelium vermittelt. Im 5. Jahrhundert n. Chr. sei es dann zum Kampf zwischen Lamaniten und Nephiten gekommen, wobei letztere völlig vernichtet wurden. Die Lamaniten seien dafür von Gott mit einer dunklen Hautfarbe gestraft worden. Aus ihnen seien die Indianer hervorgegangen. Der letzte überlebende Nephit sei Moroni gewesen, der die Geschichte auf Goldplatten in „reformiertem Ägyptisch", einer sonst unbekannten Sprache, aufgezeichnet habe.

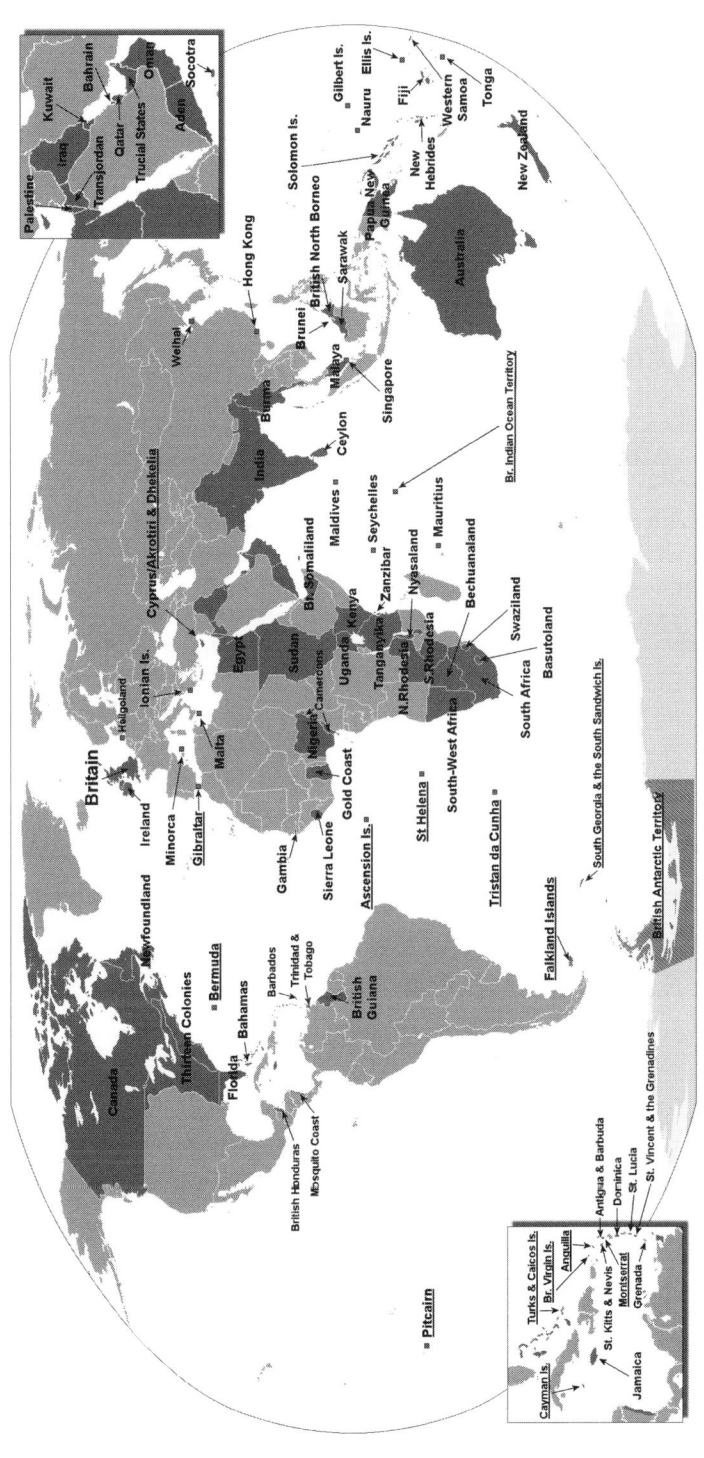

Das Britische Empire: Die dunkel markierten Gebiete waren zeitweise Teil des Britischen Weltreiches. Die britischen Überseegebiete sind unterstrichen (Stand um 1920).

Die eigentliche Botschaft dieser abenteuerlichen Geschichte ist offenbar, dass das Mormonentum im Alleinbesitz der endgültigen und von Christus selbst beglaubigten Wahrheit ist; diese Wahrheit wurde erst den Amerikanern auf amerikanischem Boden offenbart. Amerika ist also der von Gott erwählte Hort der einzigen, der wahren Wahrheit.

Göttliche Erwählung

Theologisch ist der britische Erwählungsglaube ein Erbe des Alten Testamentes und der Reformation. Gott hatte die Juden als sein einzig geliebtes Volk unter den Völkern auserwählt und ihm in einem förmlichen Bund (= der Alte Bund) Macht und Größe verheißen. Die Juden haben diesen Bund aber gebrochen, sodass, wie der Apostel Paulus im Römerbrief umständlich darlegt, die Juden ihre Sonderstellung zugunsten der Christen verspielt haben. Mit diesen habe Jesus im Abendmahl einen Neuen Bund geschlossen. Das ist bis heute die offizielle Sicht aller christlichen Konfessionen.[64] Nicht das Geblüt gibt das Heil, sondern der Glaube an Jesus. Die nun entstandene christlich-katholische Kirche war aber unter den Päpsten zur *Synagoge des Satans* entartet. Daraufhin hat Gott sich ein neues Volk erwählt; eines, das seine Gebote streng und ernst wie einst die Erzväter des Alten Testaments halten würde.

Calvin hat unter Berufung auf verschiedene Bibelstellen Luthers Gnadenlehre dahingehend verschärft, dass Gott vor allen Zeiten unwiderruflich die zu seiner Herrlichkeit Berufenen erwählt habe.

Der Mensch kann also an seinem Heilszustandstand nichts ändern Er kann aber versuchen, schon diesseits des Grabes herauszufinden, ob er zu den Erwählten gehört: „Nicht, wer den Glauben hat, gewinnt das Heil, sondern umgekehrt: Wer erwählt ist, zeigt das dadurch, dass er den richtigen Glauben hat und betätigt." Allerdings liegt die Betonung, so ist hinzuzusetzen, auf den „richtigen", den von Calvin gelehrten Glauben.

Calvinismus in England und Amerika

Luthers Lehre sprang früh in die Niederlande und nach England und Schottland über, wurde aber ab etwa 1550 von den Gedanken Calvins überlagert. Puritaner ist eine Sammelbezeichnung für alle abseits der anglikanischen Staatskirche stehenden Gruppen des englischen Protestantismus. Diese zerfielen in verschiedene Untergruppen, die mehr oder minder von Calvin beeinflusst waren. Besondere Bedeutung erreichte der Puritanismus unter Cromwell. Nach dessen Tod (1658) und der Restauration des Kö-

---

64 Aden, Credo, S. 19 f.

nigtums wurden alle Gruppen, die sich nicht zur anglikanischen Staatskirche bekannten, verfolgt. Das Schicksal von John Bunyan (1628–1688), des Verfassers von *The Pilgrim's Progress*, ist dafür beispielhaft. Bunyan war als Soldat in Cromwells Armee unter den Einfluss puritanischer Prediger geraten und selber einer geworden. 1660 wurde er aus einem von ihm geleiteten Gottesdienst heraus verhaftet und verbrachte die nächsten zwölf Jahre im Gefängnis. 1672 entlassen, wurde Bunyan 1675 wegen Missachtung des ihm auferlegten Predigtverbots erneut inhaftiert. Das Ende der Verfolgungen kam erst im letzten Jahr vor seinem Tod mit der *Indulgenz-Akte* von 1687.[65] Die Verfolgungslage führte die Puritaner zu Auswanderungen nach Nordamerika und zur Übertragung der freikirchlichen Bewegungen in die Neue Welt. Nordamerika wurde so das Versuchsfeld für neue staatliche und religiöse Formen. Der aus vielen Einzelkonfessionen bestehende heutige Protestantismus in USA ist also das Erbe des englischen Calvinismus. Die Überfahrt der Pilgerväter, einer besonders strengen calvinistischen Gruppe der *Separatisten,* mit der *Mayflower* im Jahre 1620 wurde zu einem Gründungsmythos der USA und gilt bisweilen als der Beginn der europäischen Besiedlung Nordamerikas.

2. Kapitel:
Amerikas Erwählung

Amerikanismus als säkulare Religion

Die ersten aus England nach Amerika kommenden Siedler waren Protestanten. Sie nahmen die Überzeugung mit, dass Gott für England eine einzigartige Rolle in der Weltgeschichte bestimmt hatte. England war der Ort des neuen Jerusalems und das englische Volk stand in der Nachfolge der alten Israeliten als Gottes Werkzeug, als sein auserwähltes Volk. Das Alte Testament war nicht nur der moralische Leitstern der Israeliten. Es war Gottes Gegenleistung für das Versprechen, die Tora einzuhalten.[66] Diese versprach ihnen, dass sie sich alles Land nehmen dürften (auch wenn das bedeutete, die Ureinwohner zu vertreiben) – geradeso wie den Israeliten in der Bibel gesagt worden war, dass ihnen das

---

65 Die Indulgenz-Akte von 1687 war ein erster Schritt zur Begründung der Religionsfreiheit in England. Sie hob die religiösen Strafgesetze auf und erlaubte die Ausübung der verschiedenen christlichen Konfessionen. Sie wurde von Anhängern der Staatskirche bekämpft.

66 Aden, Credo, S. 19, mit Nachweisen.

Land Kanaan gehören sollte, wobei sie auf die Kanaaniter keine Rücksicht nehmen müssten.[67]

Zur Zeit des Unabhängigkeitskrieges sahen die meisten Amerikaner Großbritannien als ihren Unterdrücker und König Georg III. wurde als Pharao gemalt, der wie einst in Ägypten die Kinder Israel nun die Amerikaner unterdrückte und ausbeutete. Der Bruch mit Großbritannien war daher dem Auszug der Israeliten aus Ägypten, dem Knechtshause, vergleichbar. Dieser war die Ausführung von Gottes Willen für sein neues auserwähltes Volk der Amerikaner. In der Neuen Welt lag das Gelobte Land, das wirkliche Neue Jerusalem. „Amerikanismus" heißt der neue Glaube. Es gibt sie wirklich, die halboffizielle amerikanische Religion des „Amerikanismus". Diese fußt darauf, dass diese *one nation under God* die beste sei, einfach weil Gott sie als die beste gewollt hat. Wer nicht in diese Religion hineingeboren wird, muss, um zu ihr überzutreten, eine Reihe von Initiationsriten durchlaufen, die ihn zu einem anderen Menschen – eben zu einem Amerikaner – machen:

> The entry into American citizenship was like the initiation ceremony of a religious movement. It changed the fundamental character of the individual concerned.[68]

> [Die Annahme der amerikanischen Staatsangehörigkeit war wie der Initiationsritus in eine religiöse Bewegung. Dieser verändert den Grundcharakter des betreffenden Individuums.]

Wie der Getaufte nach christlichem, namentlich auch protestantischem Verständnis den „alten Menschen" hinter sich lässt und ein „neuer Mensch" wird, so ändert auch der Einwanderer seinen Charakter; er wird vom Menschen zum Amerikaner. Man könne den Amerikanismus zwar nicht in dem Sinne als Religion ansprechen, dass er eine Mitgliedschaft im Weltkirchenrat beantragen könnte. Wenn man ihn aber als eine Religion im Sinne des Islam anspreche, komme man der Sache recht nahe, meint Longley[69]. Die oben im Rahmen des russischen Erwählungsglaubens zitierten Worte Dostojewskis gewinnen, für die USA entsprechend abgewandelt, einen sehr realen Sinn: „Der Staat verwandelt sich in die Kirche, erhebt sich zur Kirche und wird zur Kirche auf der ganzen Erde. Das ist die große Bestimmung des Amerikanismus

---

67 Das Buch Josua ist in dieser Hinsicht besonders brutal; vgl. Jos. 6, 20.

68 Longley, a. a. O., S. 67 .

69 Longley, a. a. O., S. 68 .

[statt: Orthodoxie] auf Erden. Von Westen [statt: Osten] wird das Licht der Welt kommen."

Die Frage, ob Amerikaner auch heute noch an diese Sonderrolle ihrer Nation glauben, beantwortet Longley mit einem schlichten Ja. Der amerikanische Oberbefehlshaber Eisenhower[70], der nach Kriegsende vorsätzlich den Tod ungezählt vieler – man spricht von bis zu einer Million – deutscher Kriegsgefangener veranlasst hatte,[71] sah sich nicht gehindert, 1956 als Präsident „In God We Trust" in den Treueschwur *Pledge of allegiance* einzufügen.

Zar Peter der Große hat 1714 umgekehrt gemeint, Geist und Kultur würden nun nach Osten wandern, als er erklärte:

> Die Geschichtsschreiber setzen den alten Sitz der Wissenschaft in Griechenland, von wo sie ... in alle europäischen Länder verstreut ... Nunmehr wird die Reihe an uns kommen. Ich vergleiche die Reise dieser Wissenschaften mit dem Umlauf des Geblüts im menschlichen Körper, und es ahndet mich, daß dieselbe dermaleinst ihren Wohnplatz in England, Frankreich und Teutschland verlassen, sich einige Jahrhundert bei uns aufhalten und hernächst nach ihrer wahren Heimat Griechenland wiederkehren werde.[72]

Die Entdeckung und Besiedlung jungfräulicher Länder jenseits der bekannten Welt rief das Bild der aus Europa auswandernden Kultur in Erinnerung, das mit dem Mythos der kurz vor seinem Fall aus Troja fliehenden Götter zusammenhängen dürfte.[73] Amerikaner stimmen mit Russen darin überein, dass die Kultur aus Europa auswandern werde, aber die Amerikaner meinen, dass es in umgekehrte Himmelsrichtung geht, nämlich nach Westen. Berkeley dichtete 1726:

> Westward the course of empire takes its way,
> The first four acts already past,
> A fifth shall close the drama with the day,
> Time's noblest offspring is the last.[74]

---

70 Seine Eltern stammten beide von Deutschen ab.

71 Vgl. das in Deutschland tot geschwiegene Rheinwiesendrama, welches vor allem durch den Kanadier James Bacque (a. a. O.) zur schockierenden Evidenz gebracht wurde.

72 Zitiert in Hildermeier, Manfred: Das Privileg der Rückständigkeit, in: Historische Zeitschrift 244, 1987, S. 564.

73 Vgl. Schiller, Friedrich, Kassandra: „Eris schüttelt ihre Schlangen, / Alle Götter flieh'n davon / Und des Himmels Wolken hangen / Schwer herab auf Ilion."

74 Bei Barraclough, Geoffrey: Europa, Amerika und Rußland, Historische Zeitschrift, 1966, S. 283.

[Westwärts bahnt sich das Empire seinen Weg,
die ersten vier Akte sind bereits Vergangenheit,
ein fünfter wird das Drama mit dem Tag beschließen,
der edelste Sproß der Zeiten ist der letzte.]

Eine blonde nordische Frau, die Columbia, personifiziert die Vereinigten Staaten. Sie trägt die Zivilisation mit den Siedlern nach Westen. Dieser Glaube ist auch heute prägend. George W. Bush sagte in seiner Einführungsrede als Präsident:

God is still in charge of America's „manifest destiny".
[Gott kümmert sich weiterhin um die offenbarte Bestimmung Amerikas. Ob wir Normalsterblichen es mögen oder nicht, die Beherrschung der Welt durch Amerika und amerikanische Werte ist das, was Gott will.]
America believes it has a divine mandate to lead the world.
[Amerika glaubt die Bestimmung zu haben, die Welt zu führen.]75

Die Manifest destiny *der USA in Gestalt der Columbia, der weiblichen Personifizierung der USA – vergleichbar dem männlichen „Uncle Sam": Der Künstler John Gast (* 1842, Berlin – † 1896, New York) nannte das 1872 vollendete Ölbild zunächst „Westward Ho/Manifest Destiny"; mittlerweile ist es aber als „American Progress" (Amerikanischer Fortschritt) bekannt. Dargestellt wird die Besiedlung des amerikanischen Westens als zivilisatorisch-religiöse Aufgabe der Siedler.*

---

75 Vgl. Longley, a. a. O.

Das große Staatssiegel der
Vereinigten Staaten von Amerika

Das Große Siegel (Great Seal) der USA bestätigt die Worte von George W. Bush in seiner Einführungsrede mit jedem Siegelgebrauch. Es stammt aus dem Jahre 1782, also unmittelbar nach der Unabhängigkeitserklärung, und ist voller religiöser Symbolik. Diese lässt keinen Zweifel daran, dass die Gründungs- und Verfassungsväter der Vereinigten Staaten von Amerika der Meinung waren, das neue auserwählte Volk Gottes zu sein.[76] Mit dem von keinen Verbrechen der Vergangenheit besudelten jugendfrischen Volk der Amerikaner würde Gott vollenden, was er mit den alten Israeliten begonnen hatte. Amerika verstand sich als das neue Israel.

Das Siegel wird beherrscht von der Pyramide. In deren Fundament steht das Gründungsjahr des neuen Staates: MDCCLXXVI = 1776. Die Pyramide erhebt sich aus einer Wüste. Durch eine Wüste war das Volk Israel mythische vierzig Jahre lang gewandert, trotz aller Fährnisse stets im Vertrauen auf das von Gott verheißene Land Kanaan, wo Milch und Honig fließen werde. Man sieht zu Füßen der Pyramide verstreute Gegenstände. Das sind offenbar die Wachteln und das Manna, das der Herr seinem Volk als Zehrung und Aufmunterung auf seiner Wüstenwanderung geschickt hatte (vgl. Exodus 16,4). Es wird also auf den Auszug des auserwählten Volkes aus Ägypten, dem Lande der Knechtschaft, angespielt. Am Ende der Wüste zeigen sich die Berge des gelobten Landes in hoffnungsvollem Blau.

Die Pyramide ist unvollendet. Sie erinnert auch eher an einen Turm. Gemeint ist der Turm zu Babel (Genesis 11,3). Die sündhaften Erbauer dieses Turms hatten dessen Spitze bis an den Himmel führen wollen, wurden aber zur Strafe ihres Frevels in der Sprache verwirrt und in alle Winde zerstreut. Diesen Frevel würde das Gottesvolk der Amerikaner nicht begehen. Statt einer Spitze wird das hohe Bauwerk daher vom Auge Gottes gekrönt, das in Richtung der Näherkommenden, also wohl der Einwanderer, blickt. Das göttliche Auge hat die blaue Iris des Nordeuropäers. Es schaut wach unter dem Dreieck, dem Symbol der christlichen Dreifaltigkeit, hervor, denn der Hüter seines geliebten Volkes „schläft und schlummert nicht" (Psalm 121,4).

Rom-Symbolik: Das von Gott neu erwählte Volk sieht für sich eine große politische Aufgabe; so groß, dass sie nur mit jener Roms verglichen werden kann. Neben den Symbolen aus dem Alten Testament zeigt das Siegel daher mythologische Figuren und Anklän-

---

76 Hierzu auch: Longley, a. a. O., S. 22 .

ge an das Römische Reich. Die Wiederentdeckung Roms hatte im 15. Jahrhundert in der italienischen Renaissance begonnen, nördlich der Alpen etwas später. Wie im 13. Jahrhundert die Gedanken des Aristoteles die Scholastik befruchteten, werden nun die römischen Schriftsteller und das Beispiel des Römischen Reiches in die geistige Auseinandersetzung einbezogen. Merkwürdig spät, namentlich erst mit Edward Gibbon (1737–1794), entsteht eine der ersten Darstellungen der römischen Geschichte, die quellengestützt ist.[77]

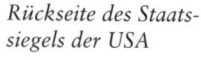

Die Romromantik zeigte sich insbesondere in der Französischen Revolution, als die Revolutionäre sich zum Teil römische Eponyme zulegten. Die politische Karriere Napoleons begann in seiner Funktion als einer von zwei Konsuln, also gerade so wie im alten Rom. Die amerikanischen Revolutionäre hatten Ähnliches im Sinn. Das Regierungsgebäude nannten sie Kapitol und das Parlament Senat, und mehrere Ortschaften im Staate New York sind nach antiken Stätten benannt: Ithaka, Syracuse, Rome und andere.

Rückseite des Staatssiegels der USA

Mit der Verbindung der beiden Hauptstränge der abendländischen Kultur, Christentum und Rom, sind aus Sicht der Amerikaner zwei Dinge ausgesagt: Gott billigt unseren Weg und dieser wird uns wie einst Rom zu großer Macht führen. Das religiöse Hauptsymbol des Siegels wird nämlich von Symbolen umrahmt, die diesen Anspruch aussagen: *Annuit coeptis* – Gott zeigt dem Beginn sein Wohlwollen. Darin ist ein Anklang an einen Vers aus der *Aeneis* des Vergil (IX, 625) zu sehen: *Jupiter omnipotens, audacibus annue cœptis.* (Allmächtiger Jupiter, segne das wagemutig Begonnene.) Aeneas war der von langen inneren und äußeren Wirren zerstörten alten Heimat, Troja, entronnen und hatte mit wenigen Wagemutigen nach gefahrvoller Seereise den Weg in das ihm von den Göttern verheißene Land, Italien, gefunden. Hier hatte das sich bildende neue Volk der Römer im Kampf mit den Ureinwohnern neue Fährnisse zu bestehen. Aber Aeneas war Nachkomme des auch als Sonnengott verehrten Apoll und, da dieser als Sohn des Jupiter galt, auch selbst Nachkomme des höchsten Gottes. Stets hatte er Frömmigkeit bewahrt. Darum konnte der göttliche Lohn nicht ausbleiben. Seine Frömmigkeit und Gottesfrucht waren sprichwörtlich. Der zitierte Vers wird von

77 1776–1789 erscheinen sechs Bände seiner *History of the Decline and Fall of the Roman Empire.*

Ascanius, dem Sohn des Aeneas und damit ebenfalls Abkomme Jupiters, gesprochen. Der etwas freche und übermütige Jüngling steht zum ersten Male in Waffen vor dem Feind und fordert diesen heraus. Der Kampf soll darüber entscheiden, ob das sich um Aeneas bildende neue Volk würdig ist, Rom zu begründen und damit den Grundstein zu legen für dessen von den Göttern verheißene künftige Weltherrschaft: „Neige, allmächtiger Gott, dein Haupt dem kühnen Beginnen." Darauf schießt Ascanius den Pfeil ab und tötet den Führer der Gegner. Die Teucrer – mit diesem Namen, der ebenso neuartig ist wie „Amerikaner", wird das Volk des Aeneas bezeichnet – erheben Siegesgeschrei. Dieses wird von Apoll mit Genugtuung vernommen und er antwortet Ascanius, seinem Nachkommen:

> Macte nova virtute, puer, sic itur ad astra
> dis genite et geniture deos. iure omnia bella
> gente sub Assarici fato ventura resident.
> nec te Troia capit.

> [Blüh in erneuerter Tugend, mein Sohn, und rühr an die Sterne!
> Götterentsprossner Ahne von Göttern! Sämtliche Kriege
> werden siegreich beendet, und künftig schweigen die Waffen.
> Troja liegt hinter dir.]

Damit ist die Erklärung für die untere Zeile gegeben: *Novus ordo seclorum*. Ein neues Zeitalter bricht an. Hier wird auf Vers 5 der 4. Ekloge von Vergil angespielt: Darin heißt es:

> magnus ab integro seclorum nascitur aetas …
> iam nova progenies caelo dimittitur alto.

> [Groß und vom Grunde erneuert tritt der Äon hervor …
> und vom Himmel gesandt, wächst ein neues Geschlecht.[78]]

Diese Ekloge IV wurde in der Renaissance und noch lange danach auf die Geburt Jesu bezogen. Mit diesem begann das christliche Zeitalter; nach der christlichen Theologie also das Zeitalter, in dem sich Gottes Heilszusagen verwirklichen würden. Der *novus ordo seclorum* bedeutet im Siegel des jungen Staates also nichts weniger als den Anspruch, dass mit ihm eine neue Weltordnung beginnt. Die Dollarnote trägt mit diesem Siegel diese Botschaft millionenfach überallhin, wo der Dollar etwas gilt, und das ist mehr oder weniger auf der ganzen Welt der Fall. Diese Botschaft sagt: Der *Herr* war mit uns. Der *Herr* ist mit uns und der *Herr* wird mit uns sein, denn mit uns Amerikanern hebt ein neues Zeitalter für die Welt an.

---

78 Übers. durch d. Verf.

Allerdings hatten das schon die französischen Revolutionäre verkündet und mit der Einführung des neuen Glaubens an die Göttin der Vernunft zugleich die Zeitrechnung umgestellt, sodass das erste Jahr der Revolution nun das Jahr 1 des neuen Äons sein sollte. Auch die Bolschewisten erklärten 1917, dass mit ihnen eine neue Epoche der Weltgeschichte angebrochen sei. Den USA ist aber als Besonderheit immerhin zuzugestehen, dass die Amerikaner noch heute an ihre Erwählung glauben.

Die Manifest destiny
als griffige Form des Erwählungsglaubens

Der amerikanische Erwählungsglaube fand in dem Ausdruck *manifest destiny* seine griffige Form. Kissinger schreibt:

> Diese Doktrin enthält eine Vision von außergewöhnlicher Originalität und großem Reiz. Während die Alte Welt den neuen Kontinent als Schauplatz ihrer Eroberungen sah, um ihren Reichtum und ihre Macht zu mehren, entstand in Amerika eine neue Nation, die nicht müde wird zu beteuern, dass Glaubensfreiheit, freie Meinungsäußerung und Freiheit des Handels die Kernmerkmale ihrer nationalen Geschichte und ihres Charakter sind.[79]

Es wurde oben dargelegt, dass eine solche Selbstprädikation durchaus nicht außergewöhnlich, sondern für ein tatendurstiges junges Volk eher typisch ist. Die Redewendung, die so viel wie „offenkundige Bestimmung" bedeutet, hatte der Journalist O'Sullivan 1845 in einem Artikel geprägt, als er schrieb, es sei

> die offenkundige Bestimmung der Nation, sich auszubreiten und den gesamten Kontinent in Besitz zu nehmen, den die Vorsehung uns für die Entwicklung des großen Experimentes Freiheit ... anvertraut hat.

Der Begriff hatte dann eine eigene Geschichte. Zuerst betraf er wohl nur die Überzeugung, dass die neue Nation dazu bestimmt sei, den ganzen Kontinent als Siedlungsgebiet einzunehmen. Damit wären nur erst der an den Indianern begangene Landraub und die gegen diese geführten Vernichtungskriege gerechtfertigt. Diese Bestimmung wurde dann aber auch in die ideelle Ebene gehoben, und das speiste sich aus zwei Grundüberzeugungen:
- Die neue Nation hatte von Gott über jede Kritik erhabene und hochstehende Eigenschaften und politische Institutionen empfangen.
- Die USA hat die Pflicht, ihre Werte, da diese die unzweifelhaft besten sind, weltweit zu verbreiten. Es ist Amerikas Bestimmung, die Welt zum Guten zu führen.

---

79 Kissinger, Henry: Weltordnung, München 2014, S. 266.

Dieses Sendungsbewusstsein kann geradezu mit einer Überfülle von Einlassungen hochrangiger Politiker und literarischer Äußerungen seit der Gründung der Union bis in unsere Tage belegt werden.

1813 schrieb John Adams[80] an Thomas Jefferson, einem der einflussreichsten Staatstheoretiker der USA:

> Our pure, virtuous, public spirited federative republic will last forever, govern the globe and introduce the perfection of man.[81]

> [Unsere reine, tugendhafte, dem Gemeinwohl dienende Bundesrepublik wird ewig dauern, die Welt regieren und die Entwicklung des Menschengeschlechtes vollenden.]

Einer der führenden US-Politiker vor dem Sezessionskrieg, John Calhoun, konstatierte:[82]

> We are charged by Providence, not only with the happiness of this great rising people, but, in a considerable degree, with that of the human race. ...[83] [Die Vorsehung hat uns nicht allein für das Glück dieser großen aufstrebenden Nation, sondern ganz wesentlich auch für die ganze Menschheit bestimmt. Wir haben eine Staatsverfassung einer neuen Art, völlig verschieden von allen, die es jemals zuvor gab – eine Verfassung, die auf den Menschenrechten gründet. Sie beruht nicht auf Macht, nicht auf Vorurteilen, nicht auf Aberglauben, sondern auf Vernunft. Wenn diese gelingt, wie es ihre Gründungsväter so freudig hofften, wird sie der Anfang einer neuen Ära des Menschengeschlechts sein. Im Laufe der Zeit müssen sich einfach alle Staatsverfassungen ihren Grundsätzen anpassen.]

1912 äußerte der spätere Präsident Wilson in einer Wahlkampfrede:

> We are chosen and prominently chosen to show the way to the nations of the world how they shall walk in the paths of liberty.[84] [Wir sind erwählt, wir sind sichtbar auserwählt, den Völkern der Welt zu zeigen, wie sie den Weg zur Freiheit zu gehen haben.]

In unseren Tagen verkündete der Politologe Francis Fukuyama, dass die USA anders seien als andere Staaten, und verwies darauf,

---

80 1735–1826; 1797–1801 zweiter Präsident der USA.

81 Zitiert bei Anderson, Perry: American Foreign Policy, London – New York 2015, S. 4.

82 1782–1850; mehrfach Vizepräsident, langjähriger Kongressabgeordneter, gehörte zum Großen Triumvirat. Dieser Begriff bezieht sich auf drei Politiker, die den US-Senat in den 1830er und 1840er Jahren stark beeinflussten: Henry Clay, Daniel Webster und John Calhoun. Alle drei waren Außenminister (Secretary of State).

83 Zitiert nach Cralle, Richard K. (Hrsg.): The Works of John C. Calhoun, Bd. II, New York 1854–1857, S. 191.

84 Zitiert bei Anderson, a. a. O., S. 8.

dass sie „ihre militärische Macht immer weise und gerecht einsetzen, und zwar so, wie es andere Staaten nicht können".[85] Diese, wie bemerkt, bei jungen tatendurstigen Völkern fast regelmäßig auftauchenden Gefühle der göttlichen Begnadung können „uns zu edler Tat begeistern".[86] Die nächste Stufe freilich ist dann das bei Sekten und religiösen Sondergruppen anzutreffende moralische Überlegenheitsgefühl über alle, die nicht unter dieser Gnade stehen. Macht sich dieses Gefühl in einer Nation breit, geht es in Imperialismus über, der, unter dem Deckmantel, den Völkern das Heil zu bringen, die eigenen Interessen präferiert.[87] Da die meisten Menschen aber keine Philosophen sind und das Holzschnittartige bevorzugen, ist die Möglichkeit auch einer kriegerischen Ausbreitung des amerikanischen Volkes und seiner die Menschheit beglückenden Werke wohl immer mit eingeschlossen.

Zu bedenken ist weiter Folgendes: Die europäischen Auswanderer in die USA im 18. Jahrhundert waren in der Regel junge Leute der Unterschicht ohne eine Ausbildung, die über Lesen und einfaches Schreiben hinausging. Diese Einwanderer brachten ein Substrat der europäischen Kultur in die USA, das aus einem Gemisch von einfachen Bibelkenntnissen und Fertigkeiten in bestimmten Handwerken und Kulturtechniken bestand, vielleicht auch aus einigen allgemeingeschichtlichen Vorstellungen. Christ zu sein und weiße Hautfarbe zu haben, waren bereits zwei entscheidende Merkmale der Überlegenheit. Diese Menschen traten nun in die Weite des amerikanischen Raums. Weite bedeutet Freiheit und die nur aus der Tatsache der weißen Hautfarbe begründete Befugnis, Indianer zu vertreiben und gegebenenfalls zu töten oder Negersklaven zu halten, erzeugt ein Macht- und Überlegenheitsgefühl, dem sich Europäer auch heute kaum entziehen können, wenn sie, die zu Hause kaum eine Putzhilfe bezahlen können, beispielsweise in Äthiopien über Gärtner, eine Köchin und weitere Hausgehilfen verfügen.

„Wir sind gewöhnt, dass die Menschen verhöhnen, was sie nicht verstehn", ist in Goethes *Faust* zu lesen. Was man nicht kennt, wird missachtet und das Eigene wird dann leicht überschätzt. Mangelnde Kenntnis des Fremden ist daher auch heute

---

85 Zitiert bei Anderson, a. a. O., S. 248: „… can be trusted to use it's military power justly and wisely in ways that other powers cannot."

86 Vgl. 2. Strophe des Deutschlandliedes.

87 So äußert sich in Theodor Fontanes Roman *Der Stechlin* der Pastor gegenüber dem alten Dubslav von Stechlin in Bezug auf die Engländer: „Sie sind drüben schrecklich runtergekommen, weil der Kult vor dem Goldenen Kalbe beständig wächst; lauter Jobber, und die vornehmen Leute obenan. Und dabei so heuchlerisch; sie sagen Christus und meinen Kattun."

der wesentliche Grund von Angst- und Überlegenheitsgefühlen, was beides letztlich wohl das Gleiche ist. Die Unkenntnis und Missachtung der Außenwelt und die Unkenntnis fremder Sprachen und Kulturen seitens des damaligen und heutigen Amerikaners ist weltweit sprichwörtlich. Die *Manifest-Destiny*-Doktrin hat daher unter psychologischen Gesichtspunkten möglicherweise eine ähnliche Wurzel wie das russische Sendungsbewusstsein, nämlich in einem Minderwertigkeitskomplex gegenüber den westeuropäischen Kulturvölkern, der durch Großtun und Missachtung kompensiert wird.

3. TEIL

Der Aufbau des Imperium Americanum

1. Kapitel:
Besitznahme des Raumes

Go west! Die Eroberung des Westens

Die Doktrin *manifest destiny* stand für den offenbaren göttlichen Auftrag an die USA, nicht nur den Kontinent in Besitz zu nehmen, sondern auch weit darüber hinaus zu denken. Es sei, so schrieb der Erfinder dieser Doktrin, „im Interesse der Menschheit, dass Macht und Gebiet der Vereinigten Staaten sich ausdehnen – je weiter, desto besser".[88] Das betraf zunächst die Ureinwohner, die den vordringenden Europäern physisch im Wege standen. Das anfangs vertrauensvolle Verhaltnis zwischen Europäern und Ureinwohnern änderte sich bald. Es war nicht so, wie Philip Freneau (1752–1832), der *Poet of the American Revolution*, 1785 dichtete: „… the unsocial Indian far retreats to make some other clime his own".[89] [Der wilde Indianer zieht sich weit zurück, um sich unter anderem Himmel einzurichten.] Die Indianer wurden mit nackter Gewalt aus ihren heimatlichen Gründen vertrieben. Schon 50 Jahre nach der Ankunft der *Mayflower* kam es 1675/76 in Neuengland zum *King Philip's War,* benannt nach einem indianischen Häuptling. 800 Kolonisten und 3000 Indianer verloren ihr Leben. Dieser Krieg war ein Wendepunkt für die jungen Kolonien, denn er zerstörte die Beziehungen zwischen Kolonisten und Ureinwohnern und leitete die Vertreibung und Vernichtung der Indianer ein.

Bis zur Unabhängigkeitserklärung war die europäische Besiedlung im Wesentlichen auf die küstennahen Regionen im Osten beschränkt geblieben. Das Gebirge der Appalachen bildete weithin die Grenze. Die indianischen Siedlungsgebiete wurden zwar von Osten her angenagt, aber sie blieben im Wesentlichen intakt, da die englische Kolonialverwaltung Sorge hatte, dass bei einem zu kämpferischen Vorgehen die Indianerstämme auf die französi-

---

88   Mann, Golo: Weltgeschichte Bd. 8, S. 456 ff.
89   The Oxford Book of American Poetry, Oxford 2006. Übers. durch d. Verf.

sche Seite wechseln würden. Ab etwa 1790 änderte sich aber die Lage. Der langsame Erosionsprozess gegenüber dem Indianerland wurde zu einem immer brutaler werdenden Landnahmekrieg. Ältere, aber auch erst unter George Washington geschlossene Verträge wurden rücksichtslos gebrochen. Die Republik, die mit der feierlichen Proklamation von Menschenrechten in die Geschichte eingetreten war, erließ 1830 mit dem *Indian Removal Act* ein regelrechtes Vertreibungsgesetz. Aufgrund dieses Gesetzes wurden rund 60.000 bereits als „zivilisiert" geltende Indianer aus Siedlungsgebieten vertrieben, in denen sie seit jeher ansässig waren und deren Besitz die US-Regierung ihnen immer wieder durch Verträge garantiert hatte. Jenseits des Mississippi wurden ihnen neue Siedlungsgebiete zugewiesen, „die ihnen dann bei nächster Gelegenheit auch wieder genommen wurden".[90]

Wie den Israeliten im Alten Testament wurde auch den USA mit jedem Sieg die Bestimmung der Nation immer „manifester" deutlich. Gott wollte es! Landraub und Genozide wurden in einen göttlichen Plan umgedeutet. Damit verloren sie den von den Eroberern selbst auch empfundenen Unrechtscharakter. Schließlich war auch Rom auf diese Weise groß geworden, und das war nur ein heidnischer Staat gewesen. Die Entstehung der Vereinigten Staaten von Amerika war Ergebnis eines Krieges, an dessen Rechtfertigung aus Sicht der Amerikaner nun überhaupt kein Zweifel erlaubt war. Kaum war der Unabhängigkeitskrieg beendet, wandte sich der junge Staat immer aggressiver nach Westen. Die weiße Besiedlung des nordamerikanischen Kontinents begann mit leichten Plänkeleien mit der eingeborenen Bevölkerung, die zu Kriegen anschwollen und in einem Vernichtungskrieg endeten. Rom hat im Verlauf seiner Entwicklung, die es vom unbedeutenden Stadtstaat in Mittelitalien zur Herrin der damals bekannten Welt machte, ungezählt viele Kriege geführt, von denen die meisten auch in der damaligen Zeit als ungewöhnlich grausam empfunden wurden. Römische Geschichtsschreiber stellten alle diese Kriege freilich als solche dar, die Rom angeblich ungewollt zur Verteidigung seiner Ehre und zum Wohle seiner Verbündeten führen musste. Dieses Argument wurde in der Kaiserzeit erweitert, wonach Roms Kriege der Verbreitung des Friedens und der Kultur gedient hätten. So schreibt Plinius d. Ä. über die unbesiegten Germanen: *Multis fortuna parcit in poenam.* [Viele werden vom Schicksal verschont, um sie wegen ihrer Unbeugsamkeit zu bestrafen.] Womit er sagen

---

90 Brogan, Hugh, a. a. O., S. 67: „... which in due time were also filched from them." Dieser berichtet weitere Beispiele, wie Indianer arglistig und grausam vertrieben, beraubt und auch niedergemetzelt wurden.

will: Nicht von Rom besiegt zu sein, sei eine den Germanen zu-
gedachte Strafe der Glücksgöttin, die ihnen so die Segnungen der
römischen Kultur vorenthalte.[91] Die Götter wollten Rom erhö-
hen und ihm die Macht über den Erdkreis zu einem bestimmten
Zweck geben. Und alles Unrecht und alle Grausamkeiten sollten
verziehen sein, wenn es diesen Weg bis zum Ziel gehen würde. Zur
Zeit des hl. Augustinus (354–430) sind die Grausamkeiten und
auch die vernichteten Völker selbst vergessen:

> Wer weiß noch, was die Völker waren, die Rom einst unterworfen
> hat? Sie alle sind Römer geworden und heißen Römer.[92]

Vielleicht wird in nicht zu ferner Zukunft auch von den USA so
gesprochen werden. Die Völker sind nicht mehr und ihre Spur ist
verweht. Beim Massaker am *Wounded Knee* am 29. Dezember
1890 töteten Soldaten Männer, Frauen und Kinder der Sioux-
Indianer im heutigen US-Bundesstaat Dakota. Dieses Massaker,
es war der letzte Akt, brach den letzten Widerstand der Indianer
gegen die Weißen. Die Stimmung der Weißen gegen die Menschen,
denen man alles genommen hatte, spiegelt sich in einem Zeitungs-
kommentar aus dem Jahr 1891 wie folgt wider:

> [Diese Zeitung] hat zuvor erklärt, dass unsere Sicherheit von der tota-
> len Auslöschung der Indianer abhängt. Nachdem wir ihnen jahrhun-
> dertelang Unrecht getan haben, sollten wir diesem noch ein weiteres
> Unrecht folgen lassen und diese ungezähmten und unzähmbaren Krea-
> turen vom Angesicht der Erde wischen. ... Andernfalls können wir
> erwarten, dass die kommenden Jahre genau so voller Schwierigkeiten
> mit den Rothäuten sein werden wie die vergangenen.[93]

Der rassische Standpunkt

Soweit zu sehen, haben alle Kulturvölker, gleich ob Chinesen, Inder oder Europäer, die Reinhaltung ihrer Rasse als wichtig angesehen, wobei es natürlich immer vorkam, dass Männer eines „hö-
her stehenden Volkes" in einem eroberten Landes ihre sexuellen
Bedürfnisse mit den Töchtern eines „niedriger stehenden Volkes"
befriedigten. Auch die Gründungsväter der USA wie Washington
selbst bedienten sich ihrer Negersklavinnen zu diesen Zwecken.
Der sogenannte Crewe-Erlass von 1909 verbot es britischen Kolo-
nialbeamten, sich eingeborene Mätressen zu halten, und zeigt da-

---

91 Vgl. Demandt, Alexander: Die Spätantike, München 1989, S. 487.
92 Augustinus, Civitas Dei, 39, 344.
93 Saturday Pioneer, 3. Januar 1891; im Internet unter: web.archive.
org/web/20080501141825/www.northern.edu/hastingw/baumedts.htm
[zuletzt eingesehen am 14. Januar 2016].

durch, was weißer Suprematie zum Trotz üblich war. In England sprach man ganz selbstverständlich von einer „britischen Rasse". Die ideologische Grundlage findet sich in dem *Essai sur l'inégalité des races humaines Essay über die Ungleichheit der Menschenrassen* (1853–1855) des Franzosen Arthur de Gobineau (1816–1882). Dieser ging von der Bibel aus, die er wörtlich nahm und aus welcher sich eine erst 6000-jährige Menschheitsgeschichte errechnet.[94] Gott habe eine „Urrasse" erschaffen, nämlich die nordische, arische oder germanische Rasse und die später entstandene „gelbe" und „schwarze" Rasse. Die weiße Rasse steht über der gelben und die gelbe Rasse über der schwarzen. Rassenmischungen mindern die Qualität der Menschheit. Am unverfälschtesten habe sich die weiße Urrasse in Skandinavien und insbesondere im französischen Adel gehalten, während die Deutschen eine minderwertige Mischung aus Kelten und Slawen darstellten.

Von Anfang an ist ein starker Ton völkischen Überlegenheitsgefühls der Amerikaner zu hören gegenüber allen, die nicht der arischen, auf Englisch „kaukasisch" genannten Rasse angehörten. Auch hier standen das Alte Testament und die Israeliten Pate. Die Heilszusagen des Alten Testaments gelten nur für Geblütsjuden.[95] Bei der Neuordnung des Volkes Israel nach dem Exil geht, wie das Alte Testament berichtet, der Statthalter Nehemia rigoros gegen die Fremdlinge vor und veranlasste, dass die Juden sich von fremdstämmigen Frauen fernhielten. Offenbar war Nehemia sich gewiss, damit ganz im Sinne des Herrn zu handeln, denn in Nehemia 13,30 sagt dieser: „Also reinigte ich sie von allem Ausländischen … Gedenke meiner, mein Gott, zum besten."

Das amerikanische Rassegefühl richtete sich, da die Indianer schon fast ausgemerzt waren, vor allem gegen Schwarze und drückt sich besonders deutlich in der *Declaration of Texas to secede from the Federal Union* vom 1. Mai 1845 aus:

> We hold as undeniable truths that … that the African race … were rightfully held and regarded as an inferior and dependent race. … [Wir halten es für eine unbestreitbare Wahrheit, dass die afrikanische Rasse zu Recht als minderwertige und abhängige Rasse angesehen wird; … dass die Knechtschaft der afrikanischen Rasse, wie sie in diesen Staaten existiert, zweifelsfrei erlaubt und gerechtfertigt ist durch die Erfahrung der Menschheit und den offenbaren Willen des allmächtigen Schöpfers.]

---

94 Vgl. die Berechnungen des anglikanischen Bischofs James Ussher (1581–1656), wonach Gott die Welt am 23. Oktober 4004 v. Chr. geschaffen habe.

95 Das ist auch das Thema einer der Kernschriften des Neuen Testamentes, des unzählige Male kommentierten Römerbriefes des Paulus.

Noch im Jahre 1915 waren Ehen zwischen Weißen und Schwarzen es 28 US-Bundessaaten verboten.[96] Zunehmend wurden aber auch die mit fremdem Blut vermischten Lateinamerikaner als Gefahr für die eigene Rasse angesehen. Als nach dem Krieg mit Mexiko die Forderung erhoben wurde, ganz Mexiko zu annektieren, erhoben sich dagegen weniger rechtliche oder politische als vielmehr rassische Bedenken. Senator Calhoun aus South Carolina, der sich unter dem Gesichtspunkt der *manifest destiny* für die Annexion von Texas ausgesprochen hatte, sagte im Kongress am 4. Januar 1848:

> We have never dreamt of incorporating into our Union any but the Caucasian race – the free white race. …[97]

> [Wir haben niemals daran gedacht, andere als Angehörige der arischen Rasse – der freien weißen Rasse – in unsere Union aufzunehmen. Wenn wir Mexiko eingliedern, wäre das der erste Schritt zur Aufnahme der indianischen Rasse, denn mehr als die Hälfte der Mexikaner sind Indianer, und die andere Hälfte setzt sich aus verschiedenen Stämmen zusammen. Wir sind bemüht, alle Menschen zu freien Verfassungen zu zwingen. … Es ist die Berufung dieses Staates, der ganzen Welt bürgerliche und religiöse Freiheit zu bringen, besonders aber diesem Kontinent.]

Später richtete sich dieses Diktum auch gegen Asiaten,[98] insbesondere gegen Chinesen.[99]

Krieg um Kanada

1809 schrieb Jefferson an den als Vater der US-Verfassung gerühmten James Madison, der soeben sein Präsidentenamt (1809–1817) angetreten hatte:

> Wir müssten nur noch den Norden [Kanada] in unsere Konföderation einschließen und hätten dann ein Imperium der Freiheit, wie es seit der Erschaffung der Erde noch nie gesehen wurde. Ich bin überzeugt, keine Verfassung wurde jemals so gut wie die unsere für ein ausgedehntes Imperium und für Selbstbestimmung ausgearbeitet.[100]

---

96   Ferguson, Niall: The War of the World, London 2006, S. 22.

97   Xroads.virginia.edu/~CAP/CALHOUN/2Ahed.html [zuletzt eingesehen am 14. Januar 2016]

98   Vgl. Chin, Gabriel / Karthikeyan, Hrishi: Preserving Racial Identity: Population Patterns and the Application of Anti-Miscegenation Statutes to Asian Americans, 1910–19, in: Berley Asian Law Journal, Vol. 9, S. 1, 2002.

99   Vgl. History of laws concerning immigration and naturalization in the United States. The Chinese Exclusion Act in 1882; Wikipedia: en.wikipedia.org/wiki/History_of_laws_concerning_immigration_and_naturalization_in_the_United_States

100   Zitiert nach Kissinger, a. a. O., S. 268.

Henry Kissinger, unter anderem nationaler Sicherheitsberater und Außenminister der USA, machte darauf aufmerksam, dass das Imperium, das Jefferson und seinen Kollegen vorschwebte, sich von den europäischen Reichen unterschied: Jene seien auf Unterwerfung und Unterdrückung fremder Völker gegründet, dieses Reich aber sei nordamerikanisch und auf die Ausweitung der Freiheit konzipiert. Das ist eine merkwürdige Aussage, hatte es doch in der europäischen Geschichte bis 1945 niemals systematische Vertreibungen und Genozide zur Erweiterung des Territoriums gegeben, wie sie gerade in jenen Jahren in den jungen Vereinigten Staaten anliefen.

Vielleicht hierdurch mit angeregt, erklärten die USA Großbritannien 1812 den Krieg. Die von Madison genannten Kriegsgründe wirken ebenso vorgeschoben wie wohl die meisten öffentlich gemachten Kriegsgründe vorgeschoben sind und die wahren Motive verdecken. Es besteht heute weitgehend Einigkeit darüber, dass es der USA um die Eroberung Kanadas ging. Diese Expansionspläne werden häufig als Ausprägung der allerdings erst später formulierten *Manifest-Destiny*-Doktrin gesehen. In jedem Falle zeigen sie starke antibritische Gefühle. Keine Seite war auf den Krieg vorbereitet. Der Kriegsverlauf ist hier nicht nachzuzeichnen. Die sehr wechselhaften Kämpfe führten am Ende dazu, dass es den Briten gelang, die Hauptstadt Washington niederzubrennen. Präsident Madison musste fliehen. Im Frieden von Gent (1814) wurde der *status quo* wieder hergestellt. Keine Seite hatte ihre Kriegsziele erreicht.

Die Amerikaner aber betrachteten sich als Sieger in einem Krieg, in dem man erfolgreich amerikanische Rechte verteidigt hatte. Der Konflikt ließ den Nationalismus anwachsen. Wesentliche Folgen hatte der Krieg für die US-Armee, in der es zu tiefgreifenden Reformen insbesondere in der Ausbildung der Offiziere kam, welche die Schlagkraft der Truppen wesentlich verbesserten. Die US-Navy hatte ihre erste Feuerprobe bestanden und erheblich an Reputation gewonnen. Es begann nun eine Entwicklung, die sie zur heute größten Marine der Welt machen sollte. Für Kanada war der Krieg Grundlage für das sich entwickelnde kanadische Nationalbewusstsein. Ohne den Krieg von 1812 wäre Kanada wohl ein Teil der USA geworden.

2. Kapitel:
Die Monroe-Doktrin

Amerika den Amerikanern

Der amerikanische Präsident James Monroe sagte in seiner Regierungserklärung vom 2. Dezember 1823: „The American continents [Plural!] ... are henceforth not to be considered as subject for future colonization by any European power." [Die amerikanischen Kontinente gelten ab jetzt nicht mehr als Gegenstand künftiger Kolonisierung irgendeiner europäischen Macht.] Jeder Versuch dieser Art werde von den USA nicht anders gewertet werden als „manifestation of an unfriendly disposition toward the United States [als Zeichen einer unfreundlichen Haltung gegenüber den Vereinigten Staaten.]"[101] Hieraus entstand die Monroe-Doktrin.

Der britische Außenminister Canning hatte kurz zuvor, im August 1823, die USA vor der Gefahr gewarnt, dass Frankreich und die Staaten der Heiligen Allianz, also auch Preußen und Österreich, zusammen mit Spanien die soeben unabhängig gewordenen südamerikanischen Staaten rekolonisieren wollten. Erstens bestand diese Gefahr gar nicht und zweitens, wenn doch: Welche Gefahr sollte darin für die USA liegen? Die Äußerungen Monroes waren politisch eigentlich überaus ungeschickt und sogar gefährlich. Als Bundeskanzlerin Merkel vor einigen Jahren das Lebensrecht Israels mit der deutschen Staatsraison verband, wurde zu Recht gefragt, was das militärisch unbedeutende Deutschland denn im Falle eines Atomwaffenangriffs auf Israel tun wolle und ob nicht vielmehr umgekehrt ein Schuh daraus werde, denn schließlich sei Israel Atommacht, Deutschland aber nicht.

Ähnliche Fragen stellen sich in Bezug auf die Monroe-Doktrin. Angenommen, Frankreich hätte den Plan gehabt, Brasilien zu erobern, was es immerhin 1555 einmal versucht hatte. Wie hätten die USA auf diesen unfreundlichen Akt reagieren sollen? Die amerikanische Kriegsmarine war noch im Aufbau. Der völlig missglückte Feldzug gegen Großbritannien im Krieg von 1812 hatte gezeigt, wie wenig leistungsfähig das amerikanische Landheer noch war. Die USA hätte sich also der Lächerlichkeit ausgesetzt, wenn sie nach dem großen Wort der Monroe-Doktrin zwar den „unfreund-

---

101   Die Darstellung folgt weitgehend den Ausführungen in der *Encyclopædia Britannica*. Vgl. auch die Ausführungen zur Monroe-Doktrin in Winnicki, Adam: Die neue Weltordnung: Die USA und ihre globalen Herausforderer, Graz 2011, darin: Exkurs: Geschichte und Gegenwart der Monroe-Doktrin, S. 61–68. Vgl. auch Anlage 1 im Anhang.

lichen Akt" hätte konstatieren müssen, aber zu irgendwelchen Maßnahmen nicht bereit und fähig gewesen wären. Abgesehen davon: Konnte es wirklich im nationalen Interesse der USA liegen, gegebenenfalls mit der Entsendung eines Expeditionskorps die Unabhängigkeit Argentiniens oder Venezuelas zu sichern, damit aber die eigene Existenz aufs Spiel zu setzen? Denn dann wären die Grenzen gegenüber Britisch-Kanada entblößt worden und die USA hätten, wie der Krieg 1812 gezeigt hatte, eine leichte Beute der erfahrenen[102] britischen Truppen werden können.

Britische Warnungen

Die britische Diplomatie war, wie man seit dem Wiener Kongress weiß, für jederlei Tricks und Einflüsterungen gut; sie ist es noch heute und vielleicht lag hier der tiefere Sinn von Cannings so freundschaftlich scheinender Warnung. Wenn dem so sein sollte, dann wurde *dieser* Zweck nicht erreicht. Die französische Gefahr war offenbar aus der Luft gegriffen. Niemand wusste besser als der britische Minister, dass die völlig darniederliegende französische Marine angesichts der Stärke der britischen zu solchen Aktionen nicht fähig sein würde. Die in englischsprachigen Werken (vgl. z.B. die *Encyclopædia Britannica*: Monroe-Doctrine) gern auch als „Gefahrenherde" genannten deutschen Mächte Österreich und Preußen kamen für solche Abenteuer schon deswegen nicht in Betracht, weil sie überhaupt keine Kriegsmarine besaßen.[103]

Aber diese Warnung hatte einen politischen Wert. Frankreich war nach Lage der Dinge dennoch der einzig denkbare Rivale für die britische Weltstellung. Die natürlichen Ressourcen Frankreichs waren um ein Vielfaches größer als die des englischen Mutterlandes, auch wenn die Industrialisierung, etwa in der Eisen- und Stahlproduktion, in England weiter fortgeschritten war als in Frankreich. Frankreich war trotz seiner Verluste an England dreimal so groß wie dieses (ohne Schottland) und auch seine Bevölkerung mit rund 24 Millionen war der britischen um das Dreifache überlegen. Hätte Frankreich nach Waterloo (1815) eine seinen Möglichkeiten entsprechende Flotte aufgebaut, anstatt sich erneut in der europäischen Binnenpolitik im Kampf um die kontinentale Hegemonie zu verschleißen, hätte es England auch noch

---

102 Diese waren übrigens zum großen Teil aus Deutschland rekrutiert.

103 Sechs 1815 erworbene schwedische Kriegsschiffe wurden bis 1819 wegen mangelnder Brauchbarkeit wieder verkauft. Einer der Ersten, die sich für den Aufbau einer preußischen Marine einsetzten, war Prinz Adalbert. Der Deutsche Bund besaß keine eigene Marine, sondern verließ sich auf die verbündeten Mächte Großbritannien, Niederlande und Dänemark.

im 19. Jahrhundert in Afrika, Asien und Ozeanien aus dem Feld schlagen können. Das wussten die britischen Politiker auch. Wie England später die Welt mit Halb- und Unwahrheiten vor dem aggressiven Deutschland warnte, so war es um 1820, als es ein Deutschland noch nicht wieder gab, politisch sinnvoll, Frankreich zu verdächtigen.

Ausnahmen: Falklandinseln und der Ost-West-Seeweg

Die Monroe-Doktrin wandte sich nur gegen europäische Mächte und ließ daher Besitzergreifungen durch die USA selbst zu. Im Verlauf wurden aber auch britische Übergriffe toleriert, wie die Geschichte der Falklandinseln zeigt. Argentinien wurde 1816 unabhängig von Spanien, womit auch dessen Ansprüche auf die Falklandinseln auf Argentinien übergingen. 1823 vergab die Regierung in Buenos Aires die Fischfang- und Jagdrechte auf der Insel an einen privaten Investor, der einen Teil seiner Konzessionen an Luis Vernet abtrat.[104] Als Vernet versuchte, seine Rechte gegen US-amerikanische Walfänger durchzusetzen, griff die US-Navy ein und zerstörte die Siedlung Puerto Soledad. 1831 wurden die Inseln von den USA zum Niemandsland erklärt. Damit konnten die von Argentinien Islas Malvinas genannten Inseln formal ohne Verletzung der Monroe-Doktrin 1833 von Großbritannien als herrenlos in Besitz genommen werden. Die USA taten nichts.

Das strategische Interesse an diesen Inseln war damals wichtiger als die Einhaltung von Doktrinen. England hatte 1805 den Niederländern Kapstadt weggenommen und beherrschte damit die West-Ost-Route von Europa nach Asien. Die Falklandinseln liegen etwa 800 km vor Kap Horn und sind damit als strategisch wichtiger Punkt für die Ost-West-Route nach Asien von Bedeutung. Im Jahre 1830 lag der Bau des Panamakanals noch in weiter Ferne. Die Kap-Horn-Route war also die einzige Seeverbindung von der Ostküste der USA zu der ihr noch nicht gehörenden, aber fest ins Auge gefassten Westküste, dem heutigen Kalifornien.[105] Zur Sicherung dieses Seeweges war die US-Marine aber offenbar noch nicht in der Lage, sodass es im Interesse der USA lag, dass diese Inseln in britische Hände kamen. Bei den Aktionen von 1831 und der folgenden von 1833 dürfte es sich also um ein verabredetes Spiel der USA und Großbritanniens zu Lasten Argentiniens

---

104   Luis Elias Vernet (1791–1871) war ein Hamburger Kaufmann aus einer Hugenottenfamilie in Argentinien.

105   Grant, a. a. O., S. 117, berichtet beiläufig, dass die Seereise, es gab ja erst nur Segelschiffe, von der Ostküste der USA nach Kalifornien sieben Monate dauerte.

gehandelt haben. Es fällt nämlich auch auf, dass etwa ab 1830 zwischen den USA und ihrem ehemaligen Mutterland immer weniger Kontroversen und immer häufiger Kooperationen das Bild bestimmten.

In diese Richtung weist auch die Behandlung der Belize-Frage. Großbritannien übte über dieses kleine, sich im Wesentlichen selbst regierende mittelamerikanische Land eine unklare Oberhoheit aus. Als Belize 1854 förmlich zur Kolonie erklärt wurde, taten die USA nichts. Hier mochten Ideen, die sich um einen möglichen Kanaldurchstich drehten, es wünschenswert erscheinen lassen, dass diese strategisch vielleicht wichtige Stelle in „sicheren", also britischen Händen lag.

3. Kapitel:
Die Weiterentwicklung der Monroe-Doktrin

Von der Regierungserklärung zum Glaubenssatz

Die Monroe-Doktrin wurde anfangs nicht so genannt und hatte keine klaren Konturen. Diese hatte sie auch später nicht. Sie wurde den Verhältnissen angepasst und entsprechend der wachsenden Macht der USA immer großzügiger ausgelegt. Unter den besonders chauvinistischen Präsidenten James Polk und Theodore Roosevelt wurde diese „Doktrin" mit der *Manifest-destiny*-Doktrin verbunden. Beide verschmolzen dann zu einem regelrechten Glaubenssatz, den man in die Worte fassen kann: Die Welt wartet auf die Erlösung von dem Bösen und Amerika ist berufen, diese zu bringen, aber dazu muss Amerika so groß und stark werden wie möglich. In dieser Form wurde diese Doktrin von dem Präsidenten Polk genutzt, um die mexikanischen Gebiete, von McKinley, um die spanischen Kolonien, und von Roosevelt, um den Panamakanal an sich zu bringen; Präsident Woodrow Wilson sah darin später eine Rechtfertigung für den Eintritt in den Ersten Weltkrieg gegen Deutschland. Dieser Glaubenssatz wurde geradezu zum völkerrechtlichen Grundsatz, als es galt, mithilfe von Josef Stalin die vom Nationalsozialismus bedrohte Demokratie und Rechtsstaatlichkeit für die Welt zu retten. Bis heute vergeht kaum ein Tag, an dem in amerikanischen oder englischen Medien nicht irgendwie auf diese Erlösungstat zum Wohle der Menschheit angespielt wird.

Die Roosevelt-Corollary

Die *Encyclopædia Britannica* meint: „Um 1870 war die [Monroe-]Doktrin allgemein beliebt." Die Frage ist nur: Bei wem? Die südamerikanischen Staaten erkannten schnell den eigentlichen Charakter dieser Doktrin, die einer einseitigen Protektoratserklärung der USA für den Gesamtkontinent bereits recht nahe kam.[106] Diego Portales, einer der Gründungsväter Chiles[107], schrieb einem Freund zu dieser Erklärung:

> Si, pero hay que tener mucho cuidado: para los americanos del norte, los únicos americanos son ellos mismos. [Schön – aber man muss sehr vorsichtig sein: Für die Nordamerikaner sind die einzigen Amerikaner sie selbst.]

Im Jahr 1904 verkündete US-Präsident Theodore Roosevelt die nach ihm benannte Ergänzung der Monroe-Doktrin, die *Roosevelt-Corollary*. Diese formulierte den alleinigen Anspruch der Vereinigten Staaten auf Interventionen in inneramerikanische Angelegenheiten. Diese Erklärung rief in den betroffenen Ländern Empörung und Furcht hervor. Den zahlreichen Militäraktionen der USA in Mittel- und Südamerika im 19. und 20. Jahrhundert, die auf diese Erweiterung gestützt wurden, ist hier nicht nachzugehen.[108] Die Auswirkungen waren aber auch für Deutschland spürbar, als es 1902/03 zusammen mit Großbritannien eine Strafaktion gegen Venezuela zur Beitreibung von Auslandsschulden durchführte.[109] Diese Aktion war den USA sogar zuvor angezeigt worden, was praktisch eine Anerkennung der US-Suprematie über Südamerika war. Diese hatte das nur zur Kenntnis genommen. Als es aber soweit war, erhob sich allgemeine Empörung. [Die Aufregung richtete sich besonders gegen Deutschland mit dem Verdacht, dass es Absichten auf Teile von Amerika habe.] .[110] Der Verdacht liegt nahe, dass, wie einst Canning vor Frankreich warnte, hinter dieser Warnung vor Deutschland auch britische Kräfte standen.

---

106   Spanischsprachiger Wikipedia-Eintrag zur Monroe-Doktrin.

107   Diego Portales Palazuelos (1793–1837, ermordet). Er schuf 1833 die präsidiale Verfassung Chiles.

108   Allgemein dazu: Schley, Nicole / Busse, Sabine: Die Kriege der USA, München 2003.

109   Die Venezuela-Krise war als solche eine diplomatische und militärische Auseinandersetzung zwischen Venezuela einerseits und dem Deutschen Reich, Großbritannien und Italien andererseits, zugleich aber auch Indikator und Austragungsfeld weltpolitischer Gegensätze zwischen den imperialistischen Mächten, insbesondere zwischen Deutschland und den USA.

110   Encyclopædia Britannica: „The irritation was particularly strong against Germany, which was suspected of having various designs for establishing itself in the new world." Erinnert sei hier an den kolonialen Ausgriff von Ambrosius Ehinger (* vor 1500 in Thalfingen bei Ulm oder in Konstanz; † 1533 bei Chinácota, Kolumbien), deutscher Konquistador und erster Statthalter von Klein-Venedig.

Eine weitere Ergänzung der Monroe-Doktrin war 1912 die im US-Senat beschlossene *Lodge-Corollary*. Diese verbot „strategische" Landaufkäufe fremder Mächte in der westlichen Hemisphäre. Die USA selbst und amerikanische Unternehmen waren selbstverständlich von diesem Verbot nicht betroffen. Auslöser für diese Ergänzung war, dass eine japanische Unternehmensgruppe mit Mexiko darüber verhandelte, einen größeren Teil von Niederkalifornien einschließlich eines strategisch günstigen Hafens zu kaufen.

Maßnahmen gegen andere Staaten

Die Doktrin wurde je nach Bedarf auch dahingehend ausgelegt, dass Territorien europäischer Mächte dem Schutz amerikanischer Interessen zu dienen, jedenfalls diesen nicht im Wege zu stehen haben. Im Ersten Weltkrieg war Dänemark noch im Besitz der drei karibischen Inseln Saint Thomas, Saint John und Saint Croix (heute Amerikanische Jungferninseln). 1917 verlangte die USA den Kauf, angeblich um zu verhindern, dass sie in deutsche Hände fielen.[111] Doch Dänemark war als neutraler Staat gar nicht Kriegspartei. Da Deutschland den nördlichen Nachbar bis dahin nicht angegriffen hatte und seit 1914 alles tat, um Amerika nicht zum Kriegseintritt zu reizen, war die Vorstellung absurd, dass das Deutsche Reich ausgerechnet 1917 durch die Aneignung dieser Inseln die Monroe-Doktrin eklatant verletzen würde.

4. Kapitel:
Amerikanische Systemsuprematie

Das Rechtswesen

Unter dem Stichwort europäisch-amerikanischer Justizkonflikt wird seit Jahren ein stiller Krieg um die justizielle Vorherrschaft der USA über Europa und damit auch wohl über den Rest der Welt ausgetragen.[112] US-amerikanische Gerichte nehmen in gro-

---

111 Eintrag in der dänischen und englischen Wikipedia (November 2015): „De amerikanske jomfruøer hed Dansk Vestindien fra 1691 til 1917." Die amerikanischen Jungferninseln, hießen von 1691 bis 1917 Dänisch-Westindien. „1917 købte USA den strategisk beliggende øgruppe fra Danmark for 25 millioner dollar." [1917 kauften die USA die strategisch gelegene Inselgruppe von Dänemark für 25 Millionen Dollar.] „USA ville sikre sig mod, at den faldt i tyske hænder.". [Die USA wollten sich dagegen absichern, dass diese Inseln in deutsche Hände fielen.]

112 Vgl. Neue Zürcher Zeitung vom 21. November 2015, S. 17: Im Dschungel der US-Justiz.

ßem Maße die Zuständigkeit ihrer Gerichte an, auch wenn der Fall mit Amerika so gut wie nichts zu tun hat. Ist beispielsweise bei einem Flugzeugunglück eines der Opfer Amerikaner oder werden aus amerikanischer Sicht Interessen berührt, wird ohne besondere Rücksicht auf internationale Zuständigkeiten ein amerikanischer Gerichtsstand angenommen. Die ergehenden Urteile mögen nach dem Recht anderer Staaten zwar unwirksam und nicht vollstreckbar sein, die politische Macht der USA, die sehr bewusst ausgespielt wird, bewirkt aber, dass sie faktisch doch anerkannt werden müssen.[113]

Ein frühes Beispiel dieser amerikanischen Rechtsanmaßung ist der bereits 1789 erlassene *Alien Torts Claims Act* (ATCA). Danach sind amerikanische Gerichte zuständig, über Schadensersatzklagen betreffend Verstöße zu befinden, „die eine Verletzung des Völkerrechts oder eines völkerrechtlichen Vertrages der USA darstellen" [„… committed in violation of the law of nations or a treaty of the United States"]. Dadurch, dass weder Ort noch Beteiligte eine Beziehung zu den USA haben müssen, ist es aufgrund des ATCA möglich, jeglichen zivilen Anspruch in irgendeinem Land der Welt vor ein US-Gericht zu bringen, sofern ein Verstoß gegen das Völkerrecht oder gegen internationale Verträge vorliegt oder zumindest erfolgreich konstruiert werden kann. Der ATCA wurde bereits 1789, also kurz nach der US-Staatsgründung, verabschiedet. Das Gesetz wurde aber bis 1980 nur in zwei Fällen angewendet. Weltweite Aufmerksamkeit erhielt das ATCA erst, als in den 1990er Jahren Klagen, die sich auf Unrecht in der NS-Zeit bezogen, gegen Deutschland oder deutsche Staatsbürger vor US-Gerichten verhandelt wurden, die Schadensersatzsummen in Höhe von mehreren Milliarden Dollar zur Folge hatten. Aufgrund dieser Erfolge wurden, immer von US-Anwälten organisiert und initiiert, beispielsweise Klagen gegen Deutschland durch die Hereros im ehemaligen Deutsch-Südwestafrika, gegen deutsche Konzerne wegen angeblicher Unterstützung der Apartheidspolitik in Südafrika usw. erhoben.

Die vom ATCA in Anspruch genommene internationale Zuständigkeit US-amerikanischer Gerichte ist aus völkerrechtlicher Sicht wegen des massiven Eingriffs in fremde Souveränitätsrechte rechtswidrig. Ein auf dieser Grundlage ergangenes amerikanisches Urteil kann an sich weder in Deutschland noch anderswo voll-

---

113 Vgl. allgemein Aden, Menno: Internationales Privates Wirtschaftsrecht, 2. Aufl., München 2009, S. 173, oder beliebige Werke zum Internationalen Zivilprozessrecht, Stichwort: Deutsch-amerikanischer Rechtsverkehr.

streck werden.[114] Auch in den derzeitigen (2015) Verhandlungen zwischen der EU und den USA über das Freihandelsabkommen TTIP (Transatlantic Trade and Investment Partnership) wird das Bestreben der USA deutlich, ihre Maßstäbe und Vorstellungen dem Vertragspartner aufzuzwingen und als völkerrechtlich verbindliche Normen durchzusetzen.

Beispiele amerikanozentrischen Denkens

Werner von Siemens schrieb um 1900, dass die deutsche Sitte, bei der Beschreibung eigener Leistungen auch die anderer Länder zu würdigen, andernorts nicht in gleicher gewissenhafter Weise ausgeübt werde.[115] Es überrascht daher nicht, wenn auch in unseren Tagen gesagt wird: „Amerikaner halten es in der Regel nicht für nötig, fremdsprachige Texte zu lesen, und sie zeigen auch kein großes Interesse daran, sie übersetzen zu lassen."[116] Das kann vielfach gezeigt werden; hier seien nur zwei Beispiele angeführt. Joseph Schumpeter stellt beispielsweise mit Blick auf das berühmte Werk „Der Wohlstand der Nationen" von Adam Smith fest, dass dieses keinen einzigen originellen Gedanken enthalte, sondern fremde Gedanken (meist ohne Nennung der Quelle) abkupfere.[117] Das von Malthus 1798 formulierte Bevölkerungsgesetz ist einer der wirkungsmächtigsten Theorien der Wissenschaftsgeschichte, aber sie ist erstens falsch und, wo sie richtig ist, basiert sie auf den 1741 erschienenen Berechnungen des Deutschen Peter Süßmilch (1707–1767). Malthus hat diese zweifelsfrei gekannt, aber an keiner Stelle darauf hingewiesen.[118] Andreas Schüler[119] beschreibt, wie im 19. Jahrhundert die damals noch nicht allzu bedeutenden amerikanischen Erfinder „zu Objekten" eines dem amerikanischen Volk eigenen „nationalen Erfindergeistes emporstilisiert" wurden. Robert Fulton, der Raddampfer mit Dampfmaschinen bewegte, wurde so zum amerikanischen Archimedes, Alfred F. Morse, der die telegraphische Signalsprache verbessert hatte, zum

---

114 Die Methoden amerikanischer Juristen, solche Urteile dennoch zu Geld zu machen, sind jedoch vielfältig, z. B. durch Inhaftierung des sich auf einer Geschäftsreise befindlichen Vorstandsmitgliedes der verurteilten Gesellschaft.

115 Siemens, Werner v.: Lebenserinnerungen, München 2008, S. 156. Gemeint waren insbesondere England, USA und Frankreich.

116 So der Romanist Jürgen Trabant, zitiert in: Schreiber, Mathias: Deutsch for sale, Der Spiegel, 40/2006, S. 182 ff.

117 Geschichte der ökonomischen Analyse, Göttingen 2007. Zitiert nach: Frankfurter Allgemeine Zeitung vom 8. Juli 2007, S. 12.

118 Vgl. Birg, Herwig: Die ausgefallene Generation, München 2006.

119 Heroische Erfinder, Stuttgart 1990, S. 22 f.

amerikanischen Leonardo, und Benjamin Franklin wurde als Vorfahre überhaupt aller Erfinder ausgerufen. In dieses Bild passt es, wenn Henry Ford in seiner Autobiographie Carl Benz oder auch andere deutsche Erfinder wie Nikolaus Otto nicht erwähnt. Benz betrieb aber bereits eine Automanufaktur, als Ford sein erstes Auto noch vor sich hatte.[120]

Auch Frankreich hält viel von sich. Französische Wissenschaftler waren traditionell ebenfalls nicht der Meinung, dass im Ausland viel Nützliches gedacht werde, und in Deutschland schon gar nicht. Hinweise auf Deutsches finden sich in der französischen Literatur bis etwa 1820 fast gar nicht[121] und auch später nur selten[122]. Heute sind frankophone Wissenschaftler aber selber Gegenstand dieser Missachtung. Sie klagen: „Les comités universitaires américains ignorent systématiquement les publications dans une autre langue."[123] [Wissenschaftskreise der USA nehmen anderssprachige Veröffentlichungen grundsätzlich nicht zur Kenntnis.] Leclerc fährt fort: „C'est pourquoi la plupart des Américains croient que toutes les découvertes scientifiques sont américains et qu'en ne sont possible qu'en anglais." [Dies deshalb, weil die meisten Amerikaner glauben, dass alle wissenschaftlichen Entdeckungen von Amerikanern stammen und nur auf Englisch möglich sind.]

Da Fremdsprachenkenntnisse bei Amerikanern selten sind, ist es bedeutsam, dass nur selten Bücher aus anderen Sprachen ins

---

120 Ford, Henry: Mein Leben und Werk, dt. Paul List Verlag, Leipzig, 12. Aufl., 1923. Auf S. 33 ist nur von einem Ottomotor die Rede – ohne Bezug auf den deutschen Erfinder Nikolaus Otto.

121 In dem Roman *Le Rouge et Noir* von Stendhal kommt immerhin doch einmal eine deutschsprachige Person vor – ein Kerkermeister. Umgekehrt gab es eine lange Übersetzungstradition, vgl. Fromm, Hans: Bibliographie deutscher Übersetzungen aus dem Französischen 1700–1948, Tübingen 1950 f.

122 Kurd von Schlözer berichtet in einem Brief aus Paris vom 7. August 1846 zwar von einem gewissen Aufleben des Interesses für deutsche Literatur, was wohl mit dem Buch *De l'Allemagne* von Germaine de Staël zusammenhängt, die als geborene Necker Enkelin eines nach Genf eingewanderten Deutschen war. Diese Schrift ist aber im Grunde nur eine Bestätigung des Gesagten. Sie schreibt über Deutsche und deutsche Literatur wie über einen neu entdeckten Indianerstamm, der sogar lesen und schreiben kann und manches Interessante bietet, aber über eine Wiederentdeckung von Goethes *Werther* scheint dies kaum hinausgegangen zu sein.

123 Leclerc, Jacques: La superpuissance et l'expansion de l'anglais (im Internet unter: www.tlfq.ulaval.ca/axl/monde/citations-reference.htm; zuletzt eingesehen am 6. Januar 2016), S. 14 f.

Amerikanische übersetzt werden.[124] Man kennt nur sich selbst. „Die Amerikaner", so der englische Schriftsteller John le Carré, „haben keinen großen Respekt vor der nationalen Psyche anderer Völker gezeigt. Weil sie grundsätzlich denken, dass jeder so sein will wie die Amerikaner."[125]

Englisch als Weltsprache

Es wird bei uns kaum wahrgenommen, mit welcher Ausschließlichkeit Kenntnisse über andere Länder in außereuropäischen Ländern, aber auch schon in Europa, amerikanisch beeinflusst sind.[126] Will ein Indonesier sich über Polen, Brasilien, Island usw. informieren, geschieht das über die englische Sprache aus amerikanischen Quellen – so auch über Deutschland. Die englische Sprache ist für das Wissen über andere Länder weltweit praktisch zur einzigen Wahrnehmungssprache geworden. Deutsche Wissenschaftler haben sehr oft in den USA studiert. Sie unterrichten sich viel aus ausländischen Quellen, heute vornehmlich aus amerikanischen Publikationen. Diese erwähnen Leistungen deutscher Wissenschaftler aber nur, wenn es sich gar nicht vermeiden lässt. Der deutsche Student und der dann zum Professor avancierte ehemalige deutsche Student weiß dann auch nichts mehr von den deutschen Beiträgen zu der betreffenden Wissenschaft. So kommt es immer wieder dazu, dass wir das eigene Urteil über uns und unsere Geschichte – unter Verzicht auf eigene Quellen – aus diesen Quellen entnehmen.

Zweifelhafte Lehrbücher

Die Betonung der eigenen Leistungen in von Amerikanern geschriebenen US- Lehrbüchern setzt sich bei den künftigen Führungskräften Asiens als gesichertes Wissen fort. Es gibt also für asiatische Studenten praktisch keine nichtenglischsprachigen Wissenschaftler, die erwähnenswert sind. Ein Beispiel aus dem besonders wichtigen Bereich der Wirtschaftswissenschaften: Die fundamentalen Gossenschen Gesetze[127] zum abnehmenden Grenznutzen haben in amerikanischen Lehrbüchern keinen „Entdecker". Dieser war aber Deutscher. Unbekannt bleibt, dass die Betriebswirtschaftsleh-

---

124   FAZ vom 27. November 2007: 3500 jährlich aus dem Englischen ins Deutsche übersetzte Büchern stehen nur 80 Büchern gegenüber, die aus dem Deutschen ins Englische übersetzt werden.

125   John le Carré, in: Der Stern, Nr. 46/2008 vom 6. November 2008, S. 185.

126   Vgl. Aden, Menno: Amerikanisches Lehrbuchmonopol, Betriebslinguistische Beiträge, Zeitschrift für Unternehmenskommunikation, 2011.

127   Diese gehen zurück auf Heinrich Gossen (1810–1858).

re überhaupt eine deutsche Entwicklung ist. Asiatische Studenten „wissen" also, dass Wirtschaftswissenschaften aus England/den USA stammen – aus Deutschland stammt nur die Irrlehre von Karl Marx und Friedrich Engels. Diese sind dann auch fast die einzigen deutschen Namen, die Eingang in die wirtschaftswissenschaftlichen Lehrbücher finden. Trotz der herausragenden Bedeutung der deutschsprachigen Beiträge zur Psychologie erlaubt sich der Autor eines US-amerikanischen Lehrbuchs zu diesem Fach im Vorwort die Behauptung, dass Psychologie im Wesentlichen eine „amerikanische Angelegenheit" (*american affair*) sei. Führende Personen pakistanischer Großbanken bekundeten dem Verfasser gegenüber als gesichertes Wissen, dass das Bank- und Geldwesen in England „erfunden" wurde. Dem Verfasser wurde eine 1995 in Karachi preisgekrönte (!) Arbeit eines pakistanischen Verfassers (*Business Ethics in the Banking Sector)* gezeigt, die mit dem Satz beginnt: „Banking owes its emergence to ... 17th century's England."[128] Diese merkwürdige Aussage ist verzeihlich, weil der Autor nie andere als englisch-amerikanische Lehrbücher eingesehen hat. Diese Art von Aussagen geistert weltweit in zahllosen Köpfen herum. Bücher und Beiträge zur kulturgeschichtlichen Leistungen geben ein ähnliches, in Richtung USA verschobenes Bild wieder.

---

128   Jaffery, S. Sabir Ali: Business Ethics in the Banking Sector, Institute of Bankers in Pakistan, Karachi 1996.

4. TEIL

Die Eroberung des Kontinents

1. Kapitel:
Der Kauf von Louisiana im Jahre 1803

Der *Louisiana Purchase* betraf ein Gebiet von 2,1 Millionen km², das die USA von Frankreich erwarben. Der Kaufpreis betrug 15 Millionen US-Dollar. Es kann dahingestellt bleiben, inwieweit dieses große Gebiet tatsächlich französischer Besitz war. Eine effektive Regierungsgewalt war wohl nur in unmittelbarer Umgebung von New Orleans ausgeübt worden. Der Kauf betraf daher eher ein Aneignungsrecht oder, juristisch sauberer formuliert, den Verzicht Frankreichs, in diesem Gebiet Souveränität ausüben zu wollen.[129]

New Orleans, das seit 1800 (wieder) zu Frankreich gehörte, beherrschte die Mündung des Mississippi. Das Verhältnis der USA zum revolutionären Frankreich war schlecht. Jefferson wollte das Mündungsgebiet für die USA sichern und begann 1802 Verhandlungen mit Frankreich über einen Kauf. Frankreich befand sich in der Ära der Napoleonischen Kriege. Im Frieden von Amiens (März 1802) zwischen Frankreich und England hatte letzteres sich unter anderem verpflichtet, das 1800 besetzte Malta wieder herauszugeben. Das geschah aber nicht, sodass es neuerlich zum Bruch zwischen beiden Mächten kam – mit der Folge, dass Großbritannien die Seewege blockierte.

Dem Landkauf von Louisiana lag folgende politische Lage zugrunde: Auf der damals französischen Insel Santo Domingo – auf der Insel liegen heute die Staaten Haiti und Dominikanische Republik – war es mit Ausbruch der Französischen Revolution zu Unruhen gekommen[130] und schließlich zu einem regelrechten Freiheitskampf, den Frankreich auch deswegen nicht niederschlagen konnte, weil die Unterstützung des Mutterlandes wegen der

---

129 In ähnlicher Weise wurde im deutsch-britischen Sansibarvertrag von 1890 nicht mit Land gehandelt, sondern mit Anwartschaften auf künftigen Erwerb.

130 Am 22. August 1791 kam es zu einem Sklavenaufstand, der sich zu einem blutigen Krieg *jeder gegen jeden* entwickelte: Europäer kämpften gegen Afrikaner, kreolische Pflanzer gegen königstreue Franzosen, republikanische französische Truppen gegen die intervenierenden Engländer und Spanier. Die Ex-Sklaven („Afrikaner") setzten sich am Ende durch. Selbst

englischen Seeblockade unterblieb. Die französische Kolonialpolitik in Mittelamerika stand daher 1802, als die Verhandlungen begannen, für jedermann sichtbar kurz vor dem Zusammenbruch. Der absehbare Dritte Koalitionskrieg (1805) ließ auch einen bedeutenden Finanzbedarf Frankreichs erwarten, abgesehen davon, dass die erheblichen Einnahmen aus der Zuckerproduktion auf Santo Domingo wegzufallen drohten. Der Kauf/Verkauf von New Orleans und Louisiana war also von Seiten Frankreichs kein ganz freiwilliges Geschäft und von Seiten der USA die weitschauende Nutzung einer günstigen Gelegenheit. Der Louisiana-Kauf weckte das Interesse der USA an einer Erweiterung bis zur Pazifikküste. Einige Wochen nach dem Landkauf ließ Jefferson Geld bereitstellen, um „Männer auszusenden, um das Land bis zum westlichen Ozean zu erkunden". Wichtigstes Ziel der Expedition, neben der Suche nach einem schiffbaren Wasserweg zum Pazifik, war die Gründung einer mächtigen Nation zwischen Atlantik und Pazifik. Daraus wurde die Expedition von Lewis und Clark (Mai 1804 bis September 1806) quer durch den Kontinent bis zur pazifischen Küste im heutigen Oregon. Diese führte noch zu keiner Besitznahme durch die USA, wohl aber zu Plänen dazu.

2. Kapitel:
1810: Florida wird amerikanisch

Dem King-Philipps-Krieg im Norden (1675) entsprach der Yamasee-Krieg 1715 im Süden des damaligen englischen Siedlungsgebietes, bei dem etwa sieben Prozent der weißen Bevölkerung South Carolinas getötet wurde. Nach dem Sieg der Weißen wurden die von den Briten einheitlich als Seminolen bezeichneten Indianer nach Florida vertrieben. Nach dem Unabhängigkeitskrieg wurde Florida im Frieden von Paris 1783 Spanien wieder zugesprochen. Zu einer nennenswerten spanischen Besiedelung kam es danach jedoch nicht. Florida wurde aber zur Zuflucht für aus den Südstaaten entlaufene Sklaven.

Am 23. September 1810 riefen britische Siedler die *Free and Independent Republic of West Florida* aus, die jedoch nur gut zehn Wochen Bestand hatte. Am 27. Oktober desselben Jahres wurden Teile von Westflorida von den Vereinigten Staaten beansprucht, die geltend machten, die Region sei Gegenstand des Louisiana-Kaufes. Mit dem Adams-Onís-Vertrag von 1819 wurde

---

eine von Napoleon gegen Haitis Nationalhelden entsandte Armee wurde letztlich geschlagen. Saint Dominigue erklärte am 1. Januar 1804 unter dem Namen Haiti seine Unabhängigkeit von Frankreich.

ganz Florida amerikanisch. Im Gegenzug verzichtete die USA auf Ansprüche in Texas. 1845 wurde Florida zum 27. Bundesstaat der USA. Indianer gab es in Florida nach den ethnischen Säuberungen durch und infolge der drei Seminolenkriege nicht mehr.

3. Kapitel:
1846: Krieg gegen Mexiko

Ausgangslage

Auf dem Höhepunkt der antifranzösischen Kriegshysterie hatte US-Präsident Alexander Hamilton schon 1798 den Gedanken durchgespielt, das damals noch französische New Orleans und auch Mexiko zu erobern. Das Szenario ging dahin, danach, vereint mit England, die spanisch beherrschten Teile Südamerikas zu erobern und aufzuteilen.[131] Damit aber nicht genug: „Wir grenzen an Russland, Japan und an China" hatte schon 1815 ein amerikanischer Seeoffizier dem Präsidenten Madison vorgetragen.[132] Im Adams-Onís-Vertrag von 1819 wurden aber die Grenzen zwischen Spanien, der damaligen Kolonialmacht über Mexiko, und den USA festgelegt. Spanien behielt alle westlich von Louisiana gelegenen Gebiete von Texas bis nach Kalifornien. Für die Vereinigten Staaten bedeutete dieser Vertrag, dass seine Gebietsanwartschaften nun bis zum Pazifischen Ozean reichten, allerdings nördlich um Kalifornien herum, dessen Grenzen noch weitgehend unkartiert waren. Dieses noch wenig entwickelte Gebiet[133] lag damit wie ein Balken vor der von der *manifest destiny* vorgesehenen Westerweiterung der USA bis zum Pazifik. Der Vertrag wurde von Spanien 1820 und von den Vereinigten Staaten 1821 ratifiziert. Die im Jahre 1810 erklärte, von Spanien 1821 anerkannte Unabhängigkeit Mexikos tauschte den Vertragspartner aus. Das nahmen die USA zum Anlass, Gespräche über die als unklar bezeichnete Grenze mit Texas zu fordern.

Annexionen

1845 wurde Texas annektiert, was zu einem gespannten Verhältnis mit Mexiko führte. Eine unabhängige Junta versuchte, Alta

---

131 Brodie, Fawn: Jefferson, 1974, S. 308.
132 Barraclough, in: Mann, Golo, a. a. O., Bd. VIII, S. 723.
133 Der heutige Reisende nimmt aber mit Staunen wahr, wie sehr nicht nur im Süden, sondern auch im Norden und Osten spanische Ortsbezeichnungen in Kalifornien verbreitet sind. Kalifornien war also, als es von den USA annektiert wurde, durchaus spanisch-mexikanisch geprägt.

California (Oberkalifornien), also weitgehend der heutige US-Bundesstaat Kalifornien, durch Abspaltung von Mexiko aus dem Krieg herauszuhalten. Doch noch während die Junta darüber beriet, erklärten im Mai 1846 amerikanische Siedler die Unabhängigkeit Kaliforniens (*Bear Flag Republic*) und proklamierten ihre eigene Republik. Am 13. Mai 1846 erging die Kriegserklärung der USA nach einem vorgetäuschten Angriff der Mexikaner. US-Truppen besetzten im Juli 1846 Monterey und standen im Januar 1847 in Los Angeles. Im Friedensvertrag von Guadalupe Hidalgo vom 2. Februar 1848 wurde Kalifornien förmlich von Mexiko an die USA abgetreten.

Im Januar 1848 wurde am Ufer des Sacramento-Flusses Gold gefunden, was zu dem berüchtigten Goldrausch führte. Goldsucher und Glücksritter kamen in großer Zahl nach Kalifornien, was dazu beitrug, dass die öffentliche Ordnung weitgehend zusammenbrach.[134] Die USA waren zu einem wichtigen Goldexportland geworden.[135] Die Indianer wurden verfolgt und vertrieben. Von den rund 150.000 Indianern in Kalifornien um 1850 lebten um 1870 nur noch rund 30.000.[136]

Der provozierte Krieg mit Mexiko

James K. Polk wurde 1844 mit einem klar bekundeten Eroberungsprogramm zum Präsidenten gewählt.[137] Oregon sollte ganz oder teilweise amerikanisch werden, Kalifornien, Texas und New Mexiko (damals das Gebiet zwischen Texas und Kalifornien) sollte Mexiko abgenommen werden. Sofort nach der Wahl betrieb er den Anschluss von Texas an die USA. Präsident Polk befahl seine Armee in die Nähe des Rio Grande. Die Verlegung US-amerikanischer Truppen auf von Mexiko beanspruchtes Gebiet südlich des Nueces River war eine gewollte Provokation. Die mexikanische Regierung traf jedoch keine Gegenmaßnahmen außer der Entsendung von Soldaten zum Rio Grande – mit der Auflage,

---

134 Grant, a. a. O., S. 120, der als Soldat nach Kalifornien versetzt worden war, schrieb: „Viele Vorkommnisse im frühen Kalifornien übersteigen jegliches Vorstellungsvermögen."

135 Der als Entdecker von Troja bekannte Heinrich Schliemann (1822–1890) zog, angeregt durch seinen Bruder Ludwig, der in Kalifornien nach Gold grub, 1850 bis 1852 nach Kalifornien. Er gründete eine Bank, die den Goldgräbern das Gold abkaufte und dann in größeren Gebinden weiterverkaufte. Der später legendäre Reichtum Schliemanns ist zum Teil hierauf zurückzuführen.

136 Osterhammel, Jürgen: Verwandlung der Welt, S. 841; vgl. im Netz auch: mojavedesert.net/california-indian-history/04.html [zuletzt eingesehen am 14. Januar 2016]

137 Vgl. Encycl. Brit., Stichwort: Polk, James.

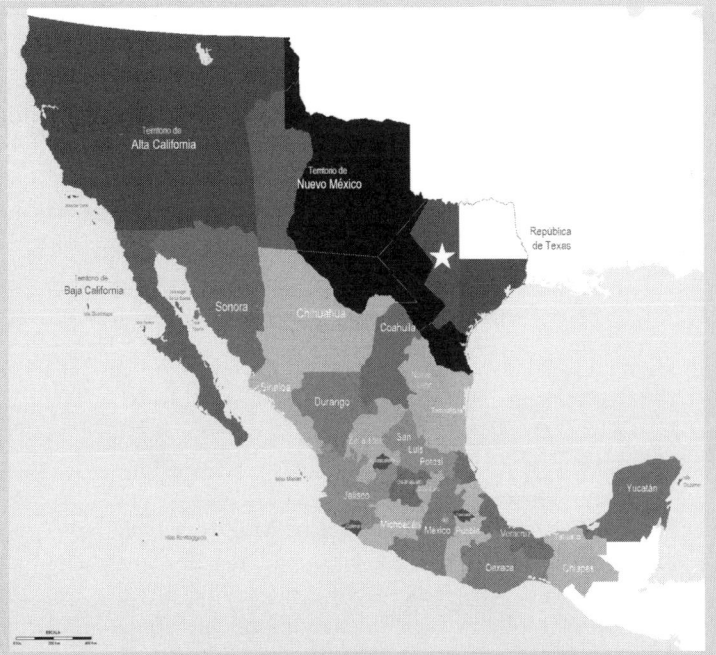

*Mexiko im Jahre 1838: Die im Mexikanisch-Amerikanischen Krieg ab-
getretenen Gebiete Alta California, Nuevo Mexico und der unabhängig
gewordene Staat Texas.*

südlich des Flusses zu bleiben. Polk forderte US-General Taylor
wiederholt auf, näher an den Rio Grande heranzurücken, die Provokation also zu verschärfen. Die Amerikaner begannen, gegenüber von Matamoros ein Fort zu errichten und den Rio Grande
abzuriegeln. Auf die Nachricht hin, mexikanische Truppen hätten
am 25. April 1846 den Rio Grande überquert und zwei Dragoner-
kompanien überfallen, wobei es auf US-Seite zu 63 Todesopfern
gekommen sei, erklärte Polk, eine Kriegserklärung sei nun nicht
mehr nötig, Mexikos Vorgehen habe den Kriegszustand herbei-
geführt. Nur 14 von 190 Kongressabgeordneten stimmten gegen den Krieg. Der Senat, in dem für die Debatte nur ein kurzer
Zeitrahmen vorgegeben worden war, stimmte mit 40 zu 2 Stimmen für den Krieg. Die meisten einflussreichen Kirchenvertreter
sprachen sich ebenfalls für den Krieg aus oder wandten sich zumindest nicht gegen ihn.[138]

---

138   Der italienische Episkopat stimmte 1935 in ähnlicher Weise ein-
hellig für Mussolinis Eroberungskrieg gegen Äthiopien (eine Ausnahme war
nur der Bischof von Brixen-Südtirol).

Ulysses Grant (1869–1877 US-Präsident) nahm als Leutnant an diesem Krieg teil und schreibt später:

> I regard this war as one of the most unjust ever waged by a stronger against a weaker nation. It was an instance of a republic following the bad example of European monarchies in not considering justice in their desire to acquire additional territory.[139]

> [Ich halte diesen Krieg für einen der ungerechtesten Kriege, die jemals von einer stärkeren Nation gegen eine schwächere in Gang gesetzt wurden. Hier war ein Fall, in dem eine Republik dem üblen Beispiel europäischer Monarchien folgte, indem nicht das Recht waltete, sondern der Wunsch nach Gebietserweiterung.]

Mit dem Friedensvertrag von Guadalupe Hidalgo vom 2. Februar 1848 erwarben die Vereinigten Staaten ein 1,36 Mio. km² großes Gebiet. Die Pazifikküste war in der heutigen Länge erreicht. Mexiko verlor knapp die Hälfte seines Staatsgebietes. In diesen Gebieten lebte zwar nur ein bis zwei Prozent der mexikanischen Bevölkerung, die sich auf etwa acht Millionen belief, also rund 150.000 Menschen. Die sehr geringe Bevölkerungsdichte von (0,1/km²) wird gelegentlich als Rechtfertigung für die Annexion genannt. Aber die heutige Bevölkerungsdichte von Alaska (rund 700.000 Menschen auf 1,7 Millionen km²) außerhalb der mit 400.000 Einwohnern einzigen Großstadt Anchorage ist noch erheblich geringer.

4. Kapitel:
Der Sezessionskrieg (1861–1865)

Hintergrund

Im Norden und Süden der USA hatten sich unterschiedliche Gesellschaften herausgebildet: Die Bevölkerung der Nordstaaten bestand aus erst kürzlich oder vor wenigen Generationen eingewanderten Nordeuropäern. Diese setzten ihre europäischen Lebensformen fort und bewirtschafteten ihre kleinen bis mittelgroßen Farmen. Sklavenhaltung kam nicht vor. Viele stammten aus Deutschland. Als Beispiel für die Lebensform dieser Bauern und Mittelständler kann der Bericht des *Jürn Jakob Swehn* gelesen werden.[140] Dieser war aus ärmlichen Verhältnissen in Mecklenburg in die Gegend von Chicago gekommen und wurde durch unermüd-

---

139 Grant, a. a. O., S. 37.
140 Gillhoff, Johannes: Jürn Jakob Swehn – Der Amerikafahrer, Berlin o. J. Gillhoff ist der alte Lehrer des Jürn Jakob, der dessen an ihn gerichtete Briefe eindrucksvoll und lebendig aufbereitet hat.

liche Arbeit, Gottesfurcht und Redlichkeit schließlich zum wohlhabenden Farmer. Das Gegenbild der Sklavenhaltergesellschaft im Süden der USA vor dem Bürgerkrieg wird in dem bekannten Werk *Onkel Toms Hütte* entworfen.[141] Einen autobiographischen und daher tieferen Blick in die Verhältnisse der Sklavenhaltung erlaubt das Buch *Twelve Years A Slave*.[142]

Die eigentliche Ursache des Bürgerkriegs war aber nicht das Schicksal der etwa vier Millionen Sklaven. Diese machten bei einer Gesamtbevölkerung von 27 Millionen (1860) etwa 15 Prozent aus; im Süden waren es bei geringerer Einwohnerzahl und viel größerer Sklavendichte entsprechend mehr, im Norden weniger. Diese einfache Rechnung ergibt, dass die Schwarzen im Süden zum normalen Leben und Straßenbild gehörten und nicht alle waren unterdrückte und gequälte Existenzen, während sie im Norden fast exotisch waren. Man reiste nicht viel, denn die Entfernungen waren groß. Man brauchte Wochen, um von New York zum Mississippi zu gelangen. Im Süden war es meistens warm bis heiß, im Norden gemäßigt und im Winter bitterkalt. Die beiden Landesteile lebten in verschiedenen Welten und wussten wenig davon, wie es im jeweils anderen zuging. Der Grund für den Sezessions- oder Bürgerkrieg war daher der immer tiefer werdende kulturelle Graben. Die Südstaaten wollten aus der Union, in der sie sich nicht mehr heimisch fühlten, austreten. Die Nordstaaten aber, die sich als die eigentlichen Träger der göttlichen Zusagen der *manifest destiny* sahen, hätten ihren Glauben an sich als die von Gott auserwählte Nation aufgeben müssen, wenn sie – die mit Recht und meistens Unrecht die Expansion nach Westen und darüber hinaus betrieben – zugelassen hätten, dass der Macht- und Gebietsgewinn eines halben Jahrhunderts an eine abtrünnige Bevölkerungsgruppe fiel.

Im Ergebnis waren es in den USA wohl ähnliche Gründe wie jene, die den 1821 ins Leben getretenen Staat Großkolumbien (Kolumbien, Venezuela, Ecuador) 1829/ 30 auseinanderbrechen ließen: Unterschiede in den wirtschaftlichen Strukturen und der Gegensatz zwischen Zentralisten und Föderalisten. Im Unterschied zu Nordamerika wurden die abtrünnigen Provinzen dort

---

141 Harriet Beecher-Stowe veröffentlichte diesen Roman 1852.

142 Solomon Northup publizierte dieses Buch 1854 (dem Verfasser liegt eine Ausgabe von 1970 vor): Ein freier Schwarzer in New York, wo es keine Sklaverei gab, wird von Sklavenhändlern entführt und nach Louisiana verkauft, wo er zwölf Jahre als Sklave arbeiten muss, bis er durch einen Zufall befreit wird.

aber nicht mit einem Rückeroberungskrieg überzogen und in die Union zurückgezwungen. Man ließ sie gehen.

Fort Sumter

Die Wahl von Abraham Lincoln war der Auslöser für sieben Südstaaten, ihre Unabhängigkeit von der Union zu erklären. Sie organisierten sich als Konföderierte Staaten von Amerika. Dies geschah im Februar 1861, noch bevor Lincoln sein Amt antrat. Die Konföderierten nahmen die in ihrem Gebiet befindlichen bundesstaatlichen Einrichtungen, insbesondere Forts/Festungen und Lager, meist ohne Zwischenfälle in Besitz. Nur wenige Forts verblieben zunächst in der Hand der Union, darunter Fort Sumter nahe Charleston/South Carolina. Dieses war aber von jeglicher Versorgung durch die Union abgeschnitten.

Am 6. April informierte Lincoln den Gouverneur von South Carolina, dass Fort Sumter in den nächsten Tagen mit Lebensmitteln versorgt werden würde. Es würden aber weder Truppen, Waffen noch Munition ausgeliefert werden. Der Gouverneur sandte die Botschaft Lincolns an den Präsidenten der Konföderierten, Jefferson Davis. Dieser befahl, die sofortige Übergabe des Forts zu verlangen oder es gewaltsam zu nehmen. Die Besatzung des Forts ergab sich am 13. April, wurde gefangen genommen und den Nordstaaten übergeben. Während der Beschießung von Fort Sumter gab es keine Toten, aber der Krieg hatte begonnen. Lincoln hatte ihn nicht gewollt, aber bewusst in Kauf genommen, um die Union zu erhalten. Ein englischer Politiker dieser Zeit brachte diesen Krieg und seine Ziele auf die Formel: „Der Süden kämpft für seine Unabhängigkeit, der Norden für das Empire."

In diesem Bürgerkrieg kamen mindestens 620.000 Menschen ums Leben. Mit dem Sieg des Nordens änderten sich Wesen und Politik der Vereinigten Staaten entscheidend. Die Macht des Bundes wurde ausgeweitet. Durch den Sieg der Union wurde die politische Vorherrschaft des Nordens und der Partei der Republikaner über Jahre hinaus gefestigt.

5. Kapitel:
Ausgriff in Richtung Hawaii und Südsee

Hintergrund

Am 20. Januar 1778 landete James Cook auf seiner dritten Pazifikreise auf Hawaii. Er nannte die Inselgruppe „Sandwich Islands" (Sandwich-Inseln). Der in russischen Diensten stehende Deutsche Georg Anton Schäffer hatte 1815–1817 vergeblich versucht, die

Kontrolle über die nördlichen Inseln Kaua'i und Ni'ihau zu erlangen.[143] Die Vereinigten Staaten erkannten 1842 ausdrücklich die Unabhängigkeit Hawaiis an. Damit war die Besitzergreifung durch andere Staaten praktisch ausgeschlossen. Die Anerkennung der 1894 ausgerufenen Republik durch die USA sollte vor allem der geplanten Annexion dienen.

Hawaii wird annektiert

Die Vereinigten Staaten nahmen die Hawaii-Inseln 1875 unter Schutzherrschaft und garantierten ihnen die Unabhängigkeit gegenüber dritten Mächten. 1887 errichteten sie in Pearl Harbor eine Flottenbasis. 1891 initiierten sie eine Rebellion zu ihren Gunsten und machten die Insel zur freien Republik, die alsbald selbst um Annexion durch die Vereinigten Staaten ersuchte.[144] Begründet wurde die Annexion mit dem Krieg gegen Spanien, zu dem allerdings gar keine Beziehung bestand. Aber die Augen der Welt waren auf Spanien, vielleicht Kuba, gerichtet, nicht aber auf die fast unbekannten Sandwich-Inseln oder Hawaii. Die Einwanderung von Asiaten und US-Amerikanern machte die Hawaiianer bald zur Minderheit im eigenen Land. Die USA verabschiedeten 1993 die *Apology Resolution*, mit der sie den Putsch gegen die Monarchie von 1893 für unrechtmäßig erklärten und dafür um Entschuldigung baten, beendeten jedoch nicht die Annexion.

Die Auseinandersetzung um Samoa

Nach mehreren internationalen Streitigkeiten des 19. Jahrhunderts wurde der Samoa-Archipel 1899 durch den Samoa-Vertrag zwischen dem Deutschen Reich und den USA in Westsamoa (deutsch) und Ostsamoa (amerikanisch) aufgeteilt. Vorausgegangen waren beträchtliche diplomatische Auseinandersetzungen. Der damalige

---

143 Georg Anton Schäffer (1779–1836) aus Münnerstadt studierte 1801–1803 Medizin und war dann als Militärarzt in Moskau tätig. 1813 ging er als Schiffsarzt nach Alaska und trat in den Dienst der Russisch-Amerikanischen Handelskompanie. 1815 segelte Schäffer nach Hawaii, um gestohlene Waren zurückzufordern. Schäffer versuchte, durch die Gründung eines russischen Forts eine dauerhafte russische Niederlassung zu gründen. 1816 schloss Schäffer im Namen der russischen Krone einen Protektoratsvertrag über die Hawaii-Insel Kaua'i mit dem dortigen Unterkönig ab. Insbesondere die Agitation US-amerikanischer und britischer Kaufleute zwang Schäffer aber, Hawaii im Juli 1817 zu verlassen. Die Russisch-Amerikanische Handelskompanie verfolgte das Hawaii-Projekt noch bis 1821.

144 Das ist ein oft gebrauchter Vorwand, um in einem fremden Land einzugreifen, und nachdem das geschehen ist, dort zu bleiben. Auf diese Weise wurde beispielsweise 1923 auch im Memelland der Einmarsch der Litauer gerechtfertigt.

britische Kolonialminister äußerte sich sehr spöttisch über das deutsche Interesse an Samoa. Deutschland habe hier eine glänzende Gelegenheit verpasst, nicht nur seinen Anteil an Samoa, sondern auch seinen ganzen übrigen Kolonialbesitz, der ihm zu viel Geld zu kosten scheine, auf anständige Weise loszuwerden: „Wir [Engländer] aber würden dann in die Lage versetzt sein, uns durch genügende koloniale Kompensationsobjekte mit Frankreich dauernd einigen zu können."[145] Das Deutsche Reich erfuhr bei dieser Gelegenheit erstmals, dass die Vereinigten Staaten und Großbritannien in kolonialen Fragen Hand in Hand arbeiteten.

6. Kapitel:
Alaska

Hintergrund

Alaska scheint erstmals 1732 von russischen Seefahrern betreten worden zu sein. Es wurde anfangs nicht von der russischen Regierung, sondern von der privaten Russisch-Amerikanischen Handelskompanie verwaltet. Viel zu verwalten gab es aber nicht. Das Riesengebiet war mit nur 2500 Russen und etwa 60.000 Ureinwohnern praktisch unbewohnt.[146] 1821 hatte Zar Alexander I. ein allgemeines Verbot für ausländische Schiffe erlassen, sich innerhalb von 100 Meilen vor der Küste des von Russland beanspruchten Gebiets zu bewegen.[147] Die US-Regierung protestierte. Der damalige Außenminister Adams (1825–1829 US-Präsident) begründete diesen Protest mit dem Argument, dass europäische Mächte in der Neuen Welt kein Recht für koloniale Aktivitäten hätten. Dieses Argument scheint mit in die Monroe-Doktrin eingeflossen zu sein.

Russland verkauft Alaska

Die russische Darstellung des Vorgangs ergibt sich aus dem russischen Wikipedia zum Stichwort Alaska[148]: Anfang des 19. Jahrhunderts konnten mit Blick auf Alaska noch ausreichende Erträge

---

145 Eckardstein, Hermann v.: Lebenserinnerungen, Bd. II, S. 15.
146 Erinnert sei hier an die von Adelbert von Chamissos unter dem Kapitän Otto von Kotzebue (nach diesem ist in Alaska der Kotzbuesund benannt) beschriebene *Reise um die Welt mit der Romanzoffschen Entdeckungs-Expedition in den Jahren 1815–1818*, die ihn auch nach Alaska führt, wo der Dichter erstmals russischen Boden betrat.
147 Das UN-Seerechtsabkommen sieht heute eine Wirtschaftszone von 200 Seemeilen vor.
148 Stand November 2015.

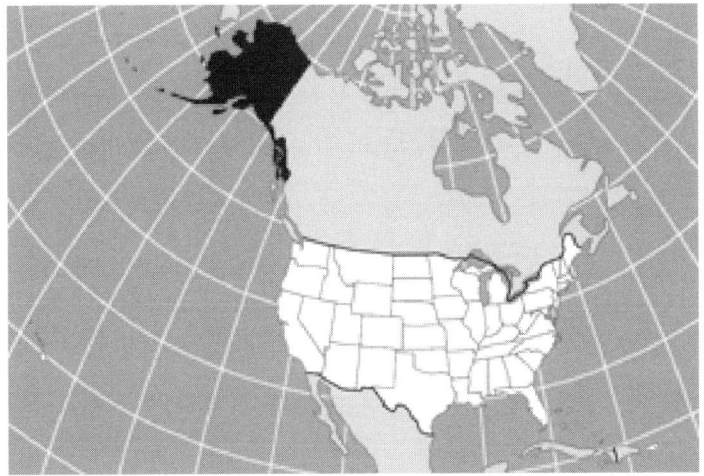

Alaska: Ein Riesengebiet, das Russland 1867 für 7,2 Millionen US-Dollar an die USA abtrat.

aus dem Pelzhandel erzielt werden. Gegen Mitte des Jahrhunderts kam aber die Meinung auf, dass die Ausgaben für die Unterhaltung und Verteidigung dieses entfernten Landes die daraus zu ziehenden Vorteile übertreffen würden. Der Generalgouverneur von Ostsibirien, Graf Nikolai N. Murawjow-Amurski, trat daher 1853 an die USA mit dem Angebot heran, Alaska verkaufen zu wollen. Die Initiative ging offensichtlich von Russland aus. 1867 wurde Alaska für 7,2 Millionen US-Dollar an die USA verkauft.

Russland hatte damals soeben (1853–1856) den Krimkrieg gegen England und Frankreich verloren. Alaska lud geradezu dazu ein, von Britisch-Kanada erobert zu werden. Der entscheidende Grund für diese offensichtlich freiwillige Gebietsaufgabe dürfte daher die russische Erkenntnis gewesen sein, dass man ein so entlegenes Gebiet nicht würde verteidigen können, eine erneute Niederlage mit erzwungenem Gebietsverlust aber das lädierte russische Ansehen weiter geschwächt hätte.

5. Teil

Der Aufbau des überseeischen Imperiums

1. Kapitel:
Der Guano Islands Act

Der Guano (petrifizierter Vogelkot) ist ein feinkörniges Gemenge von verschiedenen Phosphaten sowie verschiedenen Apatiten und Nitraten und organischen Verbindungen, der ab dem 19. Jahrhundert als Dünger in der Landwirtschaft und zur Sprengstoffherstellung verwendet wurde. Um 1850 importierten die USA 760.000 und Großbritannien 200.000 Tonnen Guano; die steigende Nachfrage führte zu exorbitanten Preisen. 1855 erfuhr man von großen Guano-Reserven im Pazifischen Ozean. Die absehbare Erschöpfung der Vorräte veranlasste die USA 1856 zu dem völkerrechtlich anfechtbaren *Guano Islands Act*. Darin verlautbarten die USA, dass jede Insel, die noch keiner anderen Nation gehöre, von US-Präsidenten zum US-Territorium erklärt werden kann, wenn dort ein US-Bürger Guano entdeckt. Damit begann die amerikanische Eroberung der pazifischen Inselwelt.

Dieses Gesetz diente allerdings auch dazu, den amerikanischen Einflussbereich zu vergrößern. Mehr als fünfzig Inseln wurden auf diese Weise dem amerikanischen Staatsgebiet einverleibt. Von diesen sind Baker Island, Jarvis Island, Howland Island, das Kingmanriff, das Johnston-Atoll und die Midway-Inseln immer noch unter US-Kontrolle. Die anderen gehören nicht mehr zu den USA.

Die unbewohnte Insel Navassa, die die USA zu ihren Außengebieten zählt, wird heute auch von Haiti beansprucht. Dieses Beispiel zeigt anschaulich, wie ruppig die USA in Fällen wie diesen vorgehen können. Die geographisch und wohl auch historisch zu Haiti gehörende Navassa-Insel liegt 54 km westlich von Haiti, 135 km nordöstlich von Jamaika und etwa 160 km südlich von Kuba, folglich sehr weit weg von den USA. Navassa wurde 1857 unter Berufung auf das Guano-Gesetz annektiert. Da es gar keinen Guano auf der Insel gab, waren aber nicht einmal die Voraussetzungen dieses Gesetzes erfüllt. Präsident Buchanan unterstellte die Insel aber dennoch durch Erlass der Hoheit der USA.[149] Die zahlreichen pazifischen Inseln, die sich die USA unter verschiedenen Rechtstiteln einverleibt haben und für die jeweils eine exklusive Wirtschaftszone von 200 Seemeilen in Anspruch genommen wird, haben auch dazu geführt, dass die USA eine ozeanische Wirtschaftszone von rund 15 Millionen km^2 Wasserfläche nebst Meeresgrund für sich reklamieren.

2. Kapitel:
Der Ausbau der US-Flotte

Die Verfassung der Vereinigten Staaten ermächtigt den Kongress, eine Kriegsflotte zu unterhalten. 1794 wurde mit dem Bau von Kriegsschiffen begonnen. Schon 1798 wurde ein Marineministerium eingerichtet. Ende des 19. Jahrhunderts leiteten die USA ein großangelegtes Aufrüstungs- und Modernisierungsprogramm der Navy ein. Motiviert war der Marinerüstungsschub auch durch die geopolitischen Thesen von Admiral Alfred Mahan[150].

1914 verfügte die US-Navy über mehr als 30 Schlachtschiffe und war nach der britischen und der deutschen die drittstärkste Kriegsflotte der Welt. Während die deutsche Flottenpolitik Gegenstand heftigster Angriffe insbesondere von Seiten Englands war und oft auch noch von deutschen Weltkriegshistorikern zur Begründung einer deutschen Schuld am Ersten Weltkrieg angeführt wird, fand der Marineaufbau der USA bei der Kriegsschuldfrage fast keine Beachtung. Ab 1918 veränderten sich die Kräfteverhältnisse. Gegen Ende des Zweiten Weltkriegs betrug die Flottengröße der US-Navy etwa das Fünffache der britischen Royal Navy, ein Vorsprung, der sich kontinuierlich vergrößert. Bedeutende US-Marine-Stützpunkte im Ausland sind heute:
- Manama (Bahrain): Hauptquartier der 5. US-Flotte
- Gaeta (Italien): Hauptquartier der 6. US-Flotte
- Yokosuka (Japan): Hauptquartier der 7. US-Flotte
- Guantánamo Bay: Stützpunkt der US-Navy an der Südküste Kubas; 2002 zum Internierungslager erweitert
- Diego Garcia (Indischer Ozean): seit Ende der 1960er Jahre gemeinsamer Militärstützpunkt mit Großbritannien

---

149 Die 1909 mit dem Haber-Bosch-Verfahren gelungene Ammoniaksynthese löste das Guanoproblem. Dieses Patent wurde nach dem Ersten Weltkrieg wie alle deutschen Schutzrechte gemäß Versailler Vertrag (Art. 306) konfisziert.
150 Vgl. Anlage 3 im Anhang.

6. Teil

Der Griff nach Asien

1. Kapitel:
Verschiebung des Mächtesystems

Der Eintritt der USA in die Weltpolitik

Die Ereignisse des Jahres 1898 verkündeten der Welt, dass die Vereinigten Staaten als imperiale Macht in Erscheinung getreten waren.[151] Mit der Annexion von Hawaii und der Philippinen zogen sie mit den übrigen imperialistischen Mächten gleich. In der *Frankfurter Zeitung* stand 1911 zu lesen:

> Schon um die Wende des Jahrhunderts zeigten sich Symptome, die eine Verschiebung des seitherigen Kräftesystems der Großmächte andeuteten. Im Jahre 1898 hatten die Vereinigten Staaten Spanien besiegt und ihm den Rest seiner Kolonien abgenommen. Es war das erste Mal, dass die Union, von ihrem Mutterland England abgesehen, mit einer europäischen Macht Krieg führte; es war auch das erste Mal, dass die Vereinigten Staaten durch die Besitznahme der Philippinen außerhalb der amerikanischen Machtsphäre festen Fuß fassten. Bisher hatten sie sich in ihrer auswärtigen politischen Tätigkeit darauf beschränkt, Amerika vor fremdem Einfluss zu bewahren. Von jetzt an musste man damit rechnen, dass sie ihren Anspruch auf die Mitregelung aller Weltangelegenheiten geltend machen würden.[152]

Diese Feststellung sprach aber nur die halbe Wahrheit aus. In Wirklichkeit hatten die Vereinigten Staaten schon nach dem Ende des Sezessionskrieges spürbar in die Weltpolitik eingegriffen, wenn auch zunächst eher indirekt als Partner des Britischen Weltreiches. Der Wettlauf der europäischen Mächte um Kolonialbesitz, an dem ab 1880 auch das Deutsche Reich teilnahm, konnte nicht mehr ohne Rücksicht auf die Vereinigten Staaten geführt werden. Das entscheidende politische Datum 1898 – oder vielleicht noch klarer 1901, dem Jahr des Regierungsantritts von König Eduard VII. in England – zeigte die immer deutlicher werdende tatsächliche, wenn auch nicht rechtliche Allianz zwischen den beiden angelsächsischen Brudervölkern. Diese war, entsprechend der britischen Einkreisungspolitik gegen Deutschland, von

---

151 Barraclough, bei Mann, Golo, a. a. O., Bd. VIII, S. 723.
152 Frankfurter Zeitung: Geschichte, S. 873.

Anfang an gegen das Deutsche Reich gerichtet. Anfangs war das wohl weniger einem spezifischen Hass gegen Deutschland zuzuschreiben als vielmehr der Erkenntnis, dass es die aufsteigende Macht des 20. Jahrhunderts sein würde, etwa vergleichbar der steigenden Macht Chinas im 21. Jahrhundert. In diesen Kontext passt, was Kaiser Wilhelm II. über ein „Agreement" geheimer Natur zwischen England, Amerika und Frankreich aus dem Frühjahr 1897 durchblicken ließ:

> In diesem war vereinbart, dass, falls Deutschland oder Österreich oder beide einen Krieg um des Pangermanismus willen beginnen würden, die Vereinigten Staaten sich sofort für England und Frankreich erklären und alle Kräfte aufbieten sollten, diesen beiden Mächten beizustehen.[153]

USA und England als natürliche Verbündete

Die Beziehungen zwischen den Vereinigten Staaten und ihrem Mutterland waren seit der Konzeption der Monroe-Doktrin stetig besser geworden. Die Grenzfragen mit Kanada waren nach und nach geregelt worden. Die gehässige Sprache der Revolutionszeit war längst vergessen. Das Ansehen Englands in den USA war gestiegen. England war jetzt nicht mehr das Knechtshaus, dessen Pharao die Amerikaner unterdrückte, sondern geriet, vielleicht auch unter dem Einfluss der mütterlich wirkenden Königin Victoria, immer mehr in die Rolle des bewunderten Vorbildes. Beispielhaft ist vielleicht das essayistische Werk *English Traits* von Ralph Waldo Emerson (1803–1882) aus dem Jahre 1856. Darin wird England die „beste aller bestehenden Nationen" genannt, der „Extrakt unseres Zeitalters" und „das Rom von heute". Der Autor stimmt ein Loblied auf den britischen Genius an. Er weist auf die Wahrheitsliebe der Engländer hin, auf ihren Sinn für das Praktische – der sie eher zu guten Politikern als zu guten Kriegern prädestiniere –, und auf ihren Stammesstolz und Bürgersinn. Emerson sieht das Geheimnis der englischen Macht in „der Einigkeit und Solidarität aller Schichten" und rühmt den englischen Patriotismus. Er befindet, dass der Glaube der Engländer alttestamentarischer Art sei, weswegen sie eher zur Gerechtigkeit neigten als zur Güte.[154] Diese als klassisch geltende Studie des englischen Nationalcharakters war in Amerika sofort ein großer Erfolg.

Etwas vereinfacht wird man sagen können: 1875 hatten die USA den Sezessionskrieg infolge der gegen die Südstaaten verfolgten Versöhnungspolitik im Wesentlichen verarbeitet und waren in-

---

153 Wilhelm II.: Ereignisse und Gestalten, Berlin 1922, S. 60.
154 Zitiert nach Kindlers Literaturlexikon (1982): English Traits.

nerlich und äußerlich erstarkt. Um 1875 hatten sich erste Brüche im Britischen Weltreich gezeigt (z.B. durch den Sepoy-Aufstand, 1857–1859). England brauchte tendenziell einen Verbündeten, und die USA, die sich anschickten, bei der Verteilung der Welt mitzuspielen, waren auf Englands weltweite Flottenpräsenz angewiesen. Man kannte einander und sprach die gleiche Sprache. Das passte ganz gut. In diesem Sinne äußerte sich auch Ulysses S. Grant, 18. Präsident der USA:

> England und die Vereinigten Staaten sind natürliche Bundesgenossen und sollten die besten Freunde sein. Sie sprechen die gleiche Sprache und sind durch Blut und andere Bande miteinander verbunden. Zusammen, oder auch getrennt, sind wir besser als jedes andere Volk geeignet, den *commerce* zwischen allen Nationen der Welt herzustellen.[155]

Commerce ist hier wohl auch im Sinne von *Beziehungen* gemeint. Der Historiker Brooks Adams ging noch einen Schritt weiter. Wenn die USA für England lebenswichtig (*essential*) seien, dann sei auch umgekehrt England für die USA angesichts der Feinde, die sowohl England als auch die USA fürchteten und hassten, lebenswichtig: „England ist unser einziger sicherer Markt; was England schadet, hat Auswirkungen auf uns."[156] Adams, Mitglied der einflussreichen Adams-Familie, die der USA außer einem Präsidenten viele wichtige Politiker gestellt hatte, forderte eine *Anglo-Saxon-coalition*, die sich offenbar gegen Deutschland richten sollte, denn zwischen der russischen Pazifikküste und der französischen Grenze entstehe eine „economic mass whose heart lies in Berlin"[157]. Amerika müsse den Platz einnehmen, den England nicht mehr ausfüllen könne, denn die USA dürften nicht hinnehmen, dass eine andere Macht wie Russland oder das „aggressive" Deutschland in China festen Fuß fasse[158].

Deutschland geriet also zunehmend ins Visier! Wenn ein Neuer in die Klasse kommt, rücken die Alten erfahrungsgemäß enger aneinander. Dort, wo Mutter und Tochter im Pazifik oder in Asien aufeinandertrafen, kam es immer häufiger zu, wenn nicht freundschaftlichem, so doch einvernehmlichem Zusammengehen

---

155 Grant, a. a. O., S. 663.

156 Adams, Brooks: Supremacy, London 1900, S. 11, 25. Aufschlussreich in dieser Richtung sind seine Ausführungen zu den desaströsen (*desastrous*) Auswirkungen, welche die deutsche, aus Rüben gewonnene Zuckerproduktion auf die Wirtschaft der britischen Zuckerkolonien in Westindien hatte (S. 35 ff.). Es wird angedeutet, dass Deutschland geradezu dafür verantwortlich sei, dass die USA in Kuba Ordnung schaffen mussten.

157 Adams, a. a. O., S. 40.

158 Adams, a. a. O., S. 197.

der beiden angelsächsischen Mächte, und zwar stets mit dem Ziel, eine dritte Macht, damit war jetzt meistens nicht mehr Frankreich, sondern Deutschland gemeint, auszuschließen oder jedenfalls, wie sich im Samoakonflikt (1899) zeigte, zurückzudrängen. Hierbei wird auch eine Rolle spielen, dass – angestoßen durch Johann G. Herder und die seit Franz Bopp (1816) aufblühende indogermanische Sprachwissenschaft – auch die gemeinsame Sprache als das Hauptmerkmal einer völkischen Identität angesehen wurde.

2. Kapitel:
Der Krieg gegen Spanien

Der Anlass

Der Erwerb Kubas war wiederholt von US-Präsidenten erwogen worden. Jefferson, Madison und Adams sahen die Annexion Kubas, damals noch spanische Kolonie, als unverzichtbar an. Spanien lehnte 1850 aber den Vorschlag der USA ab, Kuba zu verkaufen. In dem zwischen amerikanischen, britischen und französischen Diplomaten in Ostende ausgehandelten *Ostende-Manifest* von 1854 erklärten die Vereinigten Staaten, dass sie berechtigt seien, Kuba zu annektieren, falls Spanien nicht verkaufen würde. Das Manifest wurde, nachdem es vorzeitig bekannt geworden war, allerdings dementiert. Das Interesse oder der Anspruch auf Kuba wurde auch mit der *Manifest-destiny*-Doktrin begründet, wonach Kuba als den Amerikanern zugewiesener Raum verstanden wurde. Nachdem aber die USA im Jahre 1890 die Besitznahme ihres kontinentalen Staatsgebietes abgeschlossen hatten und die Indianerkriege zu Ende gegangen waren, griff die US-Politik weiter, und zwar zunächst auf den verbliebenen Überseebesitz der alten Kolonialmacht Spanien. US-Unternehmen hatten bereits einen großen Anteil an der kubanischen Wirtschaft inne. Die dort seit 1895 stattfindenden Bürgerkriege lieferten den USA den Vorwand einzugreifen. Zusätzlich schien der asiatische Markt auch für die USA verlockend. Die noch den Spaniern gehörenden Philippinen schienen als Drehscheibe des Handels mit Ostasien von hohem strategischem Wert.

Am 27. März 1898 erließ McKinley ein Ultimatum an Spanien mit der Forderung nach einem Waffenstillstand im Bürgerkrieg. Entgegen spanischen Protesten schickten die USA das Schlachtschiff *USS Maine* zu einem „Freundschaftsbesuch" nach Havanna. Gleichzeitig liefen Vorbereitungen für eine Blockade der Insel, um die spanischen Truppen vom Nachschub abzuschneiden. Am 15. Februar 1898 kam es auf der *Maine* zu einer Explosion, bei der 268 Amerikaner den Tod fanden. Die USA beschuldigten Spanien, einen Anschlag verübt zu haben. Die amerikanische Öffentlichkeit war erwartungsgemäß empört, ein Kriegsgrund war gefunden. Unter anderem schürten die Publizisten Randolph Hearst und Joseph Pulitzer die Stimmung gegen Spanien. Der Schlachtruf der Hearst-Presse lautete: „Remember the Maine, to hell with Spain!" [Denkt an die Maine – zur Hölle mit Spanien!]. Hearst wies seinen Korrespondenten Remington an, in Havanna zu bleiben und Bilder „heranzuschaffen", damit er, Hearst, den Krieg „heranschaffen" könne: „You furnish the pictures and I'll furnish the war."[159] Der Beschluss der USA, sich in die inneren Angelegenheiten des spanischen Kubas militärisch einzumischen, wurde am 20. April an Spanien übermittelt. Daraufhin brach Spanien alle diplomatischen Beziehungen zu den USA ab und erklärte am 23. April den USA den Krieg.

Im Hinblick auf die Vorgeschichte des Ersten Weltkrieges ist auffällig, dass Adams die Schuld an der Kubakrise indirekt beim Deutschen Reich sah. Die Gründung des Deutschen Reiches habe das geopolitische Gleichgewicht völlig verschoben. Der deutsche (auf der Zuckerrübe gegründete) Zuckerexport habe zu einem Verfall der Zuckerpreise geführt, der die kubanischen Pflanzer ruiniert habe („which ruined the Cuban planters"). Deshalb hätten die USA ordnend eingreifen müssen.[160]

Ein Angriff, der keiner war

Das Wrack der *USS Maine* wurde später Gegenstand vieler Nachforschungen. Eine Untersuchung im Jahre 1976 kam zu dem Ergebnis, dass nicht, wie von der US-Regierung behauptet, eine Mine *unter* dem Schiff detonierte (dort hätte sie von Spaniern angebracht werden können), sondern dass die Explosion im Innern (wo Nichtamerikaner keinen Zutritt hatten) der *USS Maine* stattfand.

Es liegt nahe, Vergleiche zu ziehen: Schon im Amerikanisch-Mexikanischen Krieg war die Kriegsbereitschaft des Kongresses/Volkes mit einem provozierten Angriff erzeugt worden. Die Versenkung der *Lusitania* 1915 stimmte die amerikanische Öffentlichkeit auf den Krieg gegen Deutschland ein. Nach heutigem Kenntnisstand liegt der Verdacht nahe, dass der frühzeitig

---

159 Vgl. hierzu u. a. Sothen, Hans Becker v.: Bild-Legenden. Fotos machen Politik, Graz 2013, S. 40–46.
160 Adams, a. a. O., S. 192 ff. Überhaupt ist auffällig, an wie vielen Stellen seines Buches Adams das Jahr 1870 und Deutschlands Aufstieg als geradezu schicksalhaft auch für die USA nennt.

erkannte Anflug der Japaner auf Pearl Harbor wohl bewusst nicht abgewehrt wurde. Präsident Roosevelt hätte demnach das Opfer der US-Soldaten bewusst in Kauf genommen, um die Kriegsbereitschaft der Amerikaner herzustellen. Auch die letztlich nicht wirklich aufgeklärten Terroranschläge vom 11. September 2001 auf das World Trade Center in New York sind in diesem Zusammenhang zu sehen. In diesen und in noch anderen Fällen hatten Explosionen den Effekt, dass die Bevölkerung den von der Regierung gewünschten Krieg unterstützte.

Die Folgen der spanischen Niederlage

Nach dem leichten Sieg der USA über Spanien musste dieses Puerto Rico (inklusive der Jungferninseln), Guam und die Philippinen an die USA abtreten. Kuba wurde formal von Spanien unabhängig, blieb aber zunächst unter US-Besatzung, bis es 1934 durch das *Platt Amendment* praktisch zum Protektorat der USA wurde. Dieses *Platt Amendment* war ein auf Druck der USA in die Verfassung von Kuba aufgenommener Zusatz, der den USA bei Beeinträchtigung ihrer Interessen, wie bereits erwähnt, jederzeit ein Interventionsrecht in Kuba einräumte. Davon machten die USA auch mehrfach Gebrauch. So ersetzten sie 1934 den liberalen Präsidenten Ramón Grau San Martín[161] durch den dann langjährigen Diktator Fulgencio Batista, der erst 1959 durch Fidel Castro gestürzt werden konnte. Puerto Rico und die Jungferninseln wurden US-amerikanische Überseebesitzung und sind es noch.

Guam war von den US-Truppen am 21. Juni 1898 erobert worden. Nach der spanischen Niederlage wurde die Insel 1899 an die USA abgetreten. Guam ist seither ein wichtiger, der Küste Ostasiens vorgelagerter Luftwaffenstützpunkt der USA im Pazifik.

Der Manila-Zwischenfall

Das Deutsche Reich zeigte Ende des 19. Jahrhunderts an den Philippinen Interesse. Der deutsche Gesandte in Manila, Friedrich Krüger, hatte die Begründung einer philippinischen Monarchie unter einem deutschen Prinzen vorgeschlagen. Im Sommer 1898 wurde ein deutsches Geschwader nach Manila entsandt. Dies

---

161 In den 1920er Jahren schloss sich Grau der Studentenbewegung gegen den Diktator Gerardo Machado an und erhielt dafür 1931 eine Gefängnisstrafe. Nach seiner Freilassung ging er ins Exil in die USA. Nach dem Sieg der Volksbewegung über die blutige Herrschaft Machados (ca. 20.000 Ermordete) wurde Ramón Grau San Martín am 10. September 1933 Präsident der Republik Kuba. Die Regierung unter Grau setzte die kubanische Verfassung von 1901 außer Kraft und damit auch das *Platt Amendment*, worauf die USA ihr die Anerkennung verweigerten. Dies

führte wenig überraschend zu Spannungen mit den USA, aber – weniger verständlich – auch zu Dissonanzen mit den an sich doch ganz unbeteiligten Briten.

Deutschland wurde von der Presse in den USA mit dem Vorwurf scharf angegriffen, Teile des spanischen Kolonialbesitzes an sich bringen zu wollen. Aber gerade das war es, was auch die USA wollten. Auf dem Höhepunkt der Krise soll der US-amerikanische Geschwaderchef vor Manila dem deutschen Offizier Paul (von) Hintze[162] mit Krieg gedroht haben. In den USA führte der Vorfall dazu, dass das Misstrauen gegenüber Deutschland wuchs. 1899 konnte das Deutsche Reich die Karolinen, die Palauinseln sowie die Marianen von Spanien durch Kauf erwerben.

3. Kapitel:
Der Philippinisch-Amerikanische Krieg

Hintergrund

Großbritannien stand im Siebenjährigen Krieg in einer Koalition mit Preußen gegen Frankreich. Sein Premierminister William Pitt erklärte 1762 dem an sich unbeteiligten Spanien unter dem Vorwand den Krieg, dass es über das bourbonische Königshaus mit Frankreich eng verbunden sei. Im selben Jahr ließ Pitt Manila besetzen. Im Pariser Frieden von 1763 wurden die Philippinen an Spanien zurückgegeben. Die britische Invasion der Philippinen im Jahr 1762 legte aber den Grundstein für die spätere Unabhängigkeitsbewegung und sollte später den Widerstand gegen die amerikanische Besetzung vorprägen.

Die Besetzung der Philippinen

Ab 1896 war es auf den Philippinen zu einer Erhebung gegen die spanische Fremdherrschaft gekommen. Die Aufständischen konnten sich nicht gegen die Spanier durchsetzen. Ihre Anführer gingen ins Exil nach Hongkong und trafen sich mit Vertretern der USA, wo ihnen Hilfe in Aussicht gestellt wurde. Nach Ausbruch des Spanisch-Amerikanischen Krieges kehrten sie im Mai 1898 zurück in der Erwartung, die Unabhängigkeit vorbereiten zu können. Im August aber trafen amerikanische Truppen ein und im Januar 1899 kam es zur Ausrufung der philippinischen Verfassung und zur Gründung der Republik. US-Präsident McKinley

---

162   Zu diesem Zeitpunkt Flaggoffizier, 1908–1911 deutscher Militärbevollmächtigter am Zarenhof; 1908 nobilitiert, war Hintze ab 1911 im diplomatischen Dienst tätig, wo er Herausragendes leistete.

„Kill every one over ten." [Töte jeden über zehn!]: Illustration im New York Journal vom 5. Mai 1902 zu den Massenexekutionen im Philippinisch-Amerikanischen Krieg (1899–1902)

bezeichnete im Dezember 1898 die Annexion der Philippinen als *benevolent assimilation* (wohlwollende Einverleibung). Vier Monate später erklärte er öffentlich:

> In Wahrheit wollte ich die Philippinen nicht. Ich lief Abend für Abend bis Mitternacht im Weißen Haus umher; und ich schäme mich nicht zu gestehen, daß ich niederkniete und den Allmächtigen mehr als einmal um Licht und Führung anging. Und eines Abends spät dämmerte es mir: Erstens, daß wir sie nicht an Spanien zurückgeben könnten – das wäre feige und unehrenhaft; zweitens, daß wir sie nicht Frankreich oder Deutschland – unseren Handelsrivalen im Osten – überlassen konnten; das wäre schlechter Geschäftsstil und diskreditierend; drittens, daß wir sie nicht einfach sich selbst überlassen konnten; sie waren nicht reif für die Selbstregierung, sie hätten dort bald Anarchie und eine schlimmere Mißwirtschaft gehabt, als es die spanische war; viertens, daß uns nichts übrig blieb, als die Filipinos zu erziehen, sie emporzuheben, zu zivilisieren und zu christianisieren und mit Gottes Gnade das Beste für sie zu tun wie für unsere Mitmenschen, für die Christus ebenso gestorben ist. ... Am nächsten Morgen ließ ich dann den Chefingenieur des Kriegsministeriums, unseren Kartographen, rufen und befahl ihm, die Philippinen auf die Landkarte der Vereinigten Staaten zu setzen, und dort sind sie, und dort werden sie bleiben, solange ich Präsident bin.[163]

Die amerikanische Haltung wurde auch in einer Rede des Senators Beveridge am 9. Januar 1900 im US-Kongress deutlich, als dieser den Krieg, die Verluste und die Ausgaben verteidigte:

---

163 Zitiert nach Weisberger, Bernard A.: Reaching for Empire, New York 1964 (The Life History of the United States, Bd. 8: 1890–1901), S. 138 f.

Geradewegs hinter den Philippinen liegen Chinas schier unermess-
liche Märkte. Wir werden unseren Teil in der Mission unserer von
Gott geschützten Rasse bei der Zivilisierung der Erde beitragen. Wo
werden wir die Abnehmer unserer Produkte finden? Die Philippinen
geben uns einen Stützpunkt am Tor zum Osten.[164]

Der Verlauf der Kämpfe

Zum Ausbruch des Krieges kam es am 4. Februar 1899, als eine
US-Patrouille das Feuer auf eine Gruppe philippinischer Soldaten
eröffnete. Bald mussten sich die Aufständischen ins Landesinnere
zurückziehen und setzten den Krieg als Guerilla fort. Die Amerikaner gingen mit der Taktik der verbrannten Erde auch gegen die
Zivilbevölkerung vor.

Auf den Inseln wurde nach dem folgenden Schema vorgegan-
gen: Zunächst wurde die Bevölkerung aufgefordert, sich in Sam-
mellagern einzufinden. Wer nach Ablauf einer festgelegten Frist
außerhalb der Lager angetroffen wurde, galt als Kombattant der
Guerillas und wurde erschossen. Die entvölkerten Dörfer wurden
in Brand gesteckt. Etliche Kriegsverbrechen der US-Armee fanden

Kolonialkriege um 1900 (Auswahl)

	Britisches Empire	Niederlande	Frankreich	Deutschland
Afrika	1879: Ende des Zulukrieges 1899–1902: Burenkrieg		1864: Mexiko 1865: West-afrika nach langen Kriegen Kolonie 1885: Mada-gaskar	1907: Herero-krieg
Asien	1839 und 1878: Afgha-nistankriege 1885: Dritter Burmakrieg	1873–1900: Sumatra (Atjeh/Aceh) 250.000 Tote	1859: Saigon erobert. 1893 Laos	
Ozeanien	1843–1872 Maori-Kriege in Neuseeland			
China	1899–1901: Boxeraufstand	dto.	dto.	dto.

---

164 Ebd.

jedoch ihren Weg in die amerikanische Presse. In einigen Dörfern wurden wahllos Männer, Frauen und Kinder über zehn Jahren ermordet. In einer Strafaktion ordnete General Jacob Smith, ein Veteran des *Wounded-Knee*-Massakers, an: „I want no prisoners. I wish you to kill and burn; the more you kill and burn the better it will please me." [Ich wünsche keine Gefangenen. Ich wünsche, dass ihr tötet und niederbrennt; je mehr getötet und niedergebrannt wird, umso mehr wird es mich freuen.]

1902 fand eine Senatsuntersuchung zu den Verbrechen des Philippinisch-Amerikanischen-Krieges statt, die aber zu keinem Ergebnis führte. Zwischen 200.000 und 1,5 Millionen Filipinos, etwa 20 Prozent der damaligen Bevölkerung, kamen durch und infolge des Krieges ums Leben. Die militärischen Verluste beliefen sich auf etwa 4.000 amerikanische Soldaten und 20.000 philippinische Aufständische.

4. Kapitel:
Der Panamakanal

Hintergrund

Die Idee einer Verbindung zwischen den Ozeanen durch einen Kanal wurde schon 1523 angeblich von Kaiser Karl V. gefasst. Goethe prophezeite 1827, dass es der „jugendliche Staat" der USA sein werde, der einen Kanal bauen würde. Nach dem 1869 eröffneten Suezkanal schien auch der Kanaldurchstich in Panama machbar. Panama war damals Teil von Kolumbien. In Frankreich wurde nach dem Erfolg des Suezkanals eine Panamakanalgesellschaft gegründet. Präsident war der Erbauer des Suezkanals, der damals 73-jährige Graf Ferdinand de Lesseps. Die Arbeiten kamen bald ins Stocken. Öffentlichkeit und Anleger wurden planmäßig über die Finanzlage und den Baufortschritt belogen. Die Gesellschaft ging in Konkurs. 1889 brachen die Franzosen die Arbeiten ab („Panamaskandal"). Ein nachhaltiger politischer Schaden für Frankreich entstand dadurch nicht. Da aber Geschichte stets auch aus dem besteht, was nicht geschehen ist, aber hätte geschehen können, ist mit Blick auf die später gegen Deutschland erhobenen Vorwürfe und Kriegsgründe zu erwägen, welche Bedeutung für die Vorgeschichte zum Ersten Weltkrieg dem Panamaskandal zugemessen würde, hätte er nicht in Frankreich, sondern in Deutschland stattgefunden.

Amerikanischer Einstieg

Eine Auffanggesellschaft verkaufte 1902 den Gesamtkomplex nebst Konzessionen für 40 Millionen US-Dollar an die USA, die etwa 40 Prozent der bis dahin geleisteten praktischen Arbeiten verwenden konnten. Die USA verlangten von Kolumbien die Abtretung des Panamakanalgebiets. US-Präsident Theodore Roosevelt schickte 1903 ein Kriegsschiff; die amerikanischen Soldaten gingen an Land, töteten den lokalen Milizkommandeur und riefen, wie es schon in Hawaii mit Erfolg gehandhabt worden war, den unabhängigen Staat Panama aus. Diesem gaben die neuen Republikaner einen Wappenspruch mit, der gut zur Doktrin der *manifest destiny* passt: *Pro Mundi Beneficio* (Zum Wohle der Welt).

Zwei Wochen später, am 18. November 1903, wurde ohne Hinzuziehung auch nur eines Panamanesen und nur in englischer Sprache ein Staatsvertrag über die Nutzung einer Kanalzone geschlossen. In einer Breite von jeweils fünf Meilen beiderseits der Kanaltrasse wurde das Gebiet zwar nicht abgetreten, aber der dauerhaften unbeschränkten Kontrolle der USA unterstellt. Art. 1 sichert zwar die Souveränität Panamas zu, die USA haben aber gemäß Art. 2 ff. die alleinige Kontrolle über den Kanal. Der Kanal wurde 1914 fertig und 1920 offiziell für den Weltverkehr geöffnet. Insgesamt forderte der Bau etwa 28.000 Menschenleben.

Nicaraguakanal: China positioniert sich

Aus der Monroe-Doktrin folgte praktisch, dass es ausländischen anderen Staaten nicht möglich war, sich an diesem oder einem anderen amerikanischen Kanalprojekt zu beteiligen. Auch das immer wieder diskutierte Kanalprojekt durch Nicaragua konnte daher praktisch nicht ohne Zustimmung der USA in Angriff genommen werden. Es ist deshalb von großer politischer Bedeutung, dass im Jahre 2015 ein Vertrag zwischen Nicaragua und China geschlossen wurde, der das Ziel hat, einen leistungsfähigeren und größeren Kanal durch Nicaragua zu bauen. Dessen Fertigstellung ist allerdings nicht absehbar; das Projekt kommt aber wegen Finanzierungsproblemen nicht recht in Gang.[165] Nahe liegt auch der Gedanke an einen sehr deutlichen „Ratschlag" von Washington an Nicaragua.

---

165 Handelsblatt: Nicaraguakanal: Megaprojekt im Stillstand, dpa, 11. Januar 2016; im Netz unter: www.handelsblatt.com/technik/energie-umwelt/nicaraguakanal-megaprojekt-im-stillstand/12814664.html [zuletzt eingesehen am 16. Januar 2016].

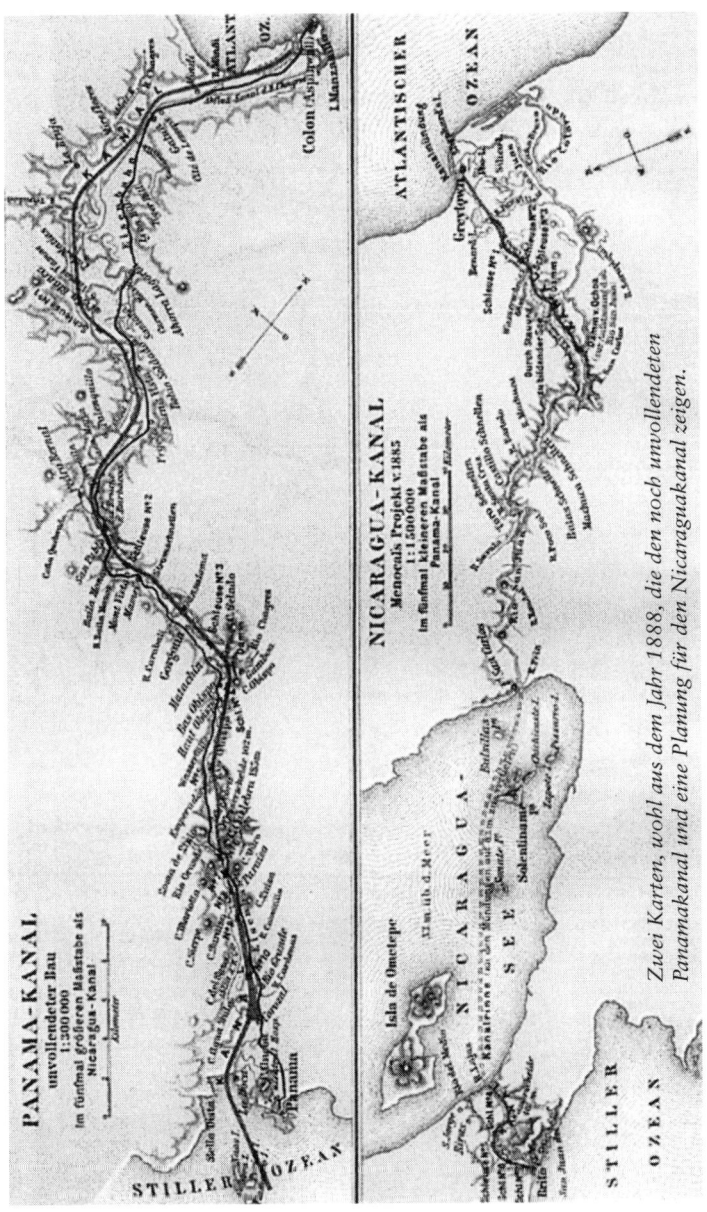

Zwei Karten, wohl aus dem Jahr 1888, die den noch unvollendeten Panamakanal und eine Planung für den Nicaraguakanal zeigen.

Die geostrategischen Auswirkungen eines solchen chinesischen Kanals wären im Fall einer Realisierung kaum abzuschätzen. Diese sollten aber im Zusammenhang damit gesehen werden, dass Chinas weitgespannte Ansprüche auf Hoheitsrechte im Südchinesischen Meer geltend macht, deren Durchsetzung praktisch zu einer Abriegelung der USA vom Indischen Ozean führen würde.

7. Teil

Die Weltordnung um 1900

1. Kapitel:
Die Welt um die Wende zum 20. Jahrhundert

Um 1900 war die Welt verhältnismäßig übersichtlich in fünf Großreiche gegliedert:

Block 1 – Britisches Empire: Das Britische Empire umfasste ein Viertel der Erdoberfläche und ein Viertel der Weltbevölkerung. Die Verwaltung der beherrschten Gebiete war zwar nicht gewaltfrei, führte aber insgesamt dazu, dass regionale Konflikte unterdrückt werden konnten. Sobald die britischen Kanonen die uneinsichtigen Eingeborenen niedergeschossen hatten, wurde eine *Pax Britannica* aufgerichtet, die alles in allem den unterworfenen Völkern wohl mehr Glück als Unglück brachte. Diesen Völkern verhalf oft erst der gemeinsame Kolonialherr zur Erkenntnis ihrer eigenen Identität. Die heute zwischen Indien und Pakistan oder auch in Nigeria und sonst bestehenden und immer wieder aufbrechenden ethnischen oder religiösen Spannungen sind nur ein Beispiel für die befriedende Wirkung, die von den Kolonialherren ausgehen konnte.

Block 2 – Russland: Das Zarenreich besaß ein arrondiertes Gebiet von den deutschen Ostgrenzen bis zum Pazifik. Im Westen gehörten Polen und Finnland sowie die ehemaligen Ordenslande, die späteren baltischen Staaten, dazu. Im 19. Jahrhundert war Mittelasien (Kasachstan, Usbekistan, Tadschikistan, Kirgistan) erobert worden und kurz vor der Jahrhundertwende hatte Russland im Armurbogen von China erhebliche Gebiete erworben oder weggerissen.

Es ist eine gewisse westliche Arroganz, wenn man die kultivierenden Leistungen des Zarenreiches in seinem immens großen Herrschaftsgebiet gering achtet oder gar nicht sieht. Als Ordnungsmacht in dem von ihm beherrschten Gebiet und als Nachbar des in weiten Teilen britischen Machtbereiches wirkte es an der Niederhaltung von regionalen Zwistigkeiten mit.

Block 3 – USA: Lateinamerika mit seinen knapp 20 formal souveränen Staaten befand sich nach der 1823 einseitig verkündeten Monroe-Doktrin praktisch unter einer Art Vormundschaft der USA.[166]

Block 4 – Frankreich: Dieses war praktisch auf das geopolitisch offenbar noch wenig interessante Afrika beschränkt. Indochina aber sollte eine Option auf den Handel im Osten offenhalten und war für Frankreich etwa das, was die Philippinen für die USA waren.

Block 5 – Osmanisches Reich: Das Osmanische Reich ragte aus dem Mittelalter oder, insofern es eine Fortsetzung des Byzantinischen Reiches war, aus der Antike bis in die Neuzeit herein. Es hatte um 1900 ein Alter von etwa 600 Jahren erreicht, ein Alter, in dem die meisten Imperien müde werden und absterben. In Nordafrika hatte es Schritt für Schritt Positionen an Frankreich, England und 1911 mit Libyen sogar an Italien abgeben müssen. Die von den Briten unter vielen Opfern verlorene Schlacht bei Gallipoli zeigte aber, dass der Mann am Bosporus doch nicht so krank war, wie man meinte. Die arabischen Stämme des Vorderen Orients standen bis zum Ersten Weltkrieg ziemlich fest unter seiner Kontrolle.

2. Kapitel:
Die Lage in Mitteleuropa

Als Volk oder Staat nahm das Deutsche Reich an dem europäischen Welteroberungsprozess nicht teil. Sieht man aber Deutschland als Teil eines von Europa ausgehenden „Weltwerdungsprozesses", tritt die Rolle Deutschlands in ein anderes Licht. Das Deutsche Reich, wohin Gott die höchste politische Instanz, den christlichen Kaiser, gesetzt hatte, war bis zum Umsturz in Frankreich und den Kriegen Napoleons der Garant eines Rechtsraums und damit einer Ordnung, ohne die der Reisende nur Vagabund und Seefahrt nur Piraterie ist. Europa war ein Netz von Binnenbeziehungen, unter denen die dynastischen Verflechtungen der europäischen Herrschergenossenschaft vielleicht die wichtigsten waren. Dieses erlaubte eine die nationalen „Innenpolitiken" überwölbende europäische Politik, in deren Rahmen die überseeischen Aktionen geplant, finanziert und kulturell legitimiert werden konnten. Jean-Jacques Rousseau beschrieb die Rolle Deutschlands wie folgt:

> Was das europäische Staatensystem aufrecht erhält, ist das … Spiel der Verhandlungen, die sich nahezu allzeit im Gleichgewicht halten.

---

166 Toynbee, Arnold: Study of history, Bd. IX, 1974, S. 476, spricht davon, dass die USA praktisch ein Protektorat über Lateinamerika ausgeübt habe.

Aber dieses System hat noch eine andere, wirksamere Stütze, nämlich das Deutsche Reich, das vom Herzen Europas aus alle anderen Mächte im Zaum hält und vielleicht der Sicherheit der anderen noch mehr dienen kann als der eigenen ... Unerachtet der Fehler (seiner) Reichsverfassung ist es doch gewiss, dass kein Herrscher zu befürchten hat, von einem anderen entthront zu werden. ... Das öffentliche Recht, das die Deutschen so gründlich studieren, ist somit noch weit wichtiger, als sie glauben, denn es ist ... das Recht von ganz Europa.[167]

Berlin und Wien sicherten den europäischen Frieden nach innen, während andere nach außen expandierten. Noch war Europa die Mitte. Es ist daher vielleicht mehr als eine Kuriosität, dass die Weltreiche der Neuzeit unter aus Deutschland stammenden Herrschern gegründet oder zur Höhe gebracht wurden.[168] Der deutsche Kaiser Karl V. präsidierte über dem Aufbau des spanischen Weltreiches; Friederike von Anhalt-Zerbst brachte als Zarin Katharina II. das Russische Reich durch Ausdehnung bis an den Pazifik zur Weltgeltung und unter Victoria von Hannover, Kaiserin von Indien, erlebte das Britische Weltreich seine höchste Blüte. Das gilt sogar für die USA. Unter General, später Präsident Dwight D. Eisenhauer (= Eisenhower), der von beiden Eltern her offenbar ausschließlich deutscher Abstammung war, erlebten die USA nach 1945 den kurzen Zeitraum einer wahrhaft weltbeherrschenden Alleinstellung: Der Krieg in Europa und in Asien war gewonnen, und die USA waren im Alleinbesitz der Atombombe, die auf eine deutsche Entdeckung zurückging. Dieser hatte Stalin noch nichts entgegenzusetzen.

3. Kapitel:
Zerbrechende Ordnungen

Um 1900 gehörten eigentlich nur die europäischen Staaten und die USA sich selbst. Fast der gesamte Rest der Welt stand unter verschiedenen Formen der Fremdherrschaft der EUS (= Europa und USA). Den Löwenanteil hatte sich das Britische Empire gesichert. In Afrika gab es mit Äthiopien nur einen Staat, den man als einigermaßen souverän ansehen konnte. Die von ehemaligen amerikanischen Sklaven gegründete westafrikanische Republik Liberia war tatsächlich, wie bis heute, ein Klientelstaat der USA. Auch in Asien war eigentlich nur Japan souverän. Für alle anderen Staatswesen dieses riesigen und menschenreichen Kontinents war die politische Bewegungsfreiheit durch die EUS beschränkt. Das

---

167 Zitiert nach Aretin, Karl v.: Das Reich, Stuttgart 1992, S. 25.
168 Vgl. Aden, Fürsten a. a. O., S. 46 f.

galt auch für formal selbständig gebliebene Staaten wie Nepal, Persien, Thailand und sogar China. Das Europa und Asien überspannende Osmanische Reich war politisch ebenfalls kaum noch handlungsfähig und stand kurz davor, unter den EUS-Mächten aufgeteilt zu werden, was dann nach 1919 auch wirklich geschah. Ein Schicksal, dem China wohl nur durch den aufsteigenden Konflikt zwischen den USA und Japan entging. So sicher diese Weltordnung schien, so zweifelten Weitsichtigere doch, ob der weiße Mann seine Herrschaft dauerhaft würde behaupten können. In Amerika dachte man immer mehr an eine engere Zusammenarbeit mit Großbritannien und seinem Weltreich als einer Gemeinschaft der englischsprachigen Nationen.[169]

Diese Ordnung hatte große Vorteile, auch für die Beherrschten. Mancherlei Gewalttätigkeiten der Kolonialmächte sind nicht zu leugnen. Sobald aber deren Macht gesichert war, zeigten sich in aller Regel auch wohltätige Folgen. Um nur ein Beispiel zu nennen: Der schreckliche Brauch der Witwenverbrennung, die im Pandschab noch um 1830 geübt wurde, wurde mit der Machtübernahme der Engländer sofort abgestellt.[170] Die Kolonialherren bauten, sicherlich auch um die eigene Macht zu sichern, effektive Verwaltungs- und Gerichtstrukturen auf, Eisenbahnen veränderten das Lebensgefühl und das Volk wurde, wenn auch in sehr unterschiedlichem Maße, alphabetisiert. Insbesondere aber endeten alle regionalen und internen Kriege; eine Wohltat, die erst heute wieder ins Bewusstsein tritt, weil sich etliche Staaten Afrikas und Asiens in anhaltenden blutigen Auseinandersetzungen verlieren.

Die Ordnung war aber um 1900, ehe man es noch recht bemerkt hatte, brüchig geworden. Ein Volk von Analphabeten lässt sich mit einem Versammlungsverbot und einem Dutzend Kanonen regieren. Für Niederländisch-Indien reichte daher seit 1854 eine Verordnung, in der es hieß: „Vereinigungen und Versammlungen politischer Art ... sind in Niederländisch-Indien verboten [... zijn in Nederlandsch- Indie verboden]."[171] In dem Maße aber wie der Entwicklungsstand der Beherrschten zunimmt, wachsen die Kos-

169 Mahan, Alfred: Seapower, Boston 1918, S. 52 f.
170 Honigberger John: Thirty Five years, London 1852, gibt eine lebendige Beschreibung dieser Prozedur. Honigberger war ein aus Kronstadt in Siebenbürgen stammender Arzt, dessen Beschreibung der orientalischen und indischen Zustände vor und bei Antritt der Briten in ihrer Art, da aus ärztlich menschlicher Sicht, einzigartig ist. Honigberger nennt sich zwar Untertan des Kaisers in Wien und ist deutscher Muttersprache, schreibt hier aber englisch.
171 Zitat aus: van der Wal, S. L. (Hrsg.): De Opkomst van der Nationalistische Beweging in Nederlandsch-Indie, Groningen 1967.

Das Kapital.

Kritik der politischen Oekonomie.

Von

Karl Marx.

Erster Band.

Buch I: Der Produktionsprocess des Kapitals.

Hamburg

Verlag von Otto Meissner.

1867.

New-York: L. W. Schmidt, 24 Barclay-Street.

Karl Marx schrieb sein großes Werk Das Kapital (Erstausgabe Hamburg 1867) in London unter dem Eindruck der trostlosen Lage der englischen Arbeiter um 1850 und damit zu einer Zeit, als die Reichtümer der ganzen Welt in London zusammenflossen.

ten der Ausübung und Sicherung der Herrschaft, und zwar offenbar überproportional. Die im Urzustand lebenden australischen Aborigines zu beherrschen, kostete die britische Macht gar nichts; die Herrschaft über die Zulus in Südafrika kostete schon deutlich mehr und die blutig erworbene Herrschaft über die Buren war in der Gesamtrechnung des Empires bereits zu teuer. Man begann, den Aufwand für den Erhalt des Imperiums und seinen Nutzen nachzurechnen. Die Bilanz etwa in Britisch-Indien wies, wie schon um 1880 festgestellt wurde, einen Nettoverlust für den Kolonialherrn aus.[172]

Die imponierende Größe des Britischen Weltreiches und seine allein darauf gegründete Qualität als Großmacht[173] stand in einem starken Gegensatz zu den kümmerlichen Lebensumständen weiter Teile des britischen Volkes, dem doch dieses ganze Reich gehörte.[174] 1845 war das epochale Werk von Friedrich Engels *Die Lage der arbeitenden Klasse* in England erschienen; Karl Marx schrieb sein großes Werk *Das Kapital* (Urausgabe Hamburg 1867) in London gerade unter dem Eindruck der trostlosen Lage der englischen Arbeiter um 1850, also zu einer Zeit, als die Reichtümer der ganzen Welt in London zusammenflossen. Das Riesenreich des Zaren brachte keinem russischen Bauern oder Arbeiter eine Verbesserung seiner Lebensumstände. Das Gleiche galt für die französische Arbeiterklasse, die nichts davon hatte, dass die Trikolore 1862 in Saigon oder an der Elfenbeinküste wehte.

4. Kapitel:
Globale Perspektiven

Macht gilt aber als ein Wert an sich, den man anstrebt, ohne auf die Kosten zu schauen. Diese Macht war letztlich nur eine dünne Decke, die leicht zerrissen werden konnte, und die Fetzen dieser Macht konnten aus Sicht der USA leicht in falsche Hände geraten. Das Britische Weltreich hatte um 1900 eine Größe erreicht, die das Optimum überschritt. Das politisch und auch wirtschaftlich geschwächte Frankreich hatte mit seinen afrikanischen Kolonien, namentlich mit dem nicht einfach zu beherrschenden maghrebinischen Nordafrika, genug zu tun. Es mochte Hoffnungen haben,

---

172 Cunningham, Henry S.: British India and It's Rulers, New Delhi 1995 (Nachdruck der 1. Aufl. von 1882), S. 60.
173 So ausdrücklich Clarke, Peter: Thousand Days, London 2007, S. XV.
174 Vgl. nur als ein Beispiel für die trostlosen Lebensbedingungen: Hogg, Edith F.: The Furpullers of South London, 1897, in: Goodwin, Michael: Nineteenth Century Opinion, London 1951.

Belgien zu schlucken und damit auch Belgisch-Kongo an sich zu ziehen, aber letztlich war auch Frankreich an seine Leistungsgrenze gelangt. Die Niederlande hatten sich bei der Eroberung von Sumatra (Krieg in Atjeh seit 1873) in gewaltige Kosten gestürzt und auch um ihren moralischen Kredit gebracht. Das kleine Land war kaum in der Lage, seinen Besitz zu halten.[175] Auch Russland war um 1900 saturiert, auch wenn angesichts der Schwäche des Osmanischen Reiches immer wieder der nostalgische Gedanke auftrat, Konstantinopel, die Wiege der russischen Orthodoxie, zu erobern. Überdies war es innenpolitisch instabil und von Unruhen bedroht.

Um 1900 gab es daher eigentlich nur zwei Mächte auf der Welt, auf die das alles nicht zutraf. Sie waren innenpolitisch stabil und außenpolitisch ehrgeizig. Beide Mächte befanden sich in voller Jugend und entwickelten sich prächtig: die eine Macht waren die USA, die andere war das Deutsche Reich. Bismarck hatte zwar nach 1871 gesagt, dass Deutschland saturiert sei. Aber das hat man dem Reich nicht geglaubt und es war wohl auch nicht ganz glaubwürdig. Gern griffen die Deutschen zu, wenn sich die Möglichkeit ergab, die noch verbliebenen Stücke in Afrika und Ozeanien zu erwerben. Die rasch wachsende Wirtschaftskraft Deutschlands und sein rasanter Aufstieg in fast allen Bereichen konnten von den anderen Mächten kaum anders gedeutet werden, als dass auch Deutschland, wie sie selbst, nach mehr rufen würde. Das konnte, da die Welt schon verteilt war, eigentlich nur zu ihren Lasten gehen.

---

175 Die ausbeuterischen Methoden der niederländischen Kolonialverwaltung werden beschrieben in dem berühmten Buch *Max Havelaar* von Multatuli alias Eduard Dekker. Im 19. Jahrhundert in Holland verfemt, wurde er vor einigen Jahren in Amsterdam mit einem Denkmal geehrt.

8. Teil

Globaler Ausgriff

1. Kapitel:
Die Ausgangslage

Am 12. Januar 1851 notierte der soeben in das preußische Außenministerium eingetretene, auch als historischer Schriftsteller damals schon bekannte Kurt von Schlözer:

> ... Russland schürt das Feuer der Zwietracht zwischen Österreich und Preußen, England das auf dem ganzen Kontinent. Inzwischen dehnt sich das junge Nordamerika langsam aus: schon erhebt sich der gewaltige transatlantische Riese über die öde Wasserwüste des Stillen Ozeans, schon lagern sich breit und dunkel seine Schatten über das Atlantische Meer bis zum Kanal und bis zur Ostsee. Ein anderer Janus, schaut er mit seinen jungen Augen hinüber nach den Schätzen Japans, Chinas, Ozeaniens, während sein altes Antlitz sich der Alten Welt zu kehrt.[176]

Der US-amerikanische Schriftsteller Ralph Waldo Emerson (1803–1882) scheint ähnlich wie Schlözer den Imperialismus seiner jungen Nation gefürchtet zu haben. Im Mai 1866 notiert er in sein Tagebuch:

> Amerika müsste die Versicherung geben und es auch durchsetzen, dass in keinem Falle die Gewehre den Vorrang vor dem tatsächlichen Recht erhalten. ... Man soll keinen Staatsstreich machen und ihn hinterher rechtfertigen. ... Lasst uns 1000 Jahre auf die Sandwich-Inseln warten, ehe wir sie mit Gewalt nehmen.[177]

Die Sandwich-Inseln, also im wesentlichen Hawaii, wurden aber schon 1898 aufgrund eines inszenierten Staatsstreiches besetzt und annektiert. Andere, und das war bald die Mehrheit, sahen das überhaupt anders, insbesondere Alfred Mahan, der Künder der amerikanischen Seeherrschaft, gleichsam der „Tirpitz der USA":

---

176 Kurd v. Schlözer schreibt: „Bismarck lässt mir aber sagen, dass die politische Bedeutung des Postens [in Mexiko] steigt." Im März 1871 wurde er deutscher Gesandter in Washington. Paul Curtius in: Schlözer, Kurd, Allgemeine Deutsche Biographie, Digitale Volltextausgabe.

177 Emerson, Ralph W.: The Journals and Miscellaneous Notebooks of Ralph Waldo Emerson, Band 16: 1866–1882, Cambridge/Mass. – London 1982, S. 9. Das allerdings war kurz zuvor zu Lasten Mexikos geschehen.

Vergleichende Religionsgeschichte lehrt, dass Religionen, die keine Mission betreiben, zum Untergang verurteilt sind. Kann es mit Nationen nicht ebenso sein? Die ruhmreiche Geschichte Englands findet gewiss ihren Hauptgrund in Englands Geist. Sie geht zurück auf die Zeit, als es sich nach außen wandte, zwar gewiss ohne eine vorgeformte Politik, auch ohne zu wissen, wohin sein Schicksalsstern es leiten werde, aber stets getreu seinem inneren Gefühl, welches in der Kindheit der Nationen die aus Erfahrung gewonnenen vernunftgeleiteten Pläne ersetzt. Wir wollen von Englands Erfahrung lernen. England wurde nicht auf einmal die große Seemacht, die es ist. Aber Schritt für Schritt, wie sich Gelegenheit bot, hat es sich auf die weltweite Vormachtstellung zu bewegt, die nun die englische Sprache und die Institutionen englischen Ursprungs innehaben. Wie viel ärmer wäre die Welt, hätten die Engländer dieselbe vorsichtige Zurückhaltung geübt, die uns Amerikaner nun hindert, uns über unserer Küsten hinaus [gemeint: auf Hawaii!] zu bewegen! Und kann wohl irgendjemand daran zweifeln, dass die weltweite Wohlfahrt gewönne, wenn die beiden Hauptstaaten der englischen Tradition sich in der Welt ausbreiten – in offenem, wenn auch vertraglich nicht fixiertem, Einverständnis, ohne Eifersucht und in gegenseitiger Unterstützung?[178]

2. Kapitel:
39 Mal Deutschland[179]

Deutschland als politische „Nullität"

Solange Deutschland, um ein von Metternich auf Italien gemeintes Wort umzumünzen, nur ein geographischer, aber kein politischer Begriff war, erfreute sich Deutschland in England und sogar in Frankreich der Beliebtheit, die man einem harmlosen Nachbarn zuteilwerden lässt. Zwar war das Deutsche Reich keine Großmacht, aber insbesondere seit etwa 1700 war in Deutschland allerlei und oft Epochales entdeckt oder erfunden worden. Aber niemand hatte es bemerkt, auch die Deutschen selbst nicht. Dafür kommen zwei Gründe in Betracht: Zum einen wurde die Aufmerksamkeit Europas von den unerhörten militärischen Erfolgen Napoleons und den bis 1848 nachwirkenden politischen Wirren absorbiert. Wer sollte sich angesichts der Veränderungen infolge der Friedenschlüsse von Campo Formio (1797) dafür interessieren, dass Grotefend im Jahre 1802 in Göttingen die Keilschrift entziffert hatte? Wer sollte angesichts des neuerlichen Umsturzes

---

178 Mahan, a. a. O., S. 27 (Übers. durch d. Verf.); vgl. englischen Originaltext in Anlage 3 im Anhang.
179 So viele „souveräne" Staaten gab es ursprünglich im Deutschen Bund.

in Paris von 1830 zur Kenntnis nehmen, dass Weber und Gauß 1833 den ersten Telegraphen entwickelt hatten? Die Erfindung des Kunstdüngers durch Justus von Liebig konnte doch niemanden interessieren, solange man im Besitz der Inseln und Landstriche war, wo Guano abgebaut werden konnte. Außerdem: Wo lag denn dieses Deutschland? Der auch im Ausland berühmte Kant war Preuße, Grotefend wie auch Gauß waren als Hannoveraner sogar Untertanen des englischen Königs. Liebig wirkte in Gießen, aber war das nun Hessen-Darmstadt oder Kurhessen? Der Vielerfinder Karl Drais mit seinem komischen Fahrrad lebte in Baden, was jedenfalls Franzosen als eine Art französische Provinz ansahen.

Aus Deutschland kommende Leistungen wurden daher schon von den Deutschen selbst nicht als *deutsch* wahrgenommen. Was sollte man von Ausländern erwarten? Der 1811 in Kalkutta geborene englische Romanautor William M. Thackeray hatte ja recht, wenn er meinte, die Deutschen lebten im Fürstentum „Pumpernickel". Das wurde auch von weiter denkenden Deutschen so empfunden, wie Chlodwig von Hohenlohe-Schillingfürst 1847 schreibt[180]:

> Ein Grund der Unzufriedenheit ist in Deutschland allgemein verbreitet, jeder denkende deutsche Mann empfindet ihn tief und schmerzlich. Es ist die Nullität Deutschlands gegenüber den anderen Staaten. Man sage uns nicht, dass Österreich und Preußen als Großmächte die Macht Deutschlands nach außen vertreten. Einesteils vertritt Österreich nach außen gar wenig, weil ihm die innere Kraft fehlt, andernteils hat Preußen, wenn man recht offen sein will, doch nur eine geduldete Stellung unter den Großmächten und wird auch diese Stellung, wenn die politische Bewegung im Inneren so fort geht, wie sie begonnen hat, nicht lange mehr halten. Niemand wird leugnen, dass es für einen denkenden tatkräftigen Mann ein trauriges Los ist, in der Fremde nicht sagen zu können: ich bin ein Deutscher, nicht mit stolzer deutscher Flagge auf seinem Schiff zu stehen, in Bedrängnis keinen deutschen Konsul zu finden, sondern sich sagen zu müssen: Ich bin ein Kurhesse, ein Darmstädter, ein Bückeburger, mein Vaterland war einmal ein großes, mächtiges Land, jetzt ist es zersplittert in 38 Lumpen. Und wenn wir die Karte betrachten und sehen, wie Ostsee, Nordsee und Mittelmeer[181] an unsere Küsten schlagen und kein deutsches Schiff, keine deutsche Flagge auf der See den stolzen Engländern und Franzosen den üblichen Gruß erzwingt, muss uns da nicht die Farbe der Scham in die Wange steigen? Der durch den Zollverein mächtig anwachsenden Industrie genügt der Handel in seiner bestehenden Ausdehnung nicht mehr, der reiche Handelsstand sucht auswärtige Märkte und überseeische Verbindungen.

---

180 Hohenlohe-Schillingfürst, Chlodwig v.: Denkwürdigkeiten, S. 40.
181 Das Herzogtum Krain, heute ein Teil Sloweniens, grenzte an das Mittelmeer und gehörte seit jeher bis 1919 zu Deutschland/Österreich.

Die Erhebung aus der „Nullität"

Sobald Deutschland Anstalten machte, sich aus seiner politischen „Nullität" zu erheben, wurde das als unfreundlicher Akt empfunden. Werner (von) Siemens, der sich bei Ausbruch des Deutsch-Dänischen Krieges (1864) in Cartagena/Spanien befand, berichtete hierzu beispielsweise:

> Im Hotel Cartagena fanden wir nur französische und englische Zeitungen … Es war ein ganz merkwürdiger Umschwung in den Zeitungsartikeln über Deutschland seit der Kriegserklärung und den kriegerischen Erfolgen gegen das von England begünstigte Dänemark eingetreten. Wir waren es bisher gewohnt, in englischen und französischen Zeitungen viel wohlwollendes Lob über deutsche Wissenschaft, deutsche Musik und deutschen Gesang sowie auch daneben mitleidige Äußerungen über die gutmütigen, träumerischen und unpraktischen Deutschen zu lesen. Jetzt waren es wutentbrannte Artikel über die eroberungssüchtigen, die kriegslustigen, ja die blutdürstigen Deutschen … So lange waren die Deutschen nur passives Material für die Weltgeschichte gewesen; jetzt konnte man zum ersten Mal schwarz auf weiß in der Times lesen, dass sie selbsttätig in den Lauf derselben eingriffen und dadurch den Zorn derer erregten, die sich bisher für allein dazu berechtigt gehalten hatten.[182]

Hier kommt zu Ausdruck, was nicht nur in Deutschland als besonders abstoßend am britischen und dann auch am amerikanischen Volkscharakter empfunden wurde. Das hinkende Maß, der *double yardstick*, wie ernsthafte Briten das Phänomen beschreiben, mit dem sie bei anderen schelten, was sie selber tun. Diesen hatte schon Goethe, der an sich ein Bewunderer Englands war, 1829 moniert:

> Während aber die Deutschen sich mit der Auflösung philosophischer Probleme quälen, lachen uns die Engländer mit ihrem großen praktischen Verstande aus und gewinnen die Welt. Jedermann kennt ihre Deklamationen gegen den Sklavenhandel, und während sie uns weismachen wollen, was für humane Maximen solchen Verfahren zu Grunde liegen, entdeckt sich jetzt, dass das wahre Motiv ein reales Objekt sei, ohne welches es die Engländer bekanntlich nie tun, und welches man hätte wissen sollen. An der westlichen Küste von Afrika gebrauchen sie die Neger selbst in ihren großen Besitzungen, und es ist gegen ihr Interesse, dass man sie dort ausführe. In Amerika haben sie selbst große Negerkolonien angelegt, die sehr produktiv sind und jährlich einen großen Ertrag an Schwarzen liefern. Mit diesem versehen sie die nordamerikanischen Bedürfnisse, und indem sie auf solche Weise einen höchst einträglichen Handel treiben, wäre die Einfuhr von außen ihren merkantilischen Interessen sehr im Wege, und sie predigen daher, nicht ohne Objekt, gegen den inhumanen Handel.

---

182 Siemens, Werner v.: Lebenserinnerungen, München 2008. S. 271.

Noch auf dem Wiener Kongress argumentierte der englische Gesandte sehr lebhaft dagegen[183].

Ein einziges Deutschland

Was sich 1864 anbahnte, wurde 1871 mit der Reichsgründung Wirklichkeit: Die Einschätzung Deutschlands durch unsere Nachbarn änderte sich schlagartig. Aus wenig bedeutsameren Klein- und Mittelstaaten war über Nacht der nach Russland bevölkerungsreichste und vor Frankreich mächtigste Staat Europas geworden. Der uns aus Frankreich sowieso, aber auch aus England plötzlich entgegenschlagende Hass erstaunte und erschreckte viele Deutsche. Er durchzog alle Bevölkerungskreise. Frankreich, jahrhundertlang der Erzfeind der Briten, avancierte über Nacht zur Geliebten: „Europa hat eine Geliebte verloren und einen Herrn gefunden", meinte der britische Diplomat Henry Bulwer (1801– 1872). Plötzlich erkannten unsere Nachbarn, dass ihre Monarchen und deren Gemahlinnen nicht aus Sachsen-Coburg, Hessen oder Waldeck-Pyrmont stammten, sondern aus dem stärksten Staat Europas, dem Deutschen Reich. Ähnliches galt nun auch auf dem Gebiet von Kunst, Wissenschaft und Technik. Die in Deutschland gemachten Erfindungen und Entdeckungen stammten nun nicht mehr aus Baden, Hessen usw., sondern aus dem mächtigen, volkreichen und innovativen Deutschen Reich.[184] Ab 1871 setzte in Deutschland ein nachhaltiger Aufschwung ein, dessen Dynamik nur mit der Entwicklung in den USA vergleichbar war, hinter dem aber Großbritannien schon zurückblieb und Frankreich fast verschwand. In den meisten, eigentlich allen Bereichen der Wissenschaft und Technik lag Deutschland weit vor den USA. Es gab nun immer häufiger Streitigkeiten zwischen beiden Ländern, wer was zuerst erfunden hatte.[185] Deutscher Welthandel, den es 20 Jahre zuvor noch kaum gegeben hatte, war um 1880 in Teilbereichen weltweit führend geworden. Mit der deutschen Präsenz war auch das deutsche Selbstbewusstsein gestiegen. Auf seiner Reise nach China berichtete Graf Waldersee aus Hongkong an Kaiser Wilhelm II.,

> dass sowohl in Colombo wie in Penang und Singapore das Deutschtum sich sichtlich im glücklichen Aufschwunge befindlich zeigt. Die Entfaltung der starken deutschen See- und Landstreitkräfte in Ost-

---

183 Gespräche mit Eckermann, 1. September 1829.
184 Sachsen-Coburg; England und Belgien; Hessen: Russland und England; Waldeck, Pyrmont: Niederlande; vgl. Aden, Deutsche Fürsten.
185 Telefon: Philipp Reis gegen Alexander Bell; Telegraf: Weber/Gauß gegen Morse; Auto: Carl Benz gegen Henry Ford usw.

asien hat zur Förderung des [deutschen] Ansehens erheblich beigetragen, wie es hier überall mit besonderem Stolze empfunden wird, dass ein deutscher General mit dem Oberbefehl in China betraut worden ist.[186]

Feindbild Deutschland

Das wurde natürlich in England, aber auch in den USA kritisch gesehen. Um den Einfluss und Besitz der Samoa-Insel (1899) hatte es einen Zusammenstoß zwischen Deutschland einerseits und den USA andererseits gegeben; Großbritannien stand natürlich auf Seiten der USA. Mahan schreibt:

All over the world German commercial and colonial push is coming into collision with other nations: witness the affair of the Caroline Islands with Spain; the partition of New Guinea with England; the yet more recent negotiation between these two powers concerning their share in Africa, viewed with deep distrust and jealousy by France; the Samoa affair; the conflict between German control and American interests in the islands of the western Pacific; and the alleged progress of German influence in Central and South America. It is noteworthy that, while these various contentions are sustained with the aggressive military spirit characteristic of the German Empire, they are credibly said to arise from the national temper more than from the deliberate policy of the government, which in this matter does not lead, but follows, the feeling of the people – a condition much more formidable.[187]

[Überall auf der Welt führt der deutsche Vorstoß in Handels- und Kolonialfragen zur Kollision mit anderen Mächten; man denke nur an die Karolinenfrage mit Spanien; die Teilung von Neu-Guinea mit England; dann die kürzliche Auseinandersetzung zwischen diesen beiden Mächten in Hinsicht auf ihren Anteil in Afrika, der mit tiefem Misstrauen und Neid von Frankreich beobachtet wurde; dann diese Samoageschichte; der Konflikt zwischen deutscher Kontrolle und amerikanischen Interessen an diesen Inseln im westlichen Pazifik; dann ist da der, wie man sagt, zunehmende Einfluss Deutschlands in Mittel- und Südamerika. Es ist bemerkenswert, dass diese verschiedenen Streitigkeiten mit dem aggressiven Militarismus ausgetragen werden, der für das Deutsche Reich charakteristisch ist. Es ist glaubwürdig, wenn gesagt wird, dass diese eher dem deutschen Nationalcharakter entsprechen als der planmäßigen Politik der Regierung, die

---

186   Bericht v. 18. September 1900. Denkwürdigkeiten des Generalfeldmarschalls Alfred Grafen von Waldersee, Berlin 1923, S. 12. Der Großvater des Verfassers, Conrad Gotthard Schramm aus Hamburg, war um 1900 nach Japan gekommen und erwarb dort als Export-Importkaufmann binnen weniger Jahre ein stattliches, nach 1919 freilich konfisziertes Vermögen. Aus seinen überlieferten Erzählungen und erhaltenen Briefen wird ein ganz ähnliches Hochgefühl deutlich, wie es von Waldersee beschrieben wurde.

187   Mahan, a. a. O., S. 7. Übers. durch den Verf.

in dieser Hinsicht das Volk nicht leitet, sondern umgekehrt den Gefühlen des deutschen Volkes nachläuft. Das ist umso bedenklicher.]

Bereits 1897 also wird von Mahan der „aggressive military spirit characteristic of the German Empire" behauptet, obwohl Deutschland zu diesem Zeitpunkt, anders als alle seine Nachbarn, seit drei Jahrzehnten keinen Krieg und in seiner tausendjährigen Geschichte überhaupt noch niemals einen Eroberungskrieg geführt hatte. Die USA selbst hatten in ihren während des 19. Jahrhunderts geführten Eroberungskriegen unter Beweis gestellt, zu welch ungewöhnlichem Maß an „aggressive military spirit" diese junge Nation fähig war, was den *double yardstick* besonders deutlich hervortreten lässt. Es spricht hier ein Mann, in dessen Land wenige Jahre zuvor (1890) das *Wounded-Knee*-Massaker stattgefunden hatte und wo 30 Jahre zuvor im Sezessionskrieg eine der brutalsten und blutigsten kriegerischen Auseinandersetzungen seit Menschengedenken stattgefunden hatte. Er spielt das „aggressive" Deutsche Reich gegen das brüderlich verbundene England aus, das im Jahr 1897 gleich zwei Eroberungskriege führte: in Südafrika den besonders brutalen Burenkrieg und in Asien den nicht minder grausamen Krieg gegen Burma.

Aus deutscher Sicht ist hier daher wohl weniger Empörung oder Kopfschütteln über Heuchelei und Selbstgerechtigkeit angebracht, als die Frage nach dem Hintergrund solcher Aussagen. Es ist ohnehin immer zu fragen, auf welcher Grundlage und zu welchem Zweck etwas gesagt und anderes nicht gesagt wird. Welche Informationsquellen standen zur Verfügung? Der Bildungs- und Kenntnisstand eines Mannes entspricht selten, wenn je, seinem Rang in der Welt. Man macht in dieser Welt keine Karriere, wenn man viel lernt und liest. Aussagen wie diese beruhen auf Zuflüsterungen, Propaganda, die die gewittrige Disposition anzeigt, die sich ab 1871 gegen Deutschland auflud und 1914 bzw. 1917 entlud. Was den USA und auch den Briten erlaubt war, nämlich die eigene Macht auszubauen und zu sichern, sollte Deutschland nicht zugestanden werden. Deutschland wurde und wird, wenn es politisch gerade passt, auch noch heute als macht- und blutdürstiges Monster „kommuniziert". So heißt es noch heute im englischsprachigen Wikipedia über Bismarck: „Um das Deutsche Reich unter preußischer Führung zu gründen, hat er in den 1860er Jahren eine Serie von Kriegen fabriziert" („… in the 1860s he engineered a series of wars."). Allerdings waren es nur zwei Kriege und der Vorwurf des „fabrizieren" passt allenfalls auf den Krieg von 1866. Der Krieg 1864 gegen Dänemark hatte andere Ursachen, an denen England nicht unbeteiligt war.[188] Und den Deutsch-Französischen Krieg von 1870/71 löste eine Kriegserklärung aus Paris (an Preußen) und nicht aus Berlin aus.

Koloniale Gedankenspiele

Aus US-amerikanischer Sicht ergaben sich daher um 1900 folgende Überlegungen: Sollte es Deutschland erneut gelingen, Frankreich niederzuwerfen (was vor 1914 niemand bezweifelte) und bei dieser Gelegenheit auch Belgien und Niederlande an sich zu ziehen, dann wäre Deutschland nicht nur Herr von Europa mit weitreichenden Möglichkeiten im Osmanischen Reich, sondern mit einem Schlag auch Herr von halb Afrika und in der gleichen Weise Oberprotektor des niederländischen Kolonialreiches in Ostasien. Nur das Fehlen einer der britischen gleichwertigen Kriegsflotte stand dem entgegen. Sobald aber dieser Mangel auf deutscher Seite behoben sein würde, war es denkbar, dass Großbritannien in eine Abhängigkeit vom Deutschen Reich geraten würde. Das hätte bedeuten können, dass Deutschland als faktischer Erbe des Britischen Empires und zusätzlich als Inhaber der französischen, belgischen und niederländischen Besitzungen eine weltumspannende Supermacht werden konnte. Dazu kam, dass die wirtschaftliche Basis des Deutschen Reiches ungleich stärker war als die Großbritanniens. Deutschland war das einzige Industrieland mit einer der amerikanischen vergleichbaren dynamischen Bevölkerungsentwicklung, während diese in Großbritannien deutlich langsamer vonstatten ging und in Frankreich praktisch stagnierte.[189]

Es ist zwar nicht zu sehen, dass irgendein verantwortlicher deutscher Politiker vor 1914 entsprechende Überlegungen angestellt hat. Aber amerikanische Imperialisten dachten in diesen Kategorien und nahmen selbstverständlich an, dass auch in Deutschland so gedacht wurde. Die USA aber sahen sich selbst als natürlichen Erben des Britischen Empires – und nicht Deutschland. US-Präsident Franklin D. Roosevelt sagte im August 1944 zu seinem Finanzminister Henry Morgenthau:

> I will go over there and make a couple of talks and take over the British Empire.[190]
>
> [Ich geh da mal hin, sage dies und das und hole mir das Britische Empire ab.]

---

188   Vgl. Anlage 4 im Anhang.
189   Bevölkerungs-Ploetz, 3. Aufl., Würzburg 1965.
190   Zitiert bei: Clark, Christopher: Sleepwalker, S. 47.

Das war offenbar bereits um 1900 die Leitlinie amerikanischer Politik. Der deutsche Diplomat Hermann von Eckardstein beispielsweise berichtete 1911 von einem Gespräch mit Ex-Präsident Theodore Roosevelt, in dem es um die Kriegsgefahr ging, die während seiner Präsidentschaft (1901–1909) infolge der Marokkokrise von 1905 eingetreten war:

> Supposing the German armies had overrun France, we in America would not have kept quiet. I certainly would have found myself compelled to interfere.[191]

> [Wenn deutsche Armeen Frankreich überrannt hätten, hätten wir in Amerika nicht still zugeschaut. Ich hätte mich selbstverständlich verpflichtet gesehen, dazwischenzutreten.]

Auf Eckardsteins Vorhalt, dass die Monroe-Doktrin die Nichteinmischung in europäische Angelegenheiten beinhalte, habe der Ex-Präsident geantwortet:

> As long as England succeeds in keeping up the balance of power in Europe – well and good ... should she, however, for some reason or other fail in doing so, the United States would be obliged to step in at least temporarily in order to reestablish the balance of power in Europe. ... In fact we ourselves are becoming, owing to our strength and geographical situation, more and more the balance of power of the whole world.[192]

> [Solange England das Machtgleichgewicht in Europa aufrechterhalten kann – schön und gut. Sollte es aber aus irgendeinem Grund dazu nicht mehr in der Lage sein, so müssten die Vereinigten Staaten jedenfalls vorübergehend einschreiten, um dieses Gleichgewicht in Europa wieder herzustellen. Schließlich sind wir aufgrund unserer Stärke und geographischen Lage dabei, das Machtgleichgewicht der ganzen Welt zu werden.]

Eckardstein fügt hinzu: „Bereits während der Marokkokrise hatten sich einige bekannte amerikanische Politiker ... in diesem Sinne ausgesprochen."[193] In den Worten Roosevelts schwingt bereits der Zweifel an der wirklichen Macht Englands mit. Hiernach war klar, dass ein Krieg der Großmächte in Europa die USA hereinziehen würde, sobald ein deutscher Sieg wahrscheinlich war. Das bedeutete aber im realpolitischen Klartext: Es konnte England gar nichts passieren! Egal was es gegen Deutschland anstellen würde, die USA würden an seiner Seite stehen. Einen Krieg gegen die USA aber konnte niemand gewinnen, sondern bestenfalls Remis beenden.

---

191 Eckardstein, Hermann v., a. a. O., Bd. 3, S. 175.
192 Ebd.
193 Ebd.

3. Kapitel:
Deutschland stört die angelsächsische Weltordnung

Ein neuer geopolitischer Rivale wirft
seinen Hut in den Ring

Gegen Ende des 19. Jahrhunderts war Großbritannien die weltweit führende Volkswirtschaft. Geopolitisch war es omnipräsent, es gab keine Wasserstraße, deren Benutzung nicht direkt oder indirekt von britischer Mitwirkung abhängig war. Von Gibraltar östlich über Suez, Aden, Indien, Singapur, Hongkong und Ozeanien gab es keinen wichtigen Hafen, der nicht in britischer Hand war, und soweit der Pazifik nicht britisch war, stand er unter amerikanischer Hoheit.[194] Die französischen und deutschen Besitzungen zählten dagegen kaum. Die deutsche Präsenz stand den Anglo-Amerikanern offenbar ebenso im Wege wie das Häuschen von Philemon und Baucis Faust im Wege stand:

> Ihn gelüstet unsre Hütte, unser Hain, wie er sich als Nachbar brüstet, soll man untertänig sein (Faust II. 11131 ff.).
>
> Faust: Mir ist's unmöglich zu ertragen! Und wie ich's sage, schäme ich mich. Die Alten droben sollen weichen ... Die wenig Bäume, nicht mein eigen, verderben mir den Weltbesitz (V. 11237).

Der Teufel, der Menschen und Völker reizt, nur immer mehr und mehr zu wollen, stimmt dem ihm bald ganz verfallenden Faust eifrig zu: „Natürlich, dass ein Hauptverdruß, das Leben dir vergällen muss" (V, 11259). Aktenauszüge des deutschen Auswärtigen Amtes jener Zeit lesen sich wie Umsetzungen dieser Dichterzeilen in das reale politische Leben. Immer wieder wird von je einzeln meist unwichtigen Nickeligkeiten und Schraubereien berichtet, denen sich deutsche Kolonien von Seiten der Briten, denen doch schon fast die ganze Welt gehörte, ausgesetzt sehen. Im Pazifik war es der Samoakonflikt, in Deutsch-Kamerun die Benutzung eines Flusslaufes und etwas später, nachdem in Deutsch-Südwestafrika Diamanten gefunden worden waren, stellte sich den Deutschen die Frage, wer die Hereros eigentlich mit Waffen versorgte. Auch für das Britische Empire galt, was in ein französisches populärhistorisches Buch auf die einfache Formel brachte: „Quand il n'y avait l'Allemagne, il est evident que la France avait une autre situation."[195] [Als es noch kein Deutschland gab, stand Frankreich natürlich ganz anders da.]

---

194 Zur Pax Britannica: Osterhammel, a. a. O., S. 646.
195 Bainville, Jacques: Bismarck, Paris 1932.

Das Weltordnungssystem um 1900 mit dem Britischen Empire an der Spitze zeigte innere Risse. Amerika sah sich berufen, diese zu kitten oder die Störenfriede zur Ordnung zu rufen oder auszuschalten. Kolonialmächte begannen auch, sich mit der Frage auseinanderzusetzen, ob es denn wirklich Recht getan sei, andere Völker zu unterjochen. Die Legitimation für die Eroberung all der vielen Länder, die nebenbei gesagt gar nicht so viel einbrachten, wie man erwartete, wurde fragwürdig. Man begann, etwa in Britisch-Indien, den Aufwand für den Erhalt des Imperiums und seinen Nutzen für das Herrschervolk nachzurechnen. Zu einem eindeutig positiven Ergebnis kam man nicht. Aber letztlich blieb es bei der Machtfrage, an der sich Patrioten oder Nationalisten erfreuten und berauschten:

> The English Nation has no intention of abandoning its place on the world's stage, ceasing to be one of the Big Powers.[196]
>
> [Die englische Nation hat nicht die Absicht, ihren Platz auf der Bühne der Weltpolitik aufzugeben und aufzuhören, eine der großen Mächte zu sein.]

Der Imperialismus wob sich daher nun zusätzlich ein neues Gewand. Nicht Macht und Geld seien die Triebfedern der kolonialen Erweiterung, sondern der zivilisatorische Auftrag. Den beanspruchte Bismarck zu keinem Zeitpunkt. Von einem göttlichen Auftrag, Deutschland zu einen und zu einem starken mitteleuropäischen Staat zu machen, war nie die Rede. Das hätte man in Deutschland selbst als gotteslästerlich empfunden. Amerikanisches Streben nach Macht und Einfluss wie auch das des britischen Brudervolkes war und ist also etwas völlig anderes als die Machtgier, wie sie sich in angelsächsischen Augen in Deutschland zeigte. Die USA und ihr Mutterland England handelten im Gehorsam gegen eine von Gott auferlegte Pflicht. Deutschland, das mit seiner barbarischen Sprache Gott weder richtig anreden noch auf ihn hören konnte, wie Rudyard Kipling, der Barde des britischen Imperialismus, meinte, stand der Erfüllung des den Angelsachsen erteilten göttlichen Auftrages, die Welt zu zivilisieren, entgegen. Wenn Deutsche Absichten auf die Philippinen hatten, konnten sie nur von frecher Machtgier getrieben sein. Die Angelsachsen hingegen hatten ihre höhere Weltaufgabe erkannt. Als Kipling 1899 die USA mit seinem berühmten Gedicht *The White Man's Burden* zur Besitznahme der Philippinen aufforderte, war das eigentlich gegen Deutschland gerichtet:

---

196   Vgl. Cunningham, a. a. O., S. 60.

Take up the white man's burden,
Take up the best ye breed –
Go bind your sons to exile
To serve your captives' need. [197]

[Ergreift des weißen Mannes Bürde,
schickt eure Besten her –
Bindet eure Söhne ans Exil
um den Bedürfnissen eurer Gefangenen zu dienen. ...]

Jedenfalls mussten die USA verhindern, dass dieses Inselreich in die Hände der Deutschen fällt, wie es Kipling bereits in seinem Gedicht *Recessional* aus dem Jahre 1897 andeutete:

If, drunk with sight of power, we loose,
Wild tongues that have not Thee in awe,
Such boastings as the gentiles
Or lesser breeds without the Law ...

[Wenn, machttrunken, wir Zügelloses reden,
Das Dich in Ehrfurcht nicht mehr hält,
Solch Prahlen, wie's die Heiden tun,
Oder niedre Rassen, die gesetzlos sind ...][198]

Mit den *lesser breeds* sind nämlich die Deutschen gemeint, weswegen dieser Vers aus George Orwells Sicht nicht so anstößig sei, wie er es wäre, wenn damit Inder, Schwarze usw. gemeint wären.[199] Die Aufgabe, Opfer zu bringen, um den Völkern der Welt die Kultur zu bringen, erstreckte sich auch auf Völker, die sich selbst für zivilisiert hielten oder wie die Chinesen gar für zivilisierter als die Weißen. Nachdem in Südafrika um 1870 Gold und Diamanten gefunden worden waren, wurde dieser Kulturauftrag auch in die Burenrepubliken getragen. Großbritannien hatte 1895 versucht, die Burenrepublik Transvaal im Handstreich zu annektieren. Es gelang, das zu vereiteln. Am 3. Januar 1896 sandte Kaiser Wilhelm II. Paul Kruger, dem Präsidenten von Transvaal, zu dieser Tat ein Glückwunschtelegramm (*Krüger-Depesche*). Das löste in Großbritannien eine langanhaltende Welle von antideutscher Empörung aus, weil man glaubte oder glauben machen wollte, dass Deutschland mit dem aus britischer Sicht eigentlich anfechtbaren

197 Vgl. zur Übersetzung den Wikipedia-Eintrag „The White Man's Burden"; im Netz unter: de.wikipedia.org/wiki/The_White_Man%E2%80%99s_Burden [zuletzt eingesehen am 14. Januar 2016].
198 Deutsche Übersetzung: Elisabeth Schüssel in: Zur Rolle der Musik bei den Eröffnungs- und Schlussfeiern der Olympischen Spiele, Dissertation, Köln 2001, S. 230–231.
199 George Orwell in: The Works of Rudyard Kipling – Introductory Essay by George Orwell, S. XVIII, Ware 1994.

Besitz von Südwestafrika die britische Präsenz in Südafrika verdrängen wollte.

Als Kaiser Wilhelm II. 1908 versuchte, mit einem Interview, das er einem Korrespondenten der britischen *Daily Telegraph* gab, die Wogen zu glätten, misslang das völlig. In England galten des Kaisers Worte als arrogant und in Deutschland als peinliche Unterwürfigkeit gegenüber Großbritannien. Die diplomatischen Beziehungen der beiden Staaten verschlechterten sich nachhaltig, was bis 1914 nicht mehr korrigiert werden konnte.

4. Kapitel:
Die Weltkriege als Zweiter Dreißigjähriger Krieg

Europa und Deutschland

Unmittelbar nach 1919 ahnten Weitsichtigere, dass der eben beendete *Weltkrieg,* wie er schon damals hieß, mit seinen für Deutschland gnadenlosen Bedingungen den Keim eines neuen Krieges in sich trage. John Maynard Keynes, der Vater des Keynesianismus, hatte an den Friedensverhandlungen in Versailles teilgenommen. In seinem bald nach dem Ersten Weltkrieg erschienenen Buch *Die wirtschaftlichen Folgen von Versailles* geißelte er die Erpressungspolitik Frankreichs gegenüber Deutschland in einer Schärfe, wie es kaum in Deutschland selbst geschah. Zudem prangerte er die „dumme Politik" der USA an. Keynes kommt zu dem Ergebnis: Deutschland könne sich diese Bedingungen auf Dauer einfach nicht gefallen lassen. Das sahen viele so.[200] Der Begriff *Zweiter Dreißigjähriger Krieg* im Zusammenhang mit den beiden Weltkriegen scheint erstmals von de Gaulle in einer Radioansprache 1941 benutzt worden zu sein. Churchill verwendet ihn in einem Brief an Stalin 1944. Ein aus Deutschland stammender Politologe, der 1933 nach Amerika emigrierte Siegmund Neumann, hat diesen Begriff in einem 1946 erschienenen Buch historisch-inhaltlich gefüllt. Seitdem geistert dieser Begriff durch die Geschichtswissenschaft.

---

200 Vgl. die Hinweise und Zitate bei Schultze-Rhonhof, Gerd: Der Krieg, 6. Aufl., München 2007: S. 50 f.: Zu diesen Auguren gehörten William C. Bullitt, Mitglied der US-amerikanischen Delegation in Versailles, David Lloyd George, Winston Churchill, die sozialistische Fraktion im französischen Parlament u. a.

Bei unseren damaligen Feindstaaten ist der Begriff „unbelastet".[201] In seiner Radioansprache von September 1941 befindet sich de Gaulle in einer schwierigen Lage, da Deutschland auch nach dem eben begonnenen Krieg mit Russland an allen Fronten siegreich war. Er wendet sich an seine unter deutscher Besetzung lebenden Landsleute und weist darauf hin, dass man sich in einem Krieg befinde, der bereits vor 30 Jahren mit dem verbrecherischen Weltmachtstreben unter Kaiser Wilhelm II. begonnen habe. Nunmehr sei Deutschland unter der Führung Hitlers abermals angetreten, die Welt zu erobern. Aber – seid getrost, liebe Landsleute – der Dreißigjährige Krieg von 1618–1648 endete schließlich mit einem Sieg Frankreichs über Deutschland. Und so werde es auch diesmal sein. Als Churchill in seinem Brief an Stalin das Wort vom Dreißigjährigen Krieg gebrauchte, Ende 1944, lag der von de Gaulle erhoffte Sieg greifbar nahe. Der Brief Churchills an Stalin betrifft die Aufteilung Deutschlands. Er teilt nämlich seinem „lieben Freund", wie er Stalin mehrfach nennt, mit, dass er die polnische Exilregierung in London habe enttäuschen müssen. Diese habe nämlich ganz Ostpreußen einschließlich Königsbergs gefordert. Churchill:

> Ich betrachtete diesen Krieg gegen die deutsche Aggression als ein Ganzes und als einen dreißigjährigen Krieg von 1914 an und erinnerte [den polnischen Vertreter] an die Tatsache, dass die Erde dieses Teils von Ostpreußen mit russischem Blut getränkt sei, das reichlich für die gemeinsame Sache vergossen wurde … Deshalb scheint mir, dass die Russen einen historischen und wohlbegründeten Anspruch auf dieses deutsche Gebiet haben.[202]

Was die Selbstzerstörung Europas betrifft, hatten die beiden Weltkriege fast die gleichen Auswirkungen wie der Dreißigjährige Krieg von 1618–1648. Für diesen ist es schwer bis unmöglich, einen Hauptverantwortlichen zu bezeichnen. Auch damals waren die deutschen Hauptbeteiligten „hineingeschlittert", ehe Frankreich und Schweden beitraten, um Beute zu machen. Die beiden Weltkriege stellen für de Gaulle und Churchill und wohl für jeden unvoreingenommenen Betrachter ebenso ein Gesamtgeschehen dar, wie es im Hinblick auf den Krieg von 1618–1648 der Fall

---

201 Wikipedia: Second Thirty Years' War: Die Vorstellung eines zweiten Dreißgjährigen Krieges wurde u. a. von Siegmund Neumann in seinem Buch *The Future in Perspective* (1946) ausgedrückt. Churchill nahm diese Idee im Vorwort zu seinem Buch *The Gathering Storm* (1948) auf, wo er sagt, dieses Buch betreffe „einen Zweiten Dreißigjährigen Krieg".
202 Streng geheime, persönliche Botschaft von W. Churchill an Marschall Stalin vom 27. Februar 1944. Zitiert nach: Briefwechsel Stalins mit Churchills, Attlee, Roosevelt und Truman, Berlin 1961.

ist. Beide Langkriege wurden mit wechselnden Beteiligten, beweglichem Kriegstheater und mehreren Waffenstillstandspausen ausgefochten und hatten jeweils ein eine ganze Generation übergreifendes Thema. Das wird von angloamerikanischen Autoren heute weitgehend zugestanden. Dort wird der Begriff *Zweiter Dreißigjähriger Krieg* unbefangen gebraucht.[203] Deutsche Historiker sind auf andere Sichtweisen fixiert.[204]

Die Kriegseintritte der USA

Die Gründe, weswegen die USA sich am Ersten und Zweiten Weltkrieg, also an dem Zweiten Dreißigjährigen Krieg, beteiligten, liegen im Dunkeln. Schlagwortartig wird immer noch die Versenkung der *Lusitania* am 7. Mai 1915 genannt. Heute ist aber anerkannt, dass es sich bei diesem Schiff tatsächlich um einen britischen Hilfskreuzer handelte und dass man dies in den USA auch wusste.[205] William Bryan, von März 1913 bis Juni 1915 Außenminister im Kabinett Wilson, trat vom Amt zurück, als der Präsident in zwei Noten von Deutschland verlangte, die Versenkung der *Lusitania* als Verbrechen anzuerkennen. Nach Bryans Meinung hatte Deutschland ein Recht zu verhindern, dass seinen Feinden Kriegsmaterial geliefert wird. Wenn solche Schiffe Passagiere in der Hoffnung an Bord nähmen, nicht angegriffen zu werden, so sei das kein legitimer Schutz vor einer Zerstörung. Der *Fall Lusitania* erinnert daher sehr an den Kriegsgrund, den die USA nach der Explosion auf der *USS Maine* gegen Spanien fanden.

Im ersten Dreißigjährigen Kriege traten die späteren Hauptnutznießer Frankreich und Schweden in das Ringen erst ein, als die Hauptparteien abgekämpft waren. Da es mangels ernsthafter Zwistigkeiten eigentlich keinen wirklichen Kriegsgrund zwischen

---

203 Vgl. Clarke, a. a. O., S. XVII: „The Second World War was for the British an unsuccessful imperialist war."

204 Vgl. die Rezeption von Schultze-Rhonhof, Gerd: Der Krieg, 4. Aufl., 2003: „Schultze-Rhonhofs writings on the origins of World War II have not been accepted as accurate by professional historians. His claim that Hitler had been against a war with Poland goes against the conventional opinion in historical research and academic teaching. Schultze-Rhonhofs book has been reviewed by important German newspapers as *Die Welt* and *Frankfurter Allgemeine*. Both articles assessed it as ‚myth-creating' and ‚abstruse'." Vgl. den Eintrag „Schultze-Rhonhof" im englischen Wikipedia: en.wikipedia.org/wiki/Gerd_Schultze-Rhonhof [zuletzt eingesehen am 20. Januar 2016]

205 Vgl. den ausführlichen Artikel in: Kellerhoff, Sven Felix: Wer schuld war am Untergang der „Lusitania", Die Welt-online, 7. Mai 2015, im Netz unter: www.welt.de/geschichte/article140601419/Wer-schuld-war-am-Untergang-der-Lusitania.html [zuletzt eingesehen am 20. Januar 2016]

den USA und Deutschland gab, kann der Kriegseintrittsgrund der USA wohl nur darin gesehen werden, den deutschen Sieg verhindern und durch eine Ausschaltung Deutschlands das gestörte „politische Gleichgewicht" wieder herstellen zu wollen. Alfred Mahan schrieb am 13. August 1914 an US-Präsident Roosevelt:

> Sollten die Deutschen Frankreich und Russland zu Lande besiegen, würden [sie in die Lage versetzt] eine Seemacht vergleichbar mit England aufzubauen. In diesem Fall würde die Welt mit einer Seemacht konfrontiert werden, ... voller gieriger und expansiven Ehrgeizes.[206]

Der in England ab 1915 massiv geführte Propagandafeldzug für den Kriegseintritt der USA wurde von Deutschland auch aus sprachlichen Gründen verloren. Man hörte für Deutschland sprechende Argumente weder in den USA noch in anderen Staaten, da deren Zeitungen von englischen Diensten versorgt wurden. Wichtige Entscheidungen sind fast nie monokausal. Wie so oft in der Geschichte dürfte auch die Entscheidung, gegen Deutschland in den Krieg zu ziehen, auf einem Motivbündel beruhen, das sich letztlich freilich unter einen Gedanken subsumieren lässt: Deutschland stand den Vereinigten Staaten bei der Erfüllung seiner weltgeschichtlichen Mission im Wege.

5. Kapitel:
Kriegseintrittsgrund der USA 1917

Beutegreifer

Die USA hatten seit 1914 auf der Seite der Entente gestanden und sie materiell und moralisch nach Kräften unterstützt. Bis 1917 hatten die USA mit ihrem Kriegseintritt nur gedroht. Aber erst im April 1917 kam es zur amerikanischen Kriegserklärung gegen Deutschland und später gegen Österreich-Ungarn. Warum so spät? Diese Frage wird kaum gestellt oder mit der deutschen Entscheidung zum unbeschränkten U-Boot-Krieg in Zusammenhang gebracht. Aber auch Folgendes ist zu beachten: Das Britische Weltreich entstand durch Kriege, die Großbritannien, nachdem Frankreich ausgeschaltet war, stets gegen weit unterlegene Gegner führte. Großbritannien hat gegen gleichwertige Gegner allein keinen Krieg geführt, geschweige denn gewonnen. Wie ein lauernder Beutegreifer hat es stets zugeschaut und in der Schwächeperiode des Beutetiers zugegriffen, etwa als die Niederlande 1805 von Frankreich okkupiert waren. Das trifft auch auf die USA zu. So merkwürdig es klingt: Die USA haben immer nur gegen erheb-

---

206   Zitiert bei Schultze-Rhonhof, a. a. O., S. 64.

Der englische Marinemaler William Lionel Wyllie dramatisierte den Untergang der Lusitania in seinem Aquarell „Track of Lusitania" (1915)

lich schwächere Gegner Kriege geführt, und auch diese nicht immer gewonnen (Korea, Vietnam). Es kann dem Vorbild britischer Kriegskunst geschuldet sein, wenn die USA im Ersten und Zweiten Weltkrieg erst eingriffen, als der Sieg nicht mehr zu verfehlen war.

Die Abdankung des Zaren

Der Hauptgrund für die USA, zugunsten der Entente in den Ersten Weltkrieg einzugreifen, war aber offenbar die Abdankung des russischen Zaren. Das deutsche Heer stand seit 1914 immer noch tief in Feindesland. Ein Durchbruch war den Deutschen nicht gelungen, aber umgekehrt hoffte auf alliierter Seite niemand mehr, die deutschen Linien durchbrechen und den Krieg zu Lande gewinnen zu können. Auch die mit großen Versprechungen ins alliierte Lager gelockten Kriegskoalitionäre Rumänien und Italien hatten mit der Eröffnung einer dritten und vierten Front nicht das gehalten, was man in Paris erhofft hatte. In den mörderischen Isonzoschlachten, man zählte ein Dutzend, waren die italienischen Kräfte praktisch aufgerieben worden. Die Ostfront blieb hart umkämpft; den deutschen und österreichischen Truppen gelang es, tief nach Russland vorzudringen.[207]

Die Entente konnte den Krieg nicht mehr gewinnen. Nicht einmal zur See waren sie siegreich geblieben. Die Seeschlacht vor

---

207 Vgl. im Netz: de.wikipedia.org/wiki/Datei:Map_Treaty_of_Brest-Litovsk-en.jpg [zuletzt eingesehen am 20. Januar 2016]

Skagerrak am 31. Mai/1. Juni 1916 hatte, wenn auch keinen klaren deutschen Sieg, so doch gemessen an der versenkten Tonnage einen deutschen Vorteil gebracht. Jedenfalls war der britischen Hochseeflotte kein Sieg über Deutschland gelungen. Der Erschöpfungszustand in Frankreich und England war klar zu erkennen. Die mörderischen Schlachten um Verdun hatten das französische Heer an den Rand der Meuterei getrieben. Von Frankreich, aber auch von England und seinem Empire war nicht mehr viel zu erhoffen. Die aus Australien und Neuseeland herangeschafften Truppen hatten der als militärisch schwach eingestuften Türkei nicht einmal Gallipoli (1915) entreißen können und mussten sich nach riesigen Verlusten zurückziehen. Italien lief Gefahr, von Österreich-Ungarn überrannt zu werden. Auch Deutschland war erschöpft, aber das Ausmaß seiner Erschöpfung war von außen kaum richtig einzuschätzen.

Russlands Krieg, der mit antideutschen Parolen und großer Begeisterung begonnen hatte, war den Russen schon nach wenigen Wochen (Masurenschlacht) aus der Hand geglitten. Seitdem hatte es eigentlich nur Verluste gegeben. Der Krieg war unpopulär geworden und kaum jemand glaubte mehr an einen Sieg. Das Ansehen des Zaren war völlig dahin. Am 15. März 1917 dankte Zar Nikolaus II. ab. Russland schied damit aus dem Krieg aus. Aus Sicht der USA lag ein deutscher Sieg nun greifbar nahe. Das hätte bedeutet: deutsche Vorherrschaft in Europa! Die weltumspannenden französischen und englischen Kolonialreiche in deutschen Händen! Ein deutsches Weltreich in einem derartigen Ausmaß wollten die USA nicht hinnehmen. Zwei Wochen später, am 2. April, hielt Präsident Wilson im Kongress eine Rede, in der er zur Verteidigung der „Freiheit und zur Teilnahme am Kreuzzug der Demokratien gegen aggressive Autokratien" aufrief. Am 6. April erklärte Amerika Deutschland den Krieg: „Es ist schrecklich, dieses große friedliebende Volk in einen Krieg zu führen. Doch Recht ist kostbarer als Frieden", erklärte Woodrow Wilson.[208] Wie in den USA innerhalb kürzester Zeit ein so ungeheures Maß an Hass gegen Deutschland entfacht werden konnte, ist letztlich ein Rätsel. Als Beispiel sei das offizielle Gebet im amerikanischen Kongress vom 10. Januar 1918 wiedergegeben:

---

208 Die Berufung der USA auf das Recht ist deswegen fragwürdig, weil zu diesem Zeitpunkt die Schwarzen („Nigger", wie US-Außenminister William Bryan sie nannte) in den Südstaaten kein Wahlrecht hatten und überhaupt in strenger Apartheid gehalten wurden. Weitere rechtliche Auffälligkeiten in den USA jener Zeit (regelmäßige Lynchjustiz, öffentliche Hinrichtungen usw.) sind hier nicht zu vertiefen.

Allmächtiger Gott! Du weißt, oh Herr, dass wir in einem Kampf auf Tod und Leben stehen gegen eine der gemeinsten, übelsten, gierigsten, geilsten, blutrünstigsten, sündhaftesten und habgierigsten aller Nationen, die jemals das Buch der Geschichte geschändet haben ... Wir bitten Dich, o Herr, entblöße deinen mächtigen Arm und schlage das große Rudel dieser hungrigen, wölfischen Hunnen zurück, von deren Fängen Blut und Schleim tropfen. ... Dir sei Lob und Preis immerdar, durch Jesus Christus, Amen.[209]

Es ist undenkbar, dass in Deutschland jemals ein so gotteslästerliches Gebet offiziell dem Himmel entgegengesandt wurde. In dieses Gebet flossen die damals heftigen englischen Propagandaattacken gegen das Deutsche Reich ein, die wortgleich aus den englischen Medien übernommen worden waren, während deutsche Berichte, sofern sie überhaupt über den Atlantik gelangten, denn auch das transatlantische Kabel wurde von England beherrscht, erst übersetzt werden mussten. Hauptauslöser dieser Hasskampagne dürfte der gleiche gewesen sein, der auch 1898 in Havanna und 1941 in Pearl Harbor zum Ziele geführt hatte, nämlich das Volk in Kriegsbereitschaft zu versetzen, um die *manifest destiny* der großen amerikanischen Nation zu vollenden. Was im Falle eines deutschen Sieges zu befürchten war, stand umgekehrt als glänzender Siegespreis vor den Augen des amerikanischen Volkes, nämlich als erste Nation der Weltgeschichte die ganze Welt zu dominieren.

Infolge der kriegsbedingten Verschuldung Großbritanniens ihr gegenüber übten die USA seit 1914 eine Art Oberaufsicht über das Britische Empire aus. Frankreich war durch den Krieg völlig ruiniert. Die anderen Kolonialmächte (Niederlande, Belgien) waren keine eigenständigen Mächte und von Frankreich oder England abhängig. Ein Sieg der USA über Deutschland würde folglich auch die Vorherrschaft der USA über die Entente-Mächte und damit die Weltherrschaft bedeuten – ein *sacro egoismo* auf Weltniveau. Die ersten Sätze des 14-Punkte-Programms des US-Präsidenten Wilson deuten das an: „Wir wünschen, dass Deutschland einen Platz der Gleichberechtigung unter den Völkern einnimmt statt eines Platzes der Vorherrschaft." Dieser Platz war nämlich von den USA besetzt.

---

209 Congressional records of the second Sessions of the 65th Congress of the United States of America vol. LVI, S. 762: hier zitiert nach Uhle-Wettler, Franz: Bemerkungen zur deutschen Sicherheitspolitik, in: Knüttner, Hans-Helmuth (Hrsg.): Europa ja – aber was wird aus Deutschland?, Tübingen 1998, S. 182.

6. Kapitel:
Weitere Kriegsgründe der USA gegen Deutschland

Ethnische Gleichschaltung

Deutsche Einwanderer haben in ihren Zielländern zwar nie die Mehrheit gebildet, waren aber immer die zweit- oder drittstärkste Volksgruppe. Das galt jedenfalls in drei Ländern, die in den Jahrzehnten und Jahrhunderten zuvor die meisten Deutschen aufgenommen hatten: Russland, USA und Brasilien. Alle drei Staaten sahen sich veranlasst, im Ersten Weltkrieg gegen Deutschland in den Krieg einzutreten. Die Gründe sind nicht recht nachvollziehbar, wenn man nicht einen sonst offenbar kaum betrachteten Aspekt mit berücksichtigt. Dafür muss der Blick nach Russland und in die USA gerichtet werden:

Russland: Die Gründe, weswegen Russland 1914 in den Krieg gegen Deutschland ziehen wollte, sind völlig unklar. Der Durnowo-Brief aus dem Februar 1914[210] erklärt zwar den Krieg zwischen England und Deutschland als unvermeidbar, legt aber zugleich dar, dass Russland bei einer Beteiligung an Englands Seite nicht nur nichts gewinnen, sondern nur verlieren könne. Die russische Kriegsbereitschaft gegen Deutschland ergibt eigentlich nur dann einen Sinn, wenn man darin eine Form eines Unabhängigkeitskriegs Russlands gegen Deutschland erkennt, der sich im Schatten des Zweiten Weltkrieges ähnlich wie der Unabhängigkeitskampf Indiens gegen England vollzog. Für diese Sichtweise könnte Folgendes sprechen: Der deutsche Einfluss in Russland war seit der Zeit Peters des Großen bis 1918 enorm.[211] In einer Schrift aus dem Jahre 1905 steht beispielsweise zu lesen:

> Russland war im 18. und in der ersten Hälfte des 19. Jahrhunderts der Schauplatz aller Formen deutscher Kolonisation. Die „Berufung" der deutschen Siedler führte nicht nur zur Anlage zahlreicher Ackerbaukolonien, ... sondern auch zu gewerblichen Ansiedlungen aller Art der Industrie und des Handwerks und zu Niederlassungen deutscher Kaufleute mit ihrem Gefolge in den Städten. Ja, man kann sogar mit Wilhelm Roscher[212] behaupten, ganz Russland sei eine deutsche Eroberungskolonie gewesen, insofern als ein deutsches Herrscherhaus mit etwa 80.000 deutschen Beamten, die mehr als 80 Millionen Bewohner beherrschten, die in der Mitte des 19. Jahrhunderts das weite russische Reich bewohnten. ... Das Ergebnis dieser Tätigkeit war zwar eine deutsche Kultivierung Russlands, aber im Gegensatz

---

210 Vgl. Anlage 6 im Anhang.
211 Vgl. Fleischhauer, Ingeborg: Die Deutschen im Zarenreich, Stuttgart 1986.
212 1817–1894, führender deutscher Nationalökonom.

z.B. zu der englischen Kultivierung Indiens keine Herrschaftsausübung und Kolonisierung zu deutschem, sondern immer mehr und
endlich ausschließlich zu russischem Vorteil.[213]

Der französische Botschafter Paleologue bei Kriegsausbruch 1914
am Zarenhof vermerkt am 11. August 1914 in seinem Tagebuch:

> Die Gehässigkeit gegen die Deutschen gibt sich in ganz Russland
> durch Gewalttaten und Plünderungen kund. Die Vorherrschaft, die
> Deutschland auf allen Gebieten des ökonomischen Lebens Russlands
> errungen hatte, und die schon meistens einer Monopolstellung gleich-
> kam, rechtfertigt diese heftige Auflehnung des Nationalbewusstseins
> nur allzu sehr. Es ist schwer, die Zahl der in Russland ansässigen
> deutschen Untertanen genau festzustellen; aber man würde nicht all-
> zu sehr fehlgehen, wenn man ihre Zahl auf 170.000 gegen 120.000
> Österreicher, 10.000 Franzosen und 8000 Engländer schätzt. Die
> Aufstellung der betreffenden Einfuhren ist noch beredter. Im Laufe
> des letzten Jahres betrug der Wert der aus Deutschland eingeführten
> Waren insgesamt 643 Millionen Rubel, während der Wert der engli-
> schen Waren nur 170 Millionen, der der französischen 56 Millionen
> betrug. Als Element des deutschen Einflusses in Russland muss man
> überdies eine ganze Bevölkerung von deutschen Einwanderern rech-
> nen, die die deutsche Sprache sprechen, deutsche Überlieferungen be-
> wahren, und die nicht weniger als 2 Millionen Seelen zählen, welche
> in den baltischen Provinzen, in der Ukraine und dem unteren Wolgata-
> tal ansässig sind. Schließlich sind da noch die baltischen Barone, wel-
> che nach und nach alle höchsten Hofämter, alle ersten Stellen in der
> Armee, der Verwaltung und der Diplomatie an sich gerissen haben.
> Seit 150 Jahren hat die feudale Kaste der baltischen Provinzen dem
> Zarismus seine treuesten Diener sowie die gefürchteten Verfechter
> der Reaktion geliefert. … Um die Abneigung zu ermessen, die die bal-
> tischen Barone den wahren Russen einflößen, muss ich nur dem Ze-
> remonienmeister zuhören, mit dem ich auf vertrautem Fuß stehe.[214]

Der Botschafter sagt nicht, was ihm aber täglich vor Augen steht,
nämlich dass der Zar selbst und seine Familie seit Generationen
ausschließlich Deutsche sind. Im Tagebuch werden aber verschie-
dentlich Hinweise darauf gegeben, wie problematisch die deutsche Versippung des Zaren empfunden wurde.[215] Der Zar hatte,
wie Eduard VII. und Georg V. angesichts ihrer chauvinistisch
aufgewühlten Völker, jeden Grund, sich durch deutliche Handlungen von Deutschland, dem Land ihrer Vorfahren, abzusetzen.
Die März-Revolution von 1917 (Kerenski) führte mit der Beendigung des Zarentums zur Beendigung des deutschen Elementes in

---

213 Hasse, Ernst: Die Besiedlung des deutschen Volksbodens, München 1905, S. 69.
214 Paleologue, Maurice: Am Zarenhof während des Weltkrieges.
Tagebücher und Betrachtungen, 3. Aufl., München 1927.
215 Aden, Menno: Deutsche Fürsten, S. 115.

den führenden staatlichen Stellen. Die Unabhängigkeit der baltischen Provinzen nach 1918 entzog den baltischen Baronen den Zugang zu Machtstellen. Die Oktoberrevolution 1917 mit einem ganz anderen Ziel hat den nationalen Charakter des Krieges gegen Deutschland überdeckt.

USA: Ähnliche Überlegungen könnten auch in den USA eine Rolle gespielt haben. Deutsche waren nach den Briten schon 1790 das zweitstärkste Bevölkerungselement in den USA. In der folgenden Einwanderung stellten Deutsche die größte Volksgruppe der Einwanderer dar. Von 1820–1920 wanderten etwa 7,2 Millionen Deutsche in die USA ein. Der deutsche Einfluss in den USA war aber nie so groß wie im Zarenreich. In Umfragen gaben bis zu 40 Prozent der Amerikaner deutsche Wurzeln an, und nur 24 Prozent britische. Vor 1871 galt die deutsche Einwanderung im Wesentlichen als unproblematisch. Mit der Gründung des Zweiten Deutschen Reichs stieg aber das Selbstbewusstsein der Deutschen nicht nur im Deutschen Reich, sondern auch in den Auswanderungsländern. Mit einem starken Mutterland im Rücken wurden Deutschamerikaner, in den meisten Fällen sicherlich zu Unrecht, als verlängerter Arm des Deutschen Reiches angesehen. Die größte Dichte deutscher Siedlungen wurde im Übrigen in den wirtschaftlich stärksten Gebieten der USA erreicht.

Deutsches Auslandsvermögen

Kriege werden zwischen Staaten geführt, nicht zwischen deren Staatsangehörigen.[216] Von Seiten der Alliierten wurde in den Ersten Weltkrieg sogleich eine totale Komponente hineingetragen, als entgegen dem noch im Spanischen Krieg auch von den USA anerkannten Völkerrechtsgrundsatz das dortige Vermögen deutscher Staatsangehöriger entschädigungslos enteignet wurde. Nicht nur die USA, sondern auch die anderen Feinstaaten griffen gern zu; auch solche Staaten, die keinen Schuss gegen Deutschland abgefeuert hatten, wie Brasilien, Guatemala oder andere.

Der Verfasser dieser Zeilen ist indirekt betroffen, da seinem vor 1914 in Japan zu beträchtlichem Wohlstand gekommenem Großvater alles weggenommen wurde. Der deutsche Gesamtverlust ist nicht bekannt. Er war jedenfalls sehr beträchtlich, denn als nach

---

216 Die selbst die französischen Hassgesänge weit übertreffende perfide Hasspropanganda der angloamerikanischen Presse gegen Deutschland endete abrupt mit der Niederlage Deutschlands. Jetzt waren, in Erwägung alter Gleichgewichtsgedanken, sogar wieder leise prodeutsche Töne zu hören. Die französische Ruhrbesetzung wurde von England und den USA zwar nicht verhindert, aber auch nicht gebilligt.

dem Zweiten Weltkrieg 1945 das Gleiche noch einmal geschehen war, taxierte man die beschlagnahmten Werte deutscher Staatsangehöriger auf eine halbe Billion US-Dollar.

Für die USA aber galt: Was immer die wahren Gründe für den Krieg der USA gegen das Deutsche Reich gewesen sein mögen, das Ergebnis war jedenfalls, dass die USA für etwa 110.000 Tote ihre Weltmacht auf- und ausbauen konnten. Sie hatten überdies 2,3 Milliarden Dollar gerettet, die sie der Entente zur Finanzierung des Krieges vorgestreckt hatten. Die von Mittelmächten geschuldeten 20 Millionen Dollar fielen nicht ins Gewicht, und zwar schon deswegen nicht, weil sich die USA in umfangreicher (freilich völkerrechtswidriger) Weise an dem deutschen Auslandsvermögen schadlos hielten, das ersatzlos enteignet wurde. Auf „Empfehlung" Amerikas waren 1917 auch Haiti (welches seit 1915 von den USA besetzt war) und Kuba, China, Brasilien[217], Guatemala und andere Staaten in den Krieg gegen Deutschland eingetreten, ebenfalls mit der Folge, dass das in diesen Ländern befindliche deutsche Auslandsvermögen ersatzlos eingezogen wurde.[218] Das Thema schon des Ersten Weltkrieges war also nicht Deutschland, und, sofern der Zweite aus dem Ersten Weltkrieg erwuchs, Deutschland war wohl auch nicht das Thema des Zweiten Weltkrieges. Es ging um die Weltmacht der USA.

7. Kapitel:
Das Osmanische Reich als Beute der Angelsachsen

Ein Großreich wird zerschlagen

Die deutsche Bewertung des Weltkriegsgeschehens sieht zu sehr auf sich selbst und die deutschen Verluste. Wenn man als Ergebnis des Ersten Weltkrieges einmal nicht die deutschen Verluste (Elsass-Lothringen usw.) ansieht, sondern auf die weltweiten Auswirkungen achtet, dann zeigt sich: Die wichtigste Auswirkung des Ersten Weltkrieges wird von uns mit unserer deutschen Schuld- und Nabelschau übersehen. Das große Osmanische Reich, das 1914 von den Grenzen Österreichs über Syrien und Irak bis nach Kuwait reichte, wurde zerschlagen und sein östlicher Reichsteil,

---

217 Auch hier wurde eine mysteriöse Schiffsexplosion, die Deutschland zugeschoben wurde, der Vorwand für Brasilien, Deutschland den Krieg zu klären und vor allem alle deutschen Auslandsvermögen zu konfiszieren.

218 Ein interessantes völkerrechtliches Nachspiel hatte diese Beraubung in dem Nottebohmfall in Guatemala, vgl. Aden, Menno: Zeitschrift für Rechtspolitik, 2014, S. 211.

der Mittlere Osten von Syrien bis Kuwait, fiel an das Britische Empire. Das ist das Gebiet, in dem seit 1914 bis heute praktisch kein Jahr ohne Krieg verging, an dem England und/oder die USA nicht beteiligt waren.

Erdöl

Die wirtschaftliche Bedeutung des Erdöls war namentlich in den USA schon ab 1880 erkannt worden. Durch die Erfindung des Automobils (1886) und des Otto- und Dieselmotors (1893) war die Wichtigkeit von Erdöl allen vor Augen gestellt. Das Kriegsgeschehen (beispielsweise die erstmals von den Alliierten eingesetzten Panzer) hatte gezeigt: Ohne Erdöl keine Militärmacht! Vielleicht war diese Erkenntnis aber gar nicht einmal die *Auswirkung* des Krieges, sondern ein wesentlicher Grund für den Krieg. Schon lange vor 1914 wusste man von riesigen Erdöllagern im Osmanischen Reich, und zwar im heutigen Irak. Das politisch angeschlagene und zunehmend machtlose Osmanische Reich sah sich von drei Seiten bedrängt: im Norden von Russland, das Konstantinopel erobern wollte; im Süden von Britisch-Indien und im Osten von Persien, das damals praktisch ein russisch-britisches Protektorat war.[219] Das Deutsche Reich war die einzige Stütze, auf die die Türkei setzen konnte.

Die Bedeutung der Bagdadbahn

Der Seehandelsverkehr zwischen Deutschland oder Europa und Ostasien konnte, wollte man nicht die beschwerlichen Umwege um das Kap der Guten Hoffnung nehmen, praktisch nur unter britischer oder amerikanischer Kontrolle stattfinden. Hierfür gab es nur einen Ausweg: eine Bahnverbindung von Deutschland quer durch das Osmanische Reich bis zum Persischen Golf. Die Bagdadbahn hätte die britische Herrschaft über die Seewege weitgehend entwertet und den Verkehr von Mitteleuropa nach Mittel- und weiter nach Ostasien erheblich beschleunigt. Deutschland hatte aufgrund seiner guten Beziehungen zur Türkei 1903 die Konzession für den Bau der Bagdadbahn erhalten.

Der Bau dieser Bahn stieß daher auf erheblichen britischen Widerspruch. Die Bahnlinie hätte deutsche Zugriffsmöglichkeiten in die arabische Region erhöht. Großbritannien bekämpfte die Bagdadbahn daher als Teil der deutschen Großmachtpolitik mit allen Mitteln. Das Bauprojekt trug daher zur Annäherung von Großbri-

---

219 Grundlage hierfür war der Britisch-Russische Teilungsvertrag. In den Jahren 1915 bis 1921 wurde der Iran von britischen und russischen Truppen besetzt und in den Krieg gegen das Osmanische Reich verwickelt.

tannien, Frankreich und Russland bei und war ein weiterer Grund
für Spannungen zwischen Deutschland und Großbritannien. Es
stellt sich also schon hier die Frage, ob das Thema des Ersten
Weltkrieges nicht ein ganz anderes war als Deutschland.

Warum die Regierung um Frieden bittet.

Der Grund ist klar.

Die Regierung unternahm den Krieg in der Hoffnung den alldeutschen Traum
von Mitteleuropa zu verwirklichen.

Dies war die wirkliche Ursache des Krieges.

Wenn hierüber noch ein Zweifel bestände, so würde die Tatsache, daß der
Augenblick, wo die Verwirklichung dieses Traumes unmöglich wird die Regierung um
Frieden bittet, den klaren Beweis bringen.

Hier lag der Plan der Alldeutschen, der uns zu dem Kriege geführt hat:

Das ganze schwarz angestrichene Ge-
lände sollte deutsch sein.

Bulgarien und die Türkei sollten Vasal-
lenstaaten sein.

Der Kaiser und die preußische Junker-
aristokratie, die Bureaukraten und die
Reichen, die das übrige Volk aus-
beuten, sollten die mächtigste Klasse
der Welt werden.

Dies ist was aus dem alldeutschen Plan geworden ist.

Bulgarien weigert sich Vasallenstaat zu
sein

(Die Türkei wird unruhig.)

Der Plan, zu dessen Verwirklichung die
Alldeutschen Deutschland überredeten
Krieg zu führen, und der so viele
Millionen Leben gekostet hat und
solches Weltelend verursacht hat,
ist gänzlich vernichtet worden

Was bleibt noch übrig, worum wir kämpfen sollten?

Der Regierung bleibt also nichts worum sie den Kampf weiter fortsetzen
sollte, und bittet daher, unsere Feinde um Frieden.

Das Gerede über einen Verteidigungskrieg erweist sich also als vollkommen
unwahrhaftig und unehrlich

gemünzt uns zu täuschen.

*Britisches Flugblatt Nr. 16 der Propagandaagentur Crewe House im
Ersten Weltkrieg: Der „alldeutsche Plan" sei gescheitert, weil Bulgarien
angeblich aus dem Bund mit den Mittelmächten „ausschere". Auf den
abgebildeten Karten ist die Bagdadbahn eingezeichnet.*

In Versailles bekam Frankreich dann zwar Elsass-Lothringen zugesprochen, aber das Britische Reich erhielt den Mittleren Orient, wo sich die größten außerhalb der USA bekannten Erdölquellen befanden. 1920 bildete Großbritannien aus den Provinzen Bagdad, Mossul und Basra des ehemaligen Osmanischen Reiches den heutigen Irak. Der von Großbritannien und Frankreich kontrollierte Völkerbund übertrug Großbritannien darüber das Mandat.[220] Die wesentlichen Ölaktivitäten im Land wurden 1929 in der Iraq Petroleum Company zusammengefasst, die aus der Turkish Petroleum Company hervorgegangen war. Diese zahlte nur geringe Konzessionsgebühren und gehörte vollständig Unternehmen aus den Siegerstaaten. Die heutigen Probleme im Mittleren Osten, zu deren Lösung Deutschland als „Teil des Westens" heute praktisch gezwungen ist, militärisch und finanziell beizutragen, sind unmittelbare Folgen dieser britischen, nach 1919 zunehmend amerikanisch beeinflussten Großmachtpolitik.[221]

Die Gründung des Scheichtums Kuwait[222] durch Großbritannien als Nebenerfolg der Zerschlagung des Türkischen Reiches entspricht der Gründung der Freien Stadt Danzig im Jahre 1919. Wie Danzig die Weichselausgänge blockierte und von Deutschlands Gegnern als Stellschraube für deutsch-polnische Konflikte genutzt werden konnte, wurde Kuwait als Block vor dem Zugang zum Persischen Golf künstlich geschaffen, um die britische Seeherrschaft im Persischen Golf zu sichern. Diese Beute musste dann mit den USA geteilt werden, und seither beherrschen die USA das Feld östlich von Suez. Es ist also kein Zufall, dass bis heute praktisch alle internationalen Erdölgesellschaften (in der Energiewirtschaft sprach man von den *Seven Sisters*) in der Hand Englands, der USA und zum geringeren Teil Frankreichs sind. Wer sich diese Hintergründe vergegenwärtigt, steht vor der Frage, ob die Schüsse von Sarajewo eigentlich überhaupt eine so große Bedeutung hatten, wie man meint. Jedenfalls erweitert sich das Thema des Ersten Weltkrieges in Richtung Mittlerer Osten.

---

220   Der Völkerbund bestand 1920 nur aus Siegerstaaten des Ersten Weltkrieges. Das Deutsche Reich durfte erst 1926 beitreten.

221   Vgl. das englische Wikipedia zum Stichwort *Turkish Petroleum Company*: Der Krieg hatte die Bedeutung eigener Ölquellen bestätigt. Die deutschen Ölinteressen im ehemaligen Osmanischen Reich wurden an Frankreich vergeben; Großbritannien nahm den Hauptteil, musste diesen dann aber mit den USA teilen.

222   Nach der Niederlage der Osmanen im Ersten Weltkrieg erklärten die Briten Kuwait zu „einem selbständigen Emirat unter britischer Schutzherrschaft".

9. TEIL

Der Kampf um Ostasien

1. Kapitel:
Erste Begegnungen

China

Die Portugiesen waren die Ersten im Ostasienhandel. Diese landeten 1516 in Macau (50 km westlich von Hongkong) und erhielten 1557 die Erlaubnis zur Errichtung einer Handelsniederlassung. Die Souveränität verblieb jedoch bei China. 1622 wurde ein Eroberungsversuch der Niederländer abgewehrt. Erst 1887 erkannte China die portugiesische Hoheit über das kleine Gebiet an. Dann kamen die Niederlande, die in Nagasaki/Japan eine Niederlassung gründeten, danach folgten die Briten. Aufgrund seiner Niederlage im Ersten Opiumkrieg (1839–1842) war China von Großbritannien gezwungen worden, seine Märkte insbesondere für das in Britisch-Indien angebaute Opium zu öffnen. Damit war der Wettlauf um die Vorherrschaft in Ostasien eröffnet. Eine Folge des Opiumkrieges war die Besetzung Hongkongs durch die Briten im Jahre 1841. Ein Jahr später musste China das Gebiet förmlich abtreten, das 1843 Kronkolonie wurde; 1860 folgte die Abtretung Kowloons (Teilgebiet von Hongkong). Die *New Territories* und umliegende Inseln wurden 1898 auf 99 Jahre gepachtet, um die Kronkolonie militärisch abzusichern.[223]

Im Zweiten Opiumkrieg brachten England und Frankreich gemeinsam China an den Rand der völligen Unterwerfung. Der Krieg endete 1858 mit dem Frieden von Tientsien. Nach Abschluss des Vertrages kam es auf Befehl des französischen Generals zur Zerstörung und Plünderung des nördlich von Peking gelegenen Kaiserlichen Sommerpalastes. Der britische General Charles Gordon merkte hierzu an: „Die Chinesen hassen uns, wie nach dem, was wir an ihrem Palast angerichtet haben, nicht anders zu erwarten

---

223 Lesenswert hierzu Eitel, Ernest J.: Europe in China – The History of Hong Kong, London 1895 (Neudruck 1983). Eitel stammte aus Esslingen bei Stuttgart.

ist."[224] Diese Anmerkung scheint angebracht, da dieser Vorgang kaum bekannt ist, während die unglückliche, aufs Ganze gesehen aber harmlose „Hunnenrede" Kaiser Wilhelms II. in aller Munde ist und gegen Deutschland verwendet wird.

Japan

1853 landeten vier US-amerikanische Schiffe nahe dem heutigen Tokio, um die Öffnung Japans für den Handel mit den USA zu erzwingen. Aufgrund des 1854 erzwungenen Vertrages wurden zunächst zwei Häfen in Hakodate/Hokkaido für amerikanische Schiffe geöffnet.[225] Zudem wurde eine Meistbegünstigungsklausel mit den USA vereinbart.

2. Kapitel:
Kampf um China

Boxeraufstand

Die beiden Opiumkriege schürten die chinesischen Ressentiments gegen den Westen. Christliche, also westliche Einflüsse hatten bei dem blutigen Taiping-Aufstand mitgewirkt, der 1864 von der kaiserlichen Macht nur mühsam unterdrückt werden konnte. China war aber innerlich und äußerlich geschwächt. Nationalistische und andere Gruppen, von den Engländern „Boxer" genannt, schrieben den Niedergang Chinas dem Westen zu. Im Mai erreichte die Bewegung die Umgebung der Hauptstadt Peking und begann mit Attacken gegen Ausländer sowie gegen die an die Küste führenden Bahnlinien. Unter diesem Druck forderte die chinesische Regierung am 19. Juni 1900 die europäischen Gesandten auf, China binnen 24 Stunden zu verlassen. Tags darauf wurde der deutsche Gesandte, Freiherr von Ketteler, in Peking auf offener Straße erschossen. Der Attentäter wurde verhaftet und öffentlich hingerichtet. Die europäischen Mächte und die USA beschlossen eine Strafexpedition. Der Deutsche Alfred Graf Waldersee wurde

---

224 Eine beim Eingang zu der Parkanlage angebrachte Plakette erinnert an diesen Akt des Vandalismus. Der britische General Charles Gordon nahm an dem Feldzug teil und berichtet darüber: „Es ist kaum vorstellbar, welche Verwüstungen die Franzosen hier anrichteten. Sie zerstörten alles auf die niederträchtigste [most wanton] Weise." In: Boulger, Demetrius: The Life of Gordon, London 1867, S. 46. Die Empörung Chinas darüber gegen den Westen besteht noch.

225 Die damals erbauten Lagerhallen waren 2014 zum Teil zu Bierhallen umgebaut worden, in denen der Verfasser u. a. das Studentenlied „O alte Burschenherrlichkeit" hörte.

deren Oberbefehlshaber, was in Deutschland als internationale Aufwertung verstanden wurde. Bei der Verabschiedung eines Teils der deutschen Truppen am 27. Juli 1900 hielt Kaiser Wilhelm II. dann seine bekannte „Hunnenrede":

> … Wie vor tausend Jahren die Hunnen unter ihrem König Etzel sich einen Namen gemacht, der sie noch jetzt in der Überlieferung gewaltig erscheinen läßt, so möge der Name Deutschlands in China in einer solchen Weise bekannt werden, daß niemals wieder ein Chinese es wagt, etwa einen Deutschen auch nur scheel anzusehen![226]

Der in der britischen Kriegspropaganda im Ersten Weltkrieg für Deutsche verwendete Begriff *huns* geht wohl hierauf zurück.

Wettbewerb um China

Die Möglichkeit, dass China ebenso wie Indien in eine Kolonie der Briten und Franzosen verwandelt werden könnte, brachte das Russische Reich und die USA in Stellung. In der Pekinger Konvention (1860) wurde China zwar geknebelt und zur Abtretung des Amurbogens an Russland. 1898 musste China Weihaiwei, nahe dem von Deutschland gepachteten Tsingtau, an Großbritannien verpachten, aber es blieb als Staat intakt. Während Japan sich für die Integrität Chinas einsetzte, ließ Russland 200.000 Soldaten in die Mandschurei einrücken; angeblich, um die „Boxer" zu bekämpfen. Sie besetzten am 1. Oktober 1900 Mukden. Die Mandschurei blieb bei China, aber die russischen Truppen blieben „zum Schutz der Eisenbahn" im Land. Am 7. September 1901 wurde die Aktion mit dem für China erniedrigenden „Boxerprotokoll" beendet.

Mit der Eroberung der Philippinen waren die USA um 1900 ostasiatische Großmacht geworden. Zwischen Suez und San Francisco gab es um 1880 weder in Asien noch im ganzen Pazifik kaum einen Landstrich, der nicht einer weißen – also europäischen oder amerikanischen – Macht unterstand. Ausnahme waren allein Thailand, das als Pufferstaat zwischen Britisch-Indien und Französisch-Indochina stehen geblieben war, Japan, das selbst auf dem Wege zur Großmacht war, sowie das nur noch halb selbstständige China. Dieses lag offen vor Japans Tür. Japan war bestrebt, sich an den Tisch der weißen Großmächte zu setzen, die ihren Kuchen allerdings allein zu verzehren gedachten, einander aber nichts gönnten.

---

226 Zitiert in Röhl, John C. G.: Kaiser, Hof und Staat. Wilhelm II. und die deutsche Politik, 2. Aufl., München 2007, S. 22.

3. Kapitel:
Japans Aufstieg zur Großmacht

Die Bedeutung der Meji-Reformen

Japan hatte eine ähnliche Entwicklung genommen wie Deutschland. Von einer politischen „Nullität", die Gefahr lief, amerikanisches Protektorat zu werden, hatte sich Japan durch die Meji-Reformen in kürzester Zeit zur Großmacht entwickelt. Innerhalb weniger Jahrzehnte war es imstande, selbst am imperialistischen Wettlauf um die letzten freien Stücke teilzunehmen. 1876 hatte Japan einen „Freundschaftsvertrag" mit Korea erzwungen, aus dem 1905 ein japanisches Protektorat wurde.

Japans Bevölkerung wuchs rasant. Für das Jahr 1846 wird eine Bevölkerungszahl von 27 Millionen angegebenen, um 1900 war diese fast um das Doppelte auf 44 Millionen gewachsen. Die zuvor praktisch nicht vorhandene Industrie wuchs rasch und stetig. Das führte zu einem steigenden Rohstoffbedarf, der durch Importe gedeckt werden musste. Die Rohstoffquellen lagen, ähnlich wie für Deutschland, so gut wie ausschließlich in den Händen von Kolonialstaaten wie Großbritannien, die Niederlande oder Frankreich. Um 1900 war Japan nicht mehr in der Lage, seine Bevölkerung zu ernähren, und war auch auf Nahrungsmittelimporte angewiesen.[227]

Der Russisch-Japanische Krieg

Die Mandschurei, Heimat der in China regierenden Mandschu-Dynastie (Qing), war bis 1859 für Han-Chinesen gesperrt. Mit der Expansion Russlands nach Ostsibirien und der Eroberung Koreas geriet die Mandschurei in die Interessenssphäre beider Großmächte; 1858/1860 wurde die Äußere Mandschurei an Russland abgetreten. 1900 besetzte Russland auch die südliche Mandschurei und es kam zu Spannungen mit Japan. Nachdem Japan 1903 die Anerkennung seiner Interessen in Korea gefordert hatte, entflammte der Krieg mit Russland. Japan gewann den Krieg.

Der erste Sieg von Nichteuropäern über eine europäische Macht, nämlich der der Äthiopier bei Adua (1896) über Italien bei dessen Eroberungsversuch, fand in Europa oder gar in den USA kein besonderes Echo.[228] Der japanische Sieg über Russland

---

227 Vgl. Encycl. Brit., Band 12, S. 928 f.

228 Allerdings hatte 1868 eine britisch-indische Armee eine so genannte Strafexpedition nach Äthiopien unternommen, offensichtlich mit dem Ziel, Britisch-Kenia mit dem britischen Sudan zu verbinden. Nach einer

1905 wurde dagegen sehr beachtet. Sergej Witte, der verschiedene Ministerposten im Zarenreich innehatte, schrieb in seinen Memoiren:

> Wir gingen mit geschlossenen Augen (tête baissée) in diesen Krieg. Wir handelten, als ob die Japaner sich alles gefallen lassen würden und nie den Mut haben würden, uns anzugreifen … Damals war unsere Hauptsorge ein Krieg mit den germanischen Mächten.[229] Einige Monate vor Ausbruch der Feindseligkeiten in Ostasien haben wir uns gezielt auf den uns unvermeidlich erscheinenden Krieg mit Deutschland und Österreich-Ungarn vorbereitet. Wir hatten sogar schon die Kommandeure der Armeen festgelegt.[230]

Trotz dieser aus der Rückschau gemachten Aussage konnte sich 1905 niemand einen Sieg Japans vorstellen. Russland schien über endlose Ressourcen an Menschen und Material zu verfügen, aber Japan hatte dieses Großreich mit Präzision und Leichtigkeit in mehreren vernichtenden Niederlagen zu Lande (Schlacht bei Mukden, März 1904, mit 90.000 russischen Toten) und zur See (Seeschlacht von Tsushima, Mai 1905) förmlich deklassiert. Das hatte niemand erwartet.

Die US-Eindämmungspolitik gegenüber Japan

Japan war mit einem Schlage in die Liga der Großmächte aufgestiegen. Russland war in Ostasien nun ohne eine Flotte. Die englische Seemacht war in Ostasien zwar präsent, aber zu sehr weltweit verstreut; die amerikanische Hochseeflotte befand sich noch im Aufbau und, da der Panamakanal noch nicht in Betrieb war, war auch diese zwischen Atlantik und Pazifik zersplittert. Japan war daher nach diesem Sieg die einzige Macht in Ostasien, die über eine einsatzfähige Flotte verfügte.

Das von England und USA gebildete Mächtesystem in Ostasien war durch Japans Sieg völlig verschoben. England scheint Japan als Gegengewicht zu den vordringenden USA, vielleicht auch mit Blick auf Deutschland, das sich 1897 in Tsingtau festgesetzt hatte, anfangs geschätzt zu haben. Die USA schätzten den Beitritt Japans zu dieser Mächtegruppe nicht und US-Präsident Theodore Roosevelt tat alles, um den Sieg der Japaner zu neutralisieren. Mit Groß-

---

siegreichen Schlacht bei Magdala zog sich die Armee aber unter Mitnahme von vielen Kunstgegenständen wieder zurück. Nach 1945 unternahm Churchill einen neuen Versuch, Äthiopien mit Britisch-Ostafrika (Kenia, Tanganjika, Uganda) zu verbinden. Das wurde von den USA verhindert.

229 1905 war die Zeit der ersten Marokkokrise. Zu dem frostigen Umgang Zar Nikolaus II. gegenüber dem von Kaiser Wilhelm II. mit hohen Erwartungen entsandten persönlichen Militärbeauftragten siehe Lambsdorff, Gustav v.: Die Militärbevollmächtigten, S. 91 ff.

230 Vgl. Witte, a. a. O., Kap. V, S. 107, Übers. durch d. Verf.

britannien war Japan seit 1902 zwar vertraglich verbunden, aus den USA aber wehte ihm der Wind ins Gesicht. Roosevelt drängte Japan und Russland seine Vermittlung auf, was von Russland gern, von Japan eher zögernd angenommen wurde. Im Frieden von Portsmouth (5. September 1905) wurde unter maßgeblicher Beteiligung des amerikanischen Präsidenten ein Frieden vereinbart, der Russland im Osten das Gesicht wahrte, Japan aber um die Früchte seines Sieges brachte. Insbesondere wurde Russland mithilfe Roosevelts davor verschont, eine Kriegsentschädigung zahlen zu müssen[231]. Das war besonders schmerzhaft für Japan, das seinen wirtschaftlichen und militärischen Aufbau im Wesentlichen mit westlichen Krediten finanziert hatte. Tokio musste sich deshalb nolens volens mit einem halben Sieg zufriedenzugeben. Als die Friedenbedingungen bekannt wurden, kam es in Tokio zu bürgerkriegsähnlichen Protesten.[232] Es hatte sich bei Verhandlungen in Portsmouth gezeigt, dass „Japan finanziell am Ende seiner Kraft und zur Fortführung des Krieges nicht mehr im Stande war; es sah sich ohne Kriegsentschädigung zum Abschluss des Friedens genötigt".[233]

Japans Beitrag zum Sieg über Deutschland

Gestützt auf das Bündnis von 1902 mit Großbritannien, stürzte sich Japan übereifrig in den Krieg gegen Deutschland. Bereits in den ersten Augusttagen 1914 wurden das Bismarck-Archipel und die deutschen Südseeinseln besetzt, und in einer groß angelegten Offensive wurde Tsingtau, das deutsche Hongkong, angegriffen, das freilich erst nach drei Monaten erobert werden konnte, nachdem die von aller Zufuhr abgeschlossenen Deutschen buchstäblich ihre letzten Patronen verschossen hatten. 1919 aber bekam Japan von der deutschen Beute fast nichts ab. Wieder wurde es von den USA abgeblockt.

Japan sah sich in seiner Entwicklung behindert. Nach dem Krieg waren Frankreich und Großbritannien, die sich gegenüber Deutschland als Sieger des Krieges aufspielten, gegenüber den USA finanziell so geschwächt, dass sie im Ostasien keine Expansionspolitik mehr betreiben konnten. Es war abzusehen, dass sie

---

231 Witte, a. a. O., S. 136, zitiert im (französischen) Wortlaut zwei Briefe Roosevelts vom 22. und 23. August 1905 an den japanischen Verhandlungsführer, in denen, unter nur knapper Wahrung der diplomatischen Höflichkeit, Japan dringend angeraten wird, auf seiner Entschädigungsforderung nicht zu bestehen.
232 Hibiya-Unruhen mit 17 Toten. In der japanischen Öffentlichkeit wurden die Vertragsbedingungen als Demütigung aufgefasst.
233 Frankfurter Zeitung S. 1011.

über kurz oder lang ihre ausgedehnten Kolonialreiche nicht mehr würden halten können. Japan stand als Erbe bereit. 1919 war Japan daher, neben den USA, die Vormacht im Fernen Osten. Der Niedergang der Allianz mit England kam mit der Konferenz der Commonwealth-Staaten 1921. Man beschloss hier, die Allianz mit Japan zugunsten guter Beziehungen mit den Vereinigten Staaten zu beenden. Auf der Washingtoner Flottenkonferenz (1922) hegte Japan bereits ein tiefes Misstrauen gegenüber den Briten und den USA. Ein Ergebnis der Konferenz war der Abschluss eines Vier-Mächte-Vertrages zwischen den USA, Großbritannien, Japan und Frankreich, der die gegenseitige Respektierung der pazifischen Besitzungen der Vertragspartner beinhaltete. Die anglo-japanische Allianz endete somit 1923.

4. Kapitel:
Japan und China

Chinas Umgestaltung

Infolge des Boxeraufstandes und der damit verbundenen Verheerungen hatte die an sich fremdländische Mandschu-Dynastie Autorität verloren. Der auf Hawaii und in Hongkong westlich erzogene Sun Yat-sen (1866–1924)[234] bildete republikanische Zellen, die im Ergebnis 1911 zur Revolution und Ausrufung der Republik führten. 1912 gründet Sun Yat-sen die Kuomingtang, die Nationalchinesische Volkspartei (KMT). In die nachfolgenden inneren Wirren (Militärdiktatur und separatistische Umtriebe) fällt der Ausbruch des Ersten Weltkrieges. Japan bemächtigt sich des deutschen Pacht- und Leihgebietes Tsingtau und fordert und erhält 1915 die Überlassung sämtlicher deutscher Rechte und Investitionen in China. Als dieses im Frieden von Versailles 1919 von den Alliierten bestätigt wird, kommt es zu antijapanischen und antiwestlichen Ausschreitungen. 1921 wird die Kommunistische Partei Chinas gegründet, der sich viele Intellektuelle auch aus Enttäuschung über die anglo-amerikanische Politik zuwenden. Die KPCh gewinnt rasch an Mitgliedern und Macht. 1923 wird mithilfe des sowjetischen Gesandten in Peking, Adolf Joffe[235], eine

---

234 Das sind fast die gleichen Lebensdaten wie die Lenins (1870–1924).

235 Adolf Abramowitsch Joffe (1883–1827), aus reicher russisch-jüdischer Familie stammend, war durch Studium und Aufenthalte praktisch deutsch akkulturiert und spielte als Freund Trotzkis eine wichtige Rolle in der Oktoberevolution.

enge Zusammenarbeit mit der Sowjetunion hergestellt. Aus dieser Lage entstehen nach dem Tode von Sun Yat-sen Flügelkämpfe mit und gegen die Kommunisten.

Der Japanisch-Chinesische Krieg

Das Interesse der Westmächte an China hatte infolge von dessen Verarmung abgenommen.[236] Die 1920er Jahre waren auch in Europa und USA von wirtschaftlichen Problemen gekennzeichnet. In diese „Aufmerksamkeitslücke" stieß Japan. 1931 besetzte es die Mandschurei; 1932 erfolgte die Gründung des Marionettenstaates Mandschukuo. 1937 kommt es zum ersten direkten Zusammenstoß zwischen Japan und nationalchinesischen Kräften. Am Abend des 7. Juli 1937 kam es in der Nähe der im Westen so genannten Marco-Polo-Brücke bei Peking aus ungeklärten Ursachen zu einer kleinen Schießerei, bei der ein japanischer Soldat, der sich später wieder einfand, als vermisst gemeldet wurde. Aus der am 8. Juli vom japanischen Befehlshaber angeordneten Racheaktion entstand ein allgemeiner Aufruf zum Widerstand gegen die Japaner. Hieraus entwickelte sich schließlich der Japanisch-Chinesische Krieg. Das war, wenn man sich von der eurozentrischen Betrachtung und auch von dem Dogma der alleinigen deutschen Schuld am Zweiten Weltkrieg löst, der eigentliche Beginn des Zweiten Weltkrieges. Japan hatte über China hinaus offensichtlich weitere Pläne in Bezug auf die erschütterten europäischen Kolonialreiche (Niederländisch-Indien, Französisch-Indochina). 1937 war der Auftakt für den Eroberungskrieg Japans gegen China. Dieses war damals ein völlig rückständiges Land, das dem japanischen Überfall nichts entgegensetzen konnte. Es bestand die reale Gefahr, dass China unter japanische Herrschaft geraten würde, wogegen die USA in der Folgezeit einschritten. Die Proteste des Völkerbundes gegen das japanische Vorgehen blieben ohne Überzeugungskraft. Schließlich war der von Italien am 3. Oktober 1935 aus nichtigem Anlass begonnene Eroberungskrieg gegen Äthiopien trotz anfänglicher Proteste von den Westmächten hingenommen und sogar heimlich unterstützt worden. Großbritannien wäre es ein Leichtes gewesen, den Suezkanal für italienische Schiffe zu sperren.

Am 22. Dezember 1937 proklamierte Japan die *Neue Ordnung Ostasiens*. Im Juli 1940, also nach Frankreichs Niederlage, wurde diese auf Indochina ausgedehnt. An sich tat Japan für Ostasien damit nichts anderes als das, was die USA mit der erweiterten Monroe-Doktrin für den amerikanischen Kontinent erklärt und durch zahlreiche Interventionen praktiziert hatten. Aber auch hier

---

236   Gernet, a. a. O., S. 514.

gilt: *duo cum faciunt idem non est idem.* (Wenn zwei das Gleiche tun, ist es nicht das Gleiche.)

Die Rolle der USA

Japan fühlte sich um die Früchte des Ersten Weltkrieges betrogen. Die strategisch wichtigen Inseln aus dem deutschen pazifischen Besitz gingen an die USA oder das Britische Empire (Neu-Guinea an Australien) und auch Tsingtau musste 1922 auf Druck der USA an China herausgegeben werden. Verletzend war auch, dass gerade die USA, die angeblich zum Schutz von Recht und Freiheit in den Krieg gegen Deutschland gezogen waren, 1919 den japanischen Vorstoß zur völligen Gleichstellung der Asiaten mit den europäischen „Vollmenschen" verhinderten.[237] Auch auf anderen Gebieten entwickelten sich Spannungen. Auf der Flottenkonferenz in Washington (1922) sah sich Japan gegenüber den USA und Großbritannien bei der Flottenrüstung benachteiligt. Den USA und Großbritannien wurden darin je 500.000 Tonnen zugebilligt, Japan aber nur 300.000, sodass sich Japan angesichts des Zusammengehens der Angelsachsen einer mehr als doppelten Übermacht zur See gegenübersah. In den 1930er Jahren bewegten sich die beiden Länder weiter auseinander und die Beziehungen wurden, auch durch die Sanktionen der USA, ab 1937 immer schlechter. US-Präsident Franklin D. Roosevelt war 1936 mit großer Mehrheit für die Amtszeit 1937–1941 wiedergewählt worden. Im Kongress und in der Bevölkerung herrschte eine isolationistische Stimmung; eine offene Kriegspolitik war innenpolitisch (noch) nicht machbar. Diese war aber in Roosevelts „Quarantänerede" am 5. Oktober 1937 vorbereitet worden, in der er forderte, die Friedensstörer, also solche, die sich nicht an geschlossene Verträge hielten, unter politische „Quarantäne" zu stellen.

Allerdings waren die USA wie vorher und nachher zur gleichen Zeit in Lateinamerika militärisch engagiert.[238] Der blutige und teure Unterwerfungskrieg der Briten 1920 im Irak war vergessen oder niemals in amerikanisches Bewusstsein gedrungen. Das Gleiche wird für die zeitgleich (1929) erfolgreich beendeten Polizeiaktionen der Franzosen gegen Freiheitskämpfer in Madagaskar gelten. Roosevelt nannte keine Namen, sodass man angesichts

---

237 Senger, Harro von: Zur japanisch-westlichen Menschenrechtskontroverse vom Jahre 1919 – Shandong statt Rassengleichheit. Ein unbekannter Meilenstein auf dem Wege zur Entwestlichung der Menschenrechte. Im Netz unter: www.freidok.uni-freiburg.de/data/6164 [zuletzt eingesehen am 19. Januar 2016]
238 Vgl. Anlage 5 im Anhang.

der Kriegsgeschichte der USA fragen kann, ob er vielleicht an das eigene Land appellierte oder auch an Amerikas Hauptverbündete im Ersten Weltkrieg, Großbritannien und Frankreich, wenn er Folgendes sagte:

> Die politische Weltlage hat sich in der letzten Zeit immer mehr verschlimmert. Die internationale Gesetzlosigkeit begann damit, dass man sich ohne Berechtigung in die inneren Angelegenheiten anderer Völker einmischte oder im Widerspruch zu geltenden Verträgen fremdes Gebiet besetzte. Unschuldige Völker und Länder werden grausam hingeopfert für eine Machtgier und ein Herrschaftsbestreben, die keine menschlichen Rücksichten kennen. Daher ist es für das amerikanische Volk von vitaler Bedeutung, die internationalen Verträge zu achten und die internationale Moral zu bewahren. Es scheint leider zuzutreffen, dass die Epidemie der allgemeinen Gesetzlosigkeit immer mehr um sich greift. Wenn eine ansteckende Krankheit sich auszubreiten beginnt, verordnet die Gemeinschaft eine Isolierung der Patienten, um die eigene Gesundheit vor der Epidemie zu schützen. Amerika verabscheut den Krieg. Amerika hofft auf Frieden. Deshalb ist Amerika nach Kräften bemüht, an der Sache des Friedens mitzuwirken.[239]

Es besteht aber Einigkeit darüber, dass Roosevelt nur Deutschland, Italien und insbesondere Japan meinte, denn bald darauf (1939) erklärte Roosevelt Großbritannien und Frankreich zu natürlichen Verbündeten der USA. Kurz nach dieser Rede, am 12. Dezember 1937, kam es zum Panay-Vorfall, als amerikanische Kriegsschiffe auf dem Jangtse-Fluss in China von Japan bombardiert wurden. Das führte zu großer Erregung in den USA, ohne dass die Frage diskutiert wurde, was offiziell neutrale US-Kriegsschiffe zu dieser Zeit in der Nähe der Kampfzone zwischen Japan und China zu suchen hatten. Dieser Vorfall erinnert sehr an den Fall der *USS Maine*, der zum Anlass des Krieges gegen Spanien genommen worden war. Wenn man darin eine bewusste Provokation der USA sieht, um Kriegsstimmung zu erzeugen, würde sich das gut in die heute zum Angriff auf Pearl Harbor vorherrschende Meinung einfügen, wonach derselbe Roosevelt den Angriff und die Opfer bewusst in Kauf nahm, um die USA in den Krieg führen zu können.

---

239 Deutscher Wortlaut der Quarantäne-Rede im Netz unter: www. agfriedensforschung.de/regionen/USA/roosevelt1937a.html [zuletzt eingesehen am 24. Januar 2016].

5. Kapitel:
Zwischen den Weltkriegen: Europa

Am Ziel?

Eigentlich hatten die USA im Jahre 1919, fast genau 100 Jahre nach der Monroe-Doktrin, alles erreicht. Die *manifest destiny* hatte sich erfüllt. In einem hundertjährigen Prozess war der junge, scheinbar abseits gelegene Staat zum mächtigsten der Erde geworden. Die USA standen ganz oben. Es gab keinen Staat, der den USA auch nur nahe kam. Frankreich war ruiniert. Das trotz innerer Unrast 1914 wahrhaft imposante Russische Reich war in einen grausamen Bürgerkrieg versunken und auf Sicht als Großmacht ausgeschieden. Das Britische Weltreich war noch da. Es hatte sich mit der ihm zugesprochenen Kriegsbeute sogar noch einmal vergrößert. Die einst von Cecil Rhodes geforderte durchgängige Verbindung britisch-afrikanischer Besitzungen (Kap-Kairo-Plan) war durch den Erwerb von Deutsch-Ostafrika ermöglicht worden und aus dem zerschlagenen Osmanischen Reich hatte England sich die ölreichsten Schätze (Irak, Kuwait) einverleibt. Alles wäre auch nach Wunsch verlaufen, wenn die Welt des Jahres 1919 – abgesehen von der erstrebten Vertreibung Deutschlands von der Weltbühne – noch die gleiche gewesen wäre wie 1914. Das war sie aber nicht.

Die Folgen des Zerfalls der Kolonialreiche

Im Ersten Weltkrieg hatten Frankreich und Großbritannien ihre Kolonialvölker in erheblichem Umfang zum Kriegsdienst gegen Deutschland herangezogen. Diese hatten erkannt, dass ihre Kolonialherren gar nicht so groß und mächtig waren, wie man gedacht hatte. Diese mussten die ganze Welt aufbieten, um ein Volk, die Deutschen, zu besiegen, von dem sie in ihren Heimatländern zuvor kaum gehört hatten. Die Kolonialvölker hatten zum Teil enorme Blutopfer gebracht, damit ihre Herren ihre Herrschaft ungestört fortsetzen konnten. Das war die gleiche Konstellation, über die der britische Historiker William Tarn 1927 Folgendes schrieb:

> Im Jahr 217 v. Chr. gewannen die erstmals eingezogenen ägyptischen Truppen die Schlacht bei Raphia für den griechischen König Ptolemäus IV. und wurden damit ihrer eigenen Bedeutung gewahr. Das Nationalbewusstsein der Ägypter war geweckt, im 2. Jahrhundert befanden sich die Griechen in Ägypten in der Defensive.[240]

---

240 Tarn, William: Die Kultur der hellenistischen Welt, Darmstadt 1966, S. 211, 244.

Das Britische Weltreich, in dem die Sonne immer noch nicht unterging, hatte mit dem schwindenden Nimbus der Überlegenheit auch seine Kraft verloren. Es befand sich erkennbar im Niedergang. Bereits im Jahre des Triumphes von Versailles kam es mit dem Massaker von Amritsar in Indien zu einem Brand, der bis zur Unabhängigkeit Indiens 30 Jahre (1947) später nicht mehr erlosch.

Deutschland war zwar tatsächlich entmachtet. Eine deutsche Flotte gab es nicht mehr; diese war in der Bucht von Scapa Flow auf Initiative von Konteradmiral Ludwig von Reuter vor der Inbesitznahme durch die Briten von den Deutschen selbst versenkt worden. Die einst mächtige deutsche Landmacht war abgerüstet und konnte sich 1923 nicht einmal gegen den Kleinstaat Litauen wehren. Das Deutsche Reich und das ebenfalls zerschlagene Österreich-Ungarn hatten aber immerhin in Mittel- und Südosteuropa Kriege verhindert oder eingedämmt. Jetzt waren neue Staaten entstanden und damit neue Konfliktherde. Europa war unruhiger als je zuvor. Das Osmanische Reich war auch zerschlagen. Hier war der Schaden fast noch größer. Britische und amerikanische Begehrlichkeiten nach Öl kollidierten nun mit künstlich geschaffenen Staatswesen, wie Irak, Jordanien oder Kuwait, und führten zu Konflikten und Kriegen, die von der nunmehrigen britischen Kolonialmacht nicht wirklich beherrscht werden konnten. Es galt aber als ausgemacht, dass die Ölregionen Sondergut der Angloamerikaner seien. Franklin D. Roosevelt erklärte während des Zweiten Weltkrieges zum Beispiel gegenüber dem britischen Botschafter in den USA, Lord Halifax:

> Persian oil is yours, we share the oil of Irak and Kuwait. As for Saudi Arabian oil, it's ours.[241]
>
> [Persisches Öl gehört euch, Irak und Kuwait teilen wir uns, und was das saudische Öl angeht – das ist unser.]

Die heute wuchernden Konflikte in dieser Region haben alle ihren Ursprung in dieser Zeit (siehe oben, S. 152).

Was in dem Durnovo-Brief für Russland vorausgesagt worden war, hatte sich erfüllt. In Russland war eine bolschewistische Revolution ausgebrochen, die sich die Weltrevolution auf die Fahnen schrieb und in Europa und bei den unfreien Völkern auf einen allgemeinen Umsturz drängte. Daraus entstand auch der Spanische Bürgerkrieg. Der Versuch der Amerikaner, die russischen Weißgardisten gegen das kommunistische Regime in Moskau zu unterstützen und dieses zu stürzen, war kurz und erfolglos. In den

---

241   Zit. nach Anderson, Perry: American Foreign Policy, S. 81.

durch den Krieg ausgelaugten Staaten Europas kamen sozialistische Bewegungen an die Macht. In England wurde 1924 erstmals eine Labour-Regierung gewählt. Von weltgeschichtlicher Bedeutung war, dass der Sowjetunion 1923 der Schulterschluss mit den erstarkenden chinesischen Kommunisten gelungen war.

Die am unmittelbarsten fühlbare Folge des Ersten Weltkrieges war ein allgemeiner wirtschaftlicher Niedergang. In Deutschland wurde dieser durch die von Frankreich erzwungenen Reparationsleistungen verschärft, aber auch in allen anderen westlichen Ländern machte sich ein Klima der wirtschaftlichen Hoffnungslosigkeit breit – auch in den USA. Die Umstellung von Kriegs- auf Friedenswirtschaft war schmerzhaft und führte zu großer Arbeitslosigkeit. Diese befanden sich nach diesen ersten hundert Jahren ihrer Existenz in einer ähnlichen Lage wie das Römische Reich unter Kaiser Augustus. Nach einem ziemlich genau hundert Jahre währenden Kampf um die innere Struktur des Reiches – von den Gracchenunruhen um 133–121 v. Chr. bis zur Schlacht bei Actium, 31 v. Chr. – nach den großen Eroberungen, die unter Caesar gemacht worden waren, scheint man im Römischen Reich irgendwie unschlüssig geworden zu sein, wie weiter zu verfahren sei. Wirkliche Gegner des Reiches gab es nicht mehr.

Ähnlich war die Lage in den USA nach dem Ende des Ersten Weltkrieges. Die Vereinigten Staaten waren zwar jetzt das größte und mächtigste Staatswesen auf Erden. Was aber nun? Die Scheinblüte Anfang und die Great Depression Ende der 20er Jahre waren wohl auch Ausdruck einer tiefen Ratlosigkeit.

In einer Erschlaffungsphase pflegen irrationale Ideen um sich greifen. Die religiöse Fundierung der USA war offenbar der entscheidende Grund dafür, dass die USA nun mit den Geboten Gottes ernst machen wollten. Die Prohibition, das landesweite Alkoholverbot von 1920 bis 1933, wurde als *The Noble Experiment* bezeichnet und verweist auf religiöse Wurzeln. Die Prohibition wirkt wie ein Zeichen dafür, dass die Nation ihre Richtung verloren hatte. Eine amerikanische Form des Faschismus?

Wegfall der Ordnungsmächte

Nach dem Ersten Weltkrieg war die alte Ordnung zerbrochen. Neue Staaten und damit neue Interessen waren entstanden. Russland war zum aggressiven Vorkämpfer der Weltrevolution geworden. Nach dem Ende des Weltkrieges gingen die regionalen Kriege erst richtig los. Es ist fast so, als ob mit dem Wegfall der mitteleuropäischen Ordnungsmächte Deutschland und Österreich-Ungarn die nationalistische Büchse der Pandora geöffnet worden wäre. Mit der Ruhrbesetzung führte Frankreich den Weltkrieg mit anderen Mitteln gegen Deutschland allein weiter; jetzt durfte es das wagen.

Aber auch sonst gingen die Kriege weiter:

- Polen überfiel 1920 die aus dem Bürgerkrieg praktisch wehrlos hervorgegangene Sowjetunion und kam bis kurz vor Moskau. Die Russen schlugen zurück und es ereignete sich im August 1920 das „Wunder an der Weichsel", das die Russen zurücktrieb. Der Frieden Riga am 18. März 1921 führte zu einem erheblichen Gebietszuwachs für Polen. Die polnisch-sowjetische Grenze verschob sich daraufhin um stellenweise bis zu 250 km Richtung Osten.
- Griechenland sah die Möglichkeit, die Ionische Küste zu erobern. Das gelang fast. Nur das strategische Genie Atatürks verhinderte 1922 die türkische Niederlage.
- Die Ukraine wurde erst 1923 befriedet und man fragt sich, warum man nie oder nur selten von einem Russisch-Ukrainischen Krieg hört.
- Im Irak führte Großbritannien Kriege in denjenigen Gebieten, die dem Osmanischen Reich entrissen worden waren.
- Italien überfiel im Oktober 1935 Äthiopien.
- Der Chacokrieg von 1932–1935 zwischen Paraguay und Bolivien.
- 1936 bricht in Spanien der Bürgerkrieg aus, der erst 1939 mit dem Sieg Francos beendet werden kann.
- 1929 wird Tuwa an der Grenze zur Mongolei durch Stalin annektiert.
- 1939 überfällt Russland Finnland.

Festzuhalten bleibt: Die USA sahen in keinem Fall einen Grund einzugreifen.

Die Sowjetunion begann unter Stalin ab etwa 1928 ein gigantisches Aufrüstungsprogramm, dessen Zweck nur der offen propagierten Weltrevolution dienen konnte und möglicherweise dem Ziel, bei Gelegenheit die 1920 gegen Polen erlittene Schlappe wieder gut zu machen. Alle diese Kriege legen es nahe, nicht nur die beiden Weltkriege als historische Einheit, gleichsam als nur den einen Weltkrieg von 1914–1945, zu sehen, sondern auch die zahlreichen größeren und kleineren Kriege zwischen 1919 und 1939 in diesen Zusammenhang zu stellen. Denn diese Nebenkriege waren vielleicht auch eine Folge davon, dass die Staatenwelt dem in Versailles offenbar gewordenen hemmungslosen Egoismus der großen Siegerstaaten nacheiferte und jeder sich zu bereichern versuchte.

Der bis dahin geradlinig verlaufende Weg der USA zur Welthegemonie war durch die unerwarteten Folgen ihres Eingreifens
in eine Pause getreten. Das bedeutet aber nicht, dass er abgebrochen wurde. Vielmehr wandte sich nun der Blick nach Ostasien.

USA – Deutschland – Japan: Wachsendes Konfliktpotenzial

Parallel zum Aufstieg Japans vollzog sich ab 1933 die Wiederer-
starkung Deutschlands. Die USA konnten beide Staaten ihre Entwicklung vollziehen lassen, waren sie selbst davon doch eigentlich
unberührt. Solche Tendenzen gab es um 1930 durchaus. Dann
wäre aber die wahrscheinliche Entwicklung die folgende gewesen: Deutschland fällt nun doch wieder die Hegemonie in (West-)

Der japanische Machtbereich 1941–1945

Europa zu, was die USA 1917 doch gerade erst verhindert hatten,
und in Ostasien wird Japan Hegemon, was die USA seit 1905
ebenfalls offen zu verhindern versucht hatten. Deutschland und
Japan gewähren zu lassen, hätte also das offene Scheitern der US-
Außenpolitik bedeutet. Namentlich in Asien und Ozeanien wären
das Britische Empire sowie wohl auch die niederländischen Kolonien den Japanern quasi vor die Füße gelegt worden. Wenn die
USA ihre Weltmachtpläne nicht *ad acta* legen wollten, mussten sie
auf Widerstand gegen diese beiden Mächte sinnen.[242]

---

242 Vgl. Baker, Nicholson: Human Smoke – The Beginnings of World
War II. The End of Civilisation, London 2008. Dieses Werk legt dar, dass
die amerikanischen und britischen Imperialisten am Zweiten Weltkrieg eine
erhebliche Schuld tragen. Das Werk ist in den USA und Großbritannien
heftig umstritten.

Februar 1942: Einmarsch japanischer Truppen in Singapur

Durch das Beispiel des „ungezügelten Imperialismus" namentlich der Briten und der USA verführt, durch die Selbstherrlichkeit der Angelsachsen verletzt und angespornt, begaben sich auch die Zu-Spät-Gekommen wie Japan und Italien auf den Weg des Imperialismus. Italien verbreiterte sich auf dem Balkan und in Ostafrika, Japan in Korea und China und es schaute weiter auf Niederländisch-Indien und noch weiter

Von Deutschland lässt sich das damals nicht sagen. Hitler hatte, anders als viele seiner Parteigänger, anscheinend ein gespaltenes Verhältnis zu kolonialem Besitz. Er dachte völkisch. Einige NS-Größen mochten andere Träume haben, von Hitler selbst sind solche nicht bekannt. In *Mein Kampf* sagt er: „Wir schließen endlich ab die Kolonial- und Handelspolitik der Vorkriegszeit …" Die „Kolonialfrage" war aber ab 1935 ein, wenn auch nebensächliches, Verhandlungsthema zwischen der deutschen und der britischen Regierung. Grundsätzlich war Großbritannien bereit, Kolonien an das Reich zurückzugeben; es wollte dafür aber politische Zugeständnisse. Hitler dagegen wollte die Rückgabe von Kolonien ohne einen Ausgleich welcher Art auch immer, weil der deutsche Kolonialbesitz entschädigungslos enteignet worden war. Am 24. Mai 1940 erklärte Hitler in einem Vortrag vor hohen Militärs in Frankreich, „von deutschen Kolonien halte er nicht viel, sie seien für ihn nur eine Prestigefrage".

10. Teil

Der Weg
in den Zweiten Weltkrieg

1. Kapitel: Karthago und Rom

In Karthago war es nach der Niederlage im Ersten Punischen Krieg
nur eine Frage der Zeit, bis eine politisch und militärisch begabte
Person hervortreten würde, um die Ehre des Staates wiederherzu-
stellen. Das war Hannibal. Die ersten Angriffshandlungen gingen
von Hannibal aus, als er die mit Rom verbündete Stadt Sagunt in
Nordspanien angriff und eroberte. Rom war mit dieser Stadt etwa
aus den gleichen Gründen verbündet, die England und Frankreich
1939 veranlasst hatten, vor dem Hintergrund der Danzigfrage
eine Garantieerklärung für Polen abzugeben. Polen war von Paris
und London geographisch wie geistig etwa so weit entfernt wie
Sagunt von Rom. Sagunt aber stand für die große Iberische Halb-
insel, auf der sich die verhassten oder wegen ihrer wirtschaftlichen
Erfolge beneideten Karthager ein neues Reich aufgebaut hatten.
Sagunt kann daher als das antike Vorspiel für Danzig gelten.

Weitere Vergleiche zu 1939 bieten sich an. Hannibal gelangen
in den Schlachten am Trasumenischen See und vor allem bei Cannae (216 v. Chr.) militärische Erfolge, die Rom an den Rand des
Abgrunds führten. Die Niederlage in Cannae war und blieb die
gefährlichste in der gesamten römischen Geschichte.[243] Hitlers
Siege im Jahre 1940 sind mit den erwähnten Siegen Hannibals in
mancherlei Hinsicht vergleichbar: England wurde bei den Gefech-
ten im Zusammenhang mit der Besetzung Norwegens und Dänemarks („Unternehmen Weserübung") besiegt und kurz darauf
bei Dünkirchen nach nur drei Wochen vom europäischen Fest-
land vertrieben. Frankreich, das sich auf Churchills Drängen hin
in diesen Krieg, in dem es nichts gewinnen konnte, hatte ziehen
lassen, blieb düpiert allein und musste nach weiteren drei Wochen einem demütigenden Waffenstillstand zustimmen. Demü-
tigend deshalb, weil die Dauer des Krieges gerade einmal sechs
Wochen betrug. Vor aller Welt war so offenbart, dass Frankreich
allein für Deutschland kein ernsthafter Gegner mehr war. Nun

---

243   Die Schlacht im Teutoburger Wald im Jahre 9 n. Chr. ist dagegen
kaum der Rede wert; sie spielte auch in der römischen Geschichtsschreibung eine nur geringe Rolle.

entstand, soweit die englische Sprache reichte, das Bild Hitlers in seiner ganzen Schändlichkeit. So wie Hannibal als der Erzschuft der Geschichte dastand, weil er es fast geschafft hatte, die von den Göttern erwählte römische Macht zu besiegen, werden Hitler und seine angeblichen Welteroberungspläne diese Rolle so lange spielen, wie das *Imperium Americanum* andauert.

Es gibt keine Person in der Antike, die von der römischen Geschichtsschreibung derartig und dauerhaft verteufelt wurde wie Hannibal. Dieser war das Urbild des treulosen, hinterlistigen Friedensstörers. Die Zeit heilt und verklärt zwar das Vergangene, was aber zu Zeiten des Römischen Reiches nicht für Hannibal galt. Noch zur Zeit des Kirchenvaters Augustinus, 600 Jahre später, lernten römische Kinder Hannibal als das Urbild des schlechthin Bösen kennen und die längst ausgelöschte punische Nation als Verkörperung von Verschlagenheit, Hinterlist und Grausamkeit. Diesen gefährlichsten aller Feinde besiegt zu haben, war für Rom als dem Sieger das erwünschte Zeugnis seiner eigenen Vorzüglichkeit, war der Ruhm des römischen Volkes. Dieser Sieg zeigte, wie viel Gutes Rom der Welt getan hatte. Gedanken wie diese spielten in der spätrömischen geschichtlichen Selbstbetrachtung eine wichtige Rolle, auch in der Auseinandersetzung mit dem aufkommenden Christentum und der Selbstlegitimation seines mit Gewalt zusammengebrachten Imperiums.

Hitler, der deutsche Hannibal, war der einzige Mann, der England jemals an den Rand des Abgrunds gebracht hatte. Die schmähliche Niederlage von Dünkirchen erschütterte nicht nur Englands Selbstbewusstsein, sondern auch seinen Ruf bei seinen Kolonialvölkern. Diese Niederlage bereitete den Boden für den bald darauf folgenden peinlichen Fall von Singapur.

Man weiß in England und den USA, dass man die Welt vor Hitler gerettet hat. Stalin spielt hier zwar auch eine gewisse Rolle, aber dieser verschwindet irgendwie in der angloamerikanischen Kriegsbeschreibung. Hitler jedenfalls bleibt der ärgste Bösewicht, den die Geschichte bis heute hervorgebracht hat. Die deutsche Wehrmacht war das übelste Übel, das jemals über den Erdboden gefegt ist, und das deutsche Volk, aus dem sie entstanden war, war ein Auswurf der dunkelsten Mächte. Wie glorreich und großartig stehen doch angesichts dieser Weltgefahr die von Churchill beschworenen englischsprachigen Länder da, die sich dieser Gefahr so heroisch entgegengestemmt haben. Es wundert daher nicht, wenn bis zur Stunde in den USA und in England, das durch den

Zweiten Weltkrieg objektiv am meisten zurückgeworfen wurde,[244] die Verteufelung Hitlers mit besonderer Inbrunst betrieben wird. Ein ähnliches Gefühl liegt vielleicht auch der amerikanischen Selbstbelobigung zugrunde, wenn der britische Historiker Niall Ferguson anmerkt:

> The Second World War is often represented as the apogee of American power and virtue; the victory of the Greatest Generation.[245]
>
> [Der Zweite Weltkrieg wird oft als der Gipfel amerikanischer Macht und Edelsinns verstanden; als Sieg der „Großartigsten Generation".]

Dieses Selbstlob ist wohl weniger der Abneigung gegen Genozide und Völkerrechtsbrüche, deren man selbst viele verübt hatte, und auch nicht dem Abscheu gegen Diktatoren und verbrecherische Regime zuzuschreiben. Churchill machte nach dem Debakel von Dünkirchen schließlich umgehend ein Bündnisangebot an Stalin, obwohl dieser Polen genauso wie Hitler überfallen hatte, 1939 Finnland und 1940 dann auch noch Bessarabien angegriffen hatte.[246] Jeder im Westen wusste, welches verbrecherisches Regime die UdSSR gerade unter Stalin war, während man von Deutschland bis dahin nur wusste, dass Hitler stark antisemitisch war, wie übrigens die Mehrzahl der US-Amerikaner auch.[247] Von Verbrechen der Art, wie sie Stalin, gerechnet von 1940, seit fast 20 Jahren verübt hatte, konnte in Deutschland noch gar keine Rede sein.

2. Kapitel:
Angst vor Deutschland?

Politische Gründe für die alliierten Kriegserklärungen

Über die politischen Gründe des Zweiten Weltkrieges wurde sehr viel geschrieben. Es wurde vielfach gesagt, dass der Anschluss Ös-

---

244   Clarke, a. a. O., xvii.: „Churchill – author of Britain's post war distress." [Churchill – Urheber des britischen Nachkriegselends.]

245   Ferguson, a. a. O., Introduction, S. LXVII.

246   Am 28. Juni 1940 besetzte die Rote Armee Bessarabien (= heute Moldawien). Die dortigen Deutschen wurden im Herbst 1940 in das Deutsche Reich umgesiedelt.

247   Vgl. u. a. Wikipedia (Eintrag: „Antisemitismus bis 1945"; eingesehen im November 2015): Antisemitismus in den USA: Nach einer Umfrage von 1939 waren 53 Prozent der US-Bürger der Ansicht, dass Juden anders seien und Einschränkungen unterliegen sollten. 10 Prozent hielten Deportationen für angebracht. Verschiedene Untersuchungen zwischen 1940 bis 1946 belegten, dass sie als eine größere Gefahr für das Wohl der Vereinigten Staaten angesehen wurden als jede andere national, religiös oder rassisch definierte Gruppe.

terreichs 1938 an Deutschland mit der überwältigen Zustimmung des österreichischen, weniger des reichsdeutschen Volkes, nur das vollzog, was der österreichische Nationalrat in seiner ersten Sitzung beschlossen hatte. Das konnte eigentlich kein Kriegsgrund sein. Die Lösung der Sudetenfrage war im Grunde die Nachholung dessen, was US-Präsident Wilson in seinem 14-Punkte-Plan versprochen hatte und den Deutschen aber vorenthalten worden war. Die Besetzung der „Rest-Tschechei", die tausend Jahre zu Deutschland gehört hatte, war gewiss ein Völkerrechtsbruch, aber, zumal sie unblutig verlief, schwerlich so empörend wie die jahrhundertelange Unterdrückung der irischen Freiheit durch England, gegen die sich die Iren erst im Krieg 1920/21 blutig und erfolgreich auflehnten. Danzig? Wenn es hinging, dass die USA ohne Kriegserklärung Kalifornien und Hawaii annektieren konnten – dann war es nicht so sehr zu tadeln, dass Deutschland mit Tricks und schließlich Gewalt die fast rein deutsche Stadt wieder an sich ziehen wollte.

Es ist nicht wirklich glaubhaft, dass hier die Gründe dafür lagen, weswegen Frankreich, wenn auch widerwillig im Schlepptau von Großbritannien, Deutschland den Krieg erklärte. Großbritannien ist auf diesen mutigen Schritt zur Verteidigung der polnischen Freiheit stolz. Freilich war ihm diese egal, solange das zaristische Russland, das Polen praktisch seit 1750 als Kolonie geführt hatte, an seiner Seite gegen Deutschland kämpfte. Der Mut relativiert sich auch, wenn daran erinnert wird, dass Großbritannien von vornherein darauf vertrauen durfte, dass die USA, wie sie 1917 gezeigt hatten, eine britische Niederlage nicht erlauben würden. Es war unter informierten Amerikanern keine Frage, dass Roosevelt in den Krieg eintreten wollte. Aber wie im Ersten Weltkrieg warteten die USA erst einmal ab. Man diskutierte nur, ob es Roosevelt gelingen werde, „to pick the moment most advantageous to America and Britain".[248]

Deutschland und Japan nähern sich an

Der 1936 zwischen Deutschland und Japan geschlossene Antikominternpakt wird ein entscheidendes Datum für die gesteigerte Wachsamkeit der Vereinigten Staaten und ihres europäischen

---

248   Shirer, William L.: Berlin Diary, New York 1941, S. 592 (1. Dezember 1940). Shirer war US-amerikanischer Radiokorrespondent in Berlin. Für diesen Nicht-Diplomaten war es völlig klar, dass die USA den Krieg für die Angelsachsen retten würden. Vgl. auch den Zeitplan der gestuften Provokationen der „neutralen" USA gegen Deutschland bei Schröcke, Helmut: Der Zweite Weltkrieg, Tübingen 2009, S. 268 f.

Agenten, Großbritanniens, in Bezug auf Europa sein. Japan war der Mit-Sieger im Ersten Weltkrieg. Dieser hatte in Ostasien offensichtlich vor, sich in China zu verbreitern, was 1937 im Japanisch-Chinesischen Krieg zum Ausbruch kam. Im Jahre 1936 war aus amerikanischer Sicht Japan das Problem, nicht Deutschland. Hitler hatte, von innenpolitischen Rechtsbrüchen wie gegen Juden und Abweichler, die im Ausland als solche eigentlich niemanden interessierten und deutlich unter der Schwelle lagen, die in der damals von den Stalin'schen Säuberungen bis dahin heimgesuchten UdSSR vorkamen und kaum kritisiert wurden, nichts getan, was die später laut gewordene moralische Empörung berechtigt erscheinen lässt. Der Aufbau der deutschen Wehrmacht hatte sich in einer eher bescheidenen Weise entwickelt, jedenfalls war sie dem militärischen Potenzial Großbritanniens und Frankreichs – auch im Einzelvergleich – unterlegen.

Das sich anbahnende Zusammengehen Deutschlands und Japans konnte aus geographischen Gründen keine militärische Gefahr für die USA sein. Der springende Punkt war aber ein anderer: Die Achse Berlin–Tokio stellte die Welthegemonie der USA infrage.

Die Bedeutung der Kernspaltung

Vielleicht ist aber folgender, bisher eher marginal betrachteter Umstand ein wichtiger Zusatzgrund für die ab 1939 erneut manifest werdende Kriegsbereitschaft der USA gegen Deutschland. Deutschland war 1939 zwar leistungsfähig, aber nicht furchterregend – schon gar nicht für die USA. Deutschland war 1914 im Vergleich zu seinen Nachbarn und Kriegsgegnern ungleich stärker, als es 1939 der Fall war. Durch sozialpolitische Maßnahmen auch der Arbeitsbeschaffung, die denen des *New Deal* des ebenfalls 1933 an die Macht gekommenen Präsidenten Roosevelt ähneln, hatte die deutsche Wirtschaft sich zwar ab 1933 erholt, war dessen ungeachtet aber weit von der Stärke von 1914 entfernt. 1914 war Deutschland einer der größten Kapitalexporteure gewesen; 1939 aber war die seit 1919 geltende staatliche Devisenbewirtschaftung noch immer nicht aufgehoben.

Im Bereich von Naturwissenschaft und Technik allerdings hatte Deutschland die Systemführerschaft, die es 1914 in vielen Bereichen hatte, noch ausgebaut. Das enorme wissenschaftliche Ansehen, das Deutschland 1914 hatte, drückte sich im Frieden von Versailles aus, in dessen Art. 306 die Schutzrechte (Patente und Urheberrechte) deutscher Staatsangehöriger entschädigungslos zugunsten der jeweiligen Nutznießer enteignet worden waren.[249] Die Wissenschaft der Zukunft, die Physik, trotz Versailles war geradezu ein deutsches Monopol geworden. 1938 war in Deutschland eine epochale Entdeckung gemacht worden, die mehr als die Flugzeug- oder Elektrotechnik, in der Deutschland ebenfalls führend war, die Welt verändern konnte und musste, nämlich die Kernspaltung. Die deutsche Chemikerin Ida Noddack machte 1934 in einem anderen Zusammenhang die folgende Nebenbemerkung:

> Es wäre denkbar, dass bei der Beschießung schwerer Kerne mit Neutronen diese Kerne in mehrere größere Bruchstücke zerfallen, die zwar Isotope bekannter Elemente, aber nicht Nachbarn der bestrahlten Elemente sind.[250]

Niemand griff diesen Gedanken in der Folge auf, auch Noddack selbst nicht. Als Otto Hahn und Fritz Straßmann im Dezember 1938 in einer mit Neutronen bestrahlten Uranprobe nach Transuranen suchten, fanden sie Spuren des Elements Barium. Aufgrund eines entscheidenden Experiments am 17. Dezember 1938 schloss Otto Hahn auf ein „Zerplatzen" des Urankerns in mittelschwere Atomkerne. Das war die Entdeckung der Kernspaltung. Hahns und Straßmanns Ergebnisse wurden am 6. Januar 1939 veröffentlicht. Der Titel dieser epochalen Arbeit lautet ganz prosaisch: *Über den Nachweis und das Verhalten der bei der Bestrahlung des Urans mittels Neutronen entstehenden Erdalkalimetalle.*

In einem zweiten, kurz darauf erscheinenden Aufsatz wird das Wort „Kernspaltung" verendet: *Nachweis der Entstehung aktiver Bariumisotope aus Uran und Thorium durch Neutronenbestrahlung; Nachweis weiterer aktiver Bruchstücke bei der Uranspaltung.* In dieser Veröffentlichung sagten Hahn und Straßmann voraus, dass bei der Uranspaltung mehrere zusätzliche Neutronen freigesetzt werden könnten – ein Vorgang, der später als Kettenreaktion bestätigt wurde. Von einer möglichen militärischen Nut-

---

249 Abschnitt VII, Gewerbliches Eigentum, Artikel 306 (Auszug): „Wegen der Ausnutzung von gewerblichen, literarischen oder künstlerischen Eigentumsrechten, die während des Krieges durch die Regierung einer alliierten oder assoziierten Macht oder durch irgendeine Person für Rechnung oder mit Zustimmung dieser Regierung erfolgt ist, sowie wegen des Verkaufs, des Feilbietens und des Gebrauchs irgendwelcher Erzeugnisse, Geräte, Sachen oder Gegenstände, die unter diese Rechte fielen, stehen Deutschland und deutschen Reichsangehörigen keinerlei Ersatzansprüche oder Klagen zu."

250 Noddack, Ida: Angewandte Chemie, Nr. 47, Jg. 1934, S. 653; abgedruckt in Wohlfahrt, Horst (Hrsg.): 40 Jahre Kernspaltung. Eine Einführung in die Originalliteratur, Darmstadt 1979, S. 62.

zung der Uranspaltung ist in beiden Aufsätzen keine Rede. Fast alle weiteren Arbeiten über die Atomspaltung, deren Bedeutung sofort erkannt wurde, sind seither auf Englisch publiziert worden.[251]

Otto Hahn hatte, ohne jemanden zu informieren, Lise Meitner, die als Jüdin nach Schweden emigriert war, als einzige brieflich vorab in Kenntnis gesetzt Am 11. Februar 1939 lieferten Lise Meitner und ihr ebenfalls nach Schweden emigrierter Neffe Otto Robert Frisch (1904–1979) eine erste theoretisch-physikalische Erklärung der Kernspaltung. An diesem Tage erschien eine Publikation von Meitner und Frisch in der amerikanischen Zeitschrift *Nature*. Während diese Entdeckung in Deutschland auf Kreise der Wissenschaft beschränkt blieb, wurde in den USA die militärische Anwendbarkeit sofort gesehen. Nach einem Brief Albert Einsteins vom 11. August 1939 an den US-Präsidenten Roosevelt wurde in den USA der Bau der Atombombe mit ungeheuren Mitteln vorangetrieben.[252] Wenn Deutschland eine Gefahr darstellte, dann also nicht durch seine Wehrmacht, sondern durch seine Innovationskraft. Deutschland war zwar eine Diktatur, diese hatte aber völlig andere Züge als in der UdSSR. Nicht nur, dass die Wirtschaft grundsätzlich frei war und vom Staat nicht kontrollierte Investitionsentscheidungen traf, auch das bürgerliche und das Wirtschaftsrecht blieben von staatlichen Eingriffen im Wesentlichen unbehelligt. Gleiches galt für die Naturwissenschaften. Otto Hahn hatte seine epochale Entdeckung, die eigentlich doch von höchster militärischer Bedeutung war, einfach so in einer allgemein zugänglichen Zeitschrift veröffentlicht. Das konnte aus US-Sicht nicht ohne Wissen Hitlers geschehen sein und führte zu der Frage: Welche Erfindungen hatten die Deutschen vielleicht noch in der Hinterhand, wenn sie diese so freimütig veröffentlichten?

Deutscher Vorsprung beim Bau von Strahlflugzeugen

In England wusste man frühzeitig, dass Deutschland an der Entwicklung eines Strahlflugzeugs arbeitete, ist doch der mit einem Propeller zu erzeugende Vortrieb bzw. Rückstoß physikalisch begrenzt. Die Arbeit an einem solchen Strahlantrieb hatte in England um 1930 begonnen. Der englische Pilot und Erfinder Frank Whittle erhielt 1932 entsprechende Patente. Im Jahre 1935 konstruierte Whittle ein Strahltriebwerk, das gute Ergebnisse zeigte.

---

251   Die Naturwissenschaften, 27. Jg., 1939, 11–15 und 89–95; Volltext abgedruckt bei Wohlfahrt, a. a. O., S. 64 ff.

252   Hierzu ausführlich Schüler, Andreas: Erfindergeist und Technikkritik, S. 89 ff.

Das britische Kriegsministerium stellte daraufhin Geld zur Verfügung. Am 15. Mai 1941 flog das erste englische Versuchsflugzeug.

Unabhängig von Whittles Arbeiten begann 1935 Hans von Ohain in Deutschland seine Arbeit an einem ähnlichen Triebwerk. Auf Empfehlung seines Professors Robert Pohl wurde Ohain von dem Flugzeug-Konstrukteur Ernst Heinkel 1936 angestellt. Heinkel schrieb mit Blick auf die Entwicklungsarbeiten dieses Triebwerkes Folgendes:

> Ich verpflichtete ihn zur strengsten Geheimhaltung und ließ eine Sonderbaracke bauen, die vom übrigen Werk abgeschlossen wurde. Diese noch recht primitive Baracke stellte ich Ohain zur Verfügung. So begann in Deutschland, auf eigene Faust, ohne Wissen irgendeiner offiziellen Stelle, die Entwicklung und der Bau des ersten Turbinen- oder Strahltriebwerks, das dann anderthalb Jahre später, immer noch unter strengster Abgeschlossenheit, nach einer Kette von Fehlschlägen, die meinen ganzen Willen zum Durchhalten herausforderten, in einer Septembernacht 1937 zum ersten Male lief.[253]

Nach einer beeindruckend kurzen Entwicklungszeit flog ein Prototyp, nämlich die He 178, bereits am 27. August 1939 in Rostock als erstes Strahlflugzeug der Welt. Der Flugzeughersteller Messerschmitt baute ab Ende 1941 die Me 163 mit einem Raketentriebwerk und ab April 1944 die Me 262 mit zwei Junkers-Turbinen. Mit einer Geschwindigkeit von 870 km/h in 6.000 m Höhe war die Me 262 das erste militärisch eingesetzte Serien-Jagdflugzeug. Die Arado-Flugzeugwerke bauten ab Juli 1944 den strahlgetriebenen Bomber Ar 234. Alle diese und andere innovative Entwicklungen wie zum Beispiel die Horton H IX (oder Ho 229) waren denen der Alliierten, vor allem im Bereich der Höchstgeschwindigkeit, weit voraus.

Eine Arado 234B „Blitz" 1945/46 bei der Erprobung in den USA

253   Heinkel, Ernst: Stürmisches Leben, 2. Aufl., Stuttgart 1953, S. 447.

Hermann Oberth (1894–1989) führte Anfang des 20. Jahrhunderts eine Reihe von grundlegenden Raketenversuchen durch. 1930 fand an der Chemisch-Technischen Reichsanstalt in Berlin-Plötzensee ein erfolgreicher Brennversuch (Benzin und flüssiger Sauerstoff) statt. Als 1936 die Heeresversuchsanstalt Peenemün-

Im Oktober 1945 ließen die Briten mehrere A4-Raketen durch Kriegsgefangene aus ehemaligen deutschen Starteinheiten in der Nähe von Cuxhaven starten, um Vertretern der alliierten Besatzungsmächte die „Wunderwaffe V2" vorzuführen.

de gegründet wurde, wurde Oberth auch an der Entwicklung der „Aggregat 4" (A4) genannten Rakete beteiligt. Er entwarf bis 1941 eine dreistufige Interkontinental-Rakete und war am ersten erfolgreichen A4-Start beteiligt.

Weitere Meilensteine waren das erste Raketenauto, das der deutsche Ingenieur Kurt C. Volkhart am 11. April 1928 steuerte. 1931 gelang Johannes Winkler der erste Start einer Flüssigkeitsrakete in Europa. Wernher von Braun (1912–1977), ab 1937 technischer Direktor der Heeresversuchsanstalt Peenemünde, leitete die Entwicklung einer Großrakete mit Flüssigtreibstoff und war führend an der Entwicklung der gegen England eingesetzten V2 beteiligt. Einzelheiten dieser deutschen Entwicklungen waren im

Ausland wohl unbekannt; dass Deutschland in diesen Bereichen führend war, stand aber außer Frage.

Es ging nicht um Danzig

Aus der Sicht eines potenziell feindlichen Staates, wie es die USA waren, gab diese Trias von deutschen Erfindungen – eine mögliche Atombombe, Raketen und Strahlflugzeuge – zu großen Sorgen Anlass. Das war ein Arsenal, das den USA erst gegen oder nach Kriegsende (zum Teil als Kriegsbeute) zur Verfügung stand. Wäre Deutschland in diesen Entwicklungen wirklich so weit gewesen, wie man es in USA nicht ausschließen konnte, dann musste aus ihrer Sicht vor allem eines getan werden, nämlich Deutschland an der Weiterentwicklung zu hindern.

1939 ging es für die USA hinter den Kulissen also nicht um Danzig oder Polen, vielleicht nicht einmal um die Verhinderung einer deutschen Vormachtstellung in Europa. Es ging möglicherweise um die Ausschaltung eines viel gefährlicheren Deutschlands als das, das man 1918 hatte überleben lassen. Vielleicht – das Gesagte ist natürlich spekulativ, denn die englischen Akten und Archive der USA sind verschlossen und werden es, wenn sie nicht überhaupt vernichtet sind, noch lange bleiben.

3. Kapitel:
Wechsel der Beutepartner

Machtgruppen

Die Hauptkriegsgegner Deutschlands im Zweiten Weltkrieg waren dieselben wie im Ersten Weltkrieg. Die mit dem Britischen Weltreich verbundene USA nebst Frankreich und Russland. Schon dieser Gleichlauf der Kriegsgegner legt nahe, beide Kriege als Einheit zu sehen, sodass der Zweite Weltkrieg nicht nur eine Folge des Ersten war, sondern seine Fortsetzung. Die wichtigeren Sieger des Ersten Weltkrieges kann man unterteilen[254] in Gruppe A (USA und Großbritannien) und Gruppe B (Frankreich, Italien und Japan). Gruppe A hatte den Krieg wirklich gewonnen, Gruppe B hatte nur Beute gemacht und mit der war sie nicht zufrieden. Gruppe A hat-

---

254 Das 1917 aus dem Krieg ausgeschiedene Russland, das wohl den größten Blutzoll erbracht hatte und dessen Angriff auf Ostpreußen Frankreich sein Überleben in der Marne-Offensive verdankte, wurde nicht bedacht. Die Staaten, die, ohne an den Kampfhandlungen teilgenommen zu haben, der alliierten Aufforderung zum Kriegseintritt nachgekommen waren und deutsches Auslandsvermögen konfiszierten, z. B. Portugal, Brasilien oder China, bleiben hier außer Betracht.

te im erheblichen Maße gewonnen, territorial und vor allem politisch. Hier sind vor allem die USA und Großbritannien zu nennen: deutscher Kolonialbesitz im Pazifik ging in die Hände der USA über; die USA waren damit die entscheidende Macht im Nordpazifik. Großbritannien eignete sich den Löwenanteil des Osmanischen Reiches mit den reichen Erdöllagern im Irak an; darüber hinaus erhielt es Deutsch-Ostafrika, womit die Lücke der britischen Besitzungen zwischen Kap und Kairo geschlossen werden konnte, und Deutsch-Südwestafrika zugesprochen, wo kurz vor Kriegsausbruch Diamanten entdeckt worden waren, was diesen kargen Wüstenstrich plötzlich interessant gemacht hatte.

In der Gruppe B bekam Frankreich zwar Elsass-Lothringen und in Afrika Kamerun und Togo zugesprochen. Frankreich aber hatte neben Russland im Vergleich zu Großbritannien und den USA den bei Weitem größeren Blutzoll entrichtet. Italien bekam zwar Südtirol und Istrien mit Triest – aber mehr nicht! Japan, das das von Deutschland eroberte Tsingtau wieder herausgeben musste, wurde mit zwei strategisch unwichtigen deutschen Pazifikinseln abgespeist. Gruppe B fühlte sich benachteiligt, was verständlich ist, wenn man den erbrachten Blutzoll als Maßstab für eine gerechte Beuteverteilung nimmt.

Land	Kriegstote in Mio.	Anmerkung
Russland	1,8	
Frankreich	1,4	Davon rund 0,08 Mio. Kolonialtruppen
Italien	0,6	
USA	0,1	
Großbritannien	0,9	Davon rund 0,2 Mio. Kolonialtruppen
Deutschland	Rund 2 Mio.	
Österreich-Ungarn	1,2 Mio.	

Die USA und das Britische Weltreich haben mit knapp einer Million Kriegstoten zum Sieg beigetragen, während Frankreich und Italien reichlich die doppelte Anzahl an Opfern zu verzeichnen hatten.

Die Kriegsgegner Deutschlands und seiner Verbündeten in beiden Weltkriegen waren daher nur fast dieselben. Es gibt im Zweiten Weltkrieg gegenüber der Konstellation des Ersten Weltkrieges bezeichnende Veränderungen, die ein neues Licht auf das Gesamtgeschehen werfen. Gruppe B wechselte im Zweiten Weltkrieg die Seiten gegen Gruppe A. Das bedarf hinsichtlich Frankreichs allerdings einer gewissen Klarstellung. Frankreich hatte, offenbar unter erheblichen Druck Großbritanniens, 1939 gleichzeitig mit diesem Deutschland den Krieg erklärt, befand sich also zunächst in der gleichen Konstellation wie im Ersten Weltkrieg. Die nach der französischen Niederlage im Juni 1940 etablierte Vichy-Regierung handelte, und zwar anfangs unter erheblicher Zustimmung der französischen Bevölkerung, als Verbündeter Deutschlands.[255] Militär der Vichy-Regierung wehrte sich im November 1942 verbissen gegen die Landung der Amerikaner und Briten in Nordafrika. Hintergrund der Bereitschaft zur Zusammenarbeit mit Deutschland war die nach 1919 gewachsene Ablehnung der angloamerikanischen Vorherrschaft, die nach 1945 die französische Politik unter de Gaulle bestimmte.

Seitenwechsel der Beutepartner: Italien

Italien war von Frankreich und England mit der Aussicht auf reiche Beute in den Krieg gelockt worden. Der Ruf vom *sacro egoismo* übertönte das Gefühl, eigentlich Unrecht zu tun, war doch Italien mit Deutschland und Österreich sogar verbündet gewesen (Dreibund). Italien war mit seiner Beute durchaus unzufrieden. Südtirol und Triest waren zwar willkommen, aber der Durchbruch zur Großmacht blieb verstellt. Die von Frankreich und England betriebene Gründung des neuen Staates „Südslawien" (= Jugoslawien) – in dem Serbien den Ton angab – aus den Trümmern des zerschlagenen Österreich-Ungarns (Slowenien mit der Untersteiermark; Kroatien, Bosnien-Herzegowina, Dalmatien) enttäuschte die italienischen Erwartungen, sich auch auf dem Balkan erweitern zu können. Die Kolonialmächte sahen auch keinen Grund, Italien etwas aus ihrem reichen, um die deutsche Beute noch erweiterten afrikanischen Kolonialbesitz abzugeben. Der mit dem Kriegseintritt 1915 verbundene Traum von einer Neuauflage eines *Imperio Romano* wurde enttäuscht. Italien blieb, obwohl es auf der Siegerbank Platz nehmen durfte, trotz seiner Kolonien Libyen und Eritrea eine auf Europa beschränkte Mittelmacht. Das wird der Grund dafür sein, dass Italien so wie auch Japan im Zweiten Weltkrieg die Seiten wechselten. Nicht gegen, sondern mit Deutschland gegen Anglo-Amerika, wobei Frankreich, das im Ersten Weltkrieg ein wichtiger Gegner gewesen war, im Zweiten kaum mehr zählte. Als Mussolini in den 1930er Jahren den Balkan (Annexion von Albanien) und vor allem Äthiopien eroberte,

---

255 Charles de Gaulle, der den Widerstand gegen Deutschland organisierte, wurde im August 1940 von der Vichy-Regierung wegen Hochverrats in Abwesenheit zum Tode verurteilt.

war das Deutsche Reich die einzige Macht, die Italien unterstützte und dieses neue *Imperio Romano* (der italienische König nannte sich nun Kaiser von Abessinien) anerkannte. Erst als Deutschland wieder zu stark wurde, schien es London und Paris geraten, Italien von Deutschland abzuziehen, und nun anerkannten auch sie das *Imperio* und der zuvor hofierte Kaiser Haile Selassie wurde fallen gelassen.[256]

Seitenwechsel der Beutepartner: Japan

Deutschland und Japan hatten niemals Differenzen gehabt. Dennoch schlug sich Japan im August 1914 sofort auf die Seite Großbritanniens. Japan machte sich Hoffnungen auf den recht umfangreichen deutschen Insel-Besitz (Marianen, Karolinen, Marschallinseln, Yap und Nauru) im Pazifik sowie auf Tsingtau, die aufstrebende, deutschgeprägte chinesische Stadt in der strategisch günstig zwischen Peking und Schanghai gelegenen Schandong-Provinz. Es machte sich auch Hoffnungen auf noch mehr. Der riesige indonesische Archipel, Kolonialbesitz der tendenziell deutschfreundlichen Niederlande, lockte. Das war aber gegen die seebeherrschenden Briten und die ihnen immer näher kommenden US-Amerikaner nicht zu machen. Wenn aber die Niederlande auf deutscher Seite in den Krieg eintreten würden, ergaben sich „Perspektiven".[257] Daraus wurde aber nichts. Die deutsche pazifische Beute ging im Wesentlichen an die USA und Großbritannien. Tsingtau musste auf Druck der USA Ende 1922 an China übergeben werden. China sollte den USA gewogen gemacht werden, um ein Gegengewicht zur zunehmenden Macht Japans zu bilden. Spätestens von diesem Zeitpunkt an baute sich ein immer schärfer werdender amerikanisch-japanischer Gegensatz auf, der sich schon im von Theodore Roosevelt vermittelten Frieden im Russisch-Japanischen Krieg (1905/06) angedeutet hatte.

---

256 Vgl. Galeazzo Ciano, Diario, vom 31. Dezember 1938. Äthiopien meinte, der Zweite Weltkrieg habe nicht 1939, sondern 1935 mit der italienischen Eroberung begonnen. Zu den Umständen des entwürdigenden Verrat Großbritanniens und Frankreichs an Kaiser Haile Selassie: Greenfield, Richard: Ethiopia – A New Political History, London 1965.

257 Diese wurden dann im Zweiten Weltkrieg kurzzeitig realisiert, als Japan Niederländisch-Indien binnen einer Woche eroberte und besetzte.

4. Kapitel:
Kriegsausbruch

Japan und Pearl Harbor

Der Erste Weltkrieg hatte die Schwäche Englands gezeigt; Frankreich zählte kaum noch. Beide waren zu Kostgängern Amerikas herabgesunken. Wenn Deutschland in Europa und Japan in Asien als Machtfaktoren marginalisiert sein würden, dann war die amerikanische Weltherrschaft praktisch ein Faktum. Wie sollte Roosevelt aber dahin kommen, wo doch das von der Depression noch verstörte amerikanische Volk mit großer Mehrheit einen Krieg ablehnte? Im Krieg gegen Spanien hatte eine geschickt platzierte Bombe, im Ersten Weltkrieg der *Lusitania*-Trick bestens funktioniert: Die Amerikaner waren wie ein Mann gegen Spanien und das „verbrecherische Deutschland" aufgestanden.

Es ist heute wohl allgemein akzeptiert, dass Roosevelt Japan zielbewusst so in den Würgegriff nahm, dass diesem nur mehr die Alternative zwischen völliger Erniedrigung und einen Angriff auf die USA blieb.[258] Franklin D. Roosevelt arbeitete konsequent daran, die Entwicklung in diese Richtung voranzutreiben. So urteilte der Publizist Robert Stinnett:

> Throughout 1941 provoking Japan into an overt act of war was the principal policy that guided FDR's actions toward Japan.[259] [Die 1941 gegenüber Japan verfolgte Politik von FDR bestand darin, Japan zu einem offen kriegerischen Akt zu provozieren.]

Im Juli 1941 untersagte Roosevelt japanischen Schiffen die Durchfahrt durch den Panamakanal, japanische Guthaben in den USA wurden eingefroren und es wurde ein umfassendes Embargo gegen die Lieferung von Erdölprodukten, Eisen, Stahl und Metallerzeugnissen verhängt. Dieses Totalembargo war eine offene Herausforderung an Japan als Industrieland, die ihm keinen anderen Ausweg als den Krieg ließ. Japan sah kein anderes Mittel, um sich aus diesem Würgegriff zu befreien. Es gilt heute als erwiesen, dass die amerikanische Regierung so frühzeitig von dem bevorstehenden Angriff auf Pearl Harbor Kenntnis erlangt hatte, dass dieser hätte abgewehrt werden können. Die an sich unmotivierte Inmarschsetzung der Flugzeugträger aus Pearl Harbor kurz vor dem Angriff spricht dafür, dass Roosevelt den Japanern ein „Bauernopfer" bieten wollte, welches das amerikanische Volk

---

258   Stinnett, Robert: Day of Deceit – The Truth about Pearl Harbor, London 2000, S. 119 ff.; dt. Pearl Harbor, Frankfurt/Main 2003.
259   Stinnett, a. a. O., S. 9.

nach Rache rufen lassen würde. Roosevelt brauchte, so ist die verbreitete Lesart, einige Tausend Tote, um das amerikanische Volk kriegsbereit zu machen.[260]

Deutschland und der Weltbösewicht Hitler

Durch Mimikry sendet ein Tier oder eine Pflanze ein falsches Signal aus. Das Opfer wird getäuscht, schaut in die falsche Richtung und schon ist es gefressen. Der Ruf „Haltet den Dieb!" des enteilenden Diebes, indem er auf andere zeigt, hat immer wieder den Erfolg, den die sprichwörtliche Wendung nahelegt. Eigene Schandtaten verdeckt man am besten, indem man sie anderen vorwirft. Die beiden großen Kriege des 20. Jahrhunderts haben also wohl weniger mit dem Weltmachtstreben Deutschlands zu tun als mit dem der USA. Die englischsprachige Presse war schon vor 1914 weltbeherrschend. Die Mär von der „Aggressivität Deutschlands" wurde fast unmittelbar nach 1871 herumgetrommelt und der Trommelschlag wurde bis 1914 immer lauter. Das Kontrollratsgesetz Nr. 46 vom 25. Februar 1947 war gleichsam das Finale zu dieser Melodie.[261]

Historische Wahrheit kommt dagegen nicht an. Zwischen 1871 und 1914 hatte Deutschland keinen einzigen Krieg geführt, aber alle seine Gegner hatten deren mehrere in allen Weltteilen ausgefochten. Schon während des Deutsch-Französischen Krieges von 1870/71 wurden in London Krokodilstränen des Mitleids für Frankreich vergossen, dem der arglistige Bismarck zwei der schönsten französischen Provinzen wegnehmen wolle. Es ist klar, dass Frankreich mittrommelte – und dann auch die anderen. Schlözer, damals Gesandter des Norddeutschen Bundes in Mexiko, berichtet am 31. Oktober 1870:

> Bis [zur Schlacht bei] Sedan war jeder Mexikaner voller Begeisterung für die deutsche Sache; jeder weidete sich an unseren Siegen und an Napoleons Unglück. Dann aber kommt in Paris die Republik! Und nun wähnten die Mexikaner, dass sie als wahre Republikaner sich für ihre neuen Glaubensbrüder an der Seine echauffieren müßten. Ähnlicher Umschwung in Nordamerika.

Das Deutschlandbild in England und in den USA war, wie erwähnt, bis ins 19. Jahrhundert hinein durchaus freundlich. Man schaute etwas lächelnd auf die zurückgebliebenen deutschen Vettern, fand sie ganz nett und, wie solche Eingeborenen halt so sind,

---

260 Morgenstern, George: Pearl Harbor, Leonie am Starnberger See 2012.

261 Der Staat Preußen, als „Träger des Militarismus in Deutschland" bezeichnet, wurde mit diesem Gesetz für aufgelöst erklärt.

ganz zutraulich.[262] Das änderte sich mit ab 1871 abrupt. Jetzt war Deutschland eine Gefahr für das Empire und damit für die Welt. Die englischsprachige Vorkriegspresse lenkte also die Blicke der Welt auf das aufstrebende Deutschland, das mit seinem Aufstieg nichts anderes im Sinne haben konnte, als Unruhe zu stiften; es wolle die Welt erobern, wo diese Welt doch schon den Briten gehöre. Wozu sonst baut Deutschland eine große Flotte, wo wir Briten doch schon eine haben, usw.

Während die Blicke der eigenen Völker und der Welt auf das nach der Weltmacht strebende Deutschland gelenkt wurden, fand im Sinne der Mimikry etwas ganz anderes statt. Die USA strebten wirklich danach und gingen dabei sehr systematisch und vor allem verdeckt vor. Wer sich heute, im Zeitalter der transnationalen Medien, mit einem Amerikaner unterhält, ist erstaunt oder je nach Standpunkt erschüttert darüber, was auch gebildete Amerikaner von Europa wissen. Und von Deutschland wissen sie eigentlich nur eines: Hitler, der – so wörtlich ein amerikanischer Geschichtsprofessor zu mir – *ja die Welt erobern wollte!* Die Kenntnisse waren vor dem Ersten Weltkrieg noch viel schlechter. Steter Tropfen höhlt den Stein. Die Amerikaner werden am Ende der britischen Dauerpropaganda wirklich geglaubt haben, dass Deutschland die Weltherrschaft anstrebe. Amerika hatte sich selbst auf den Weg des Imperialismus begeben. Das fanden die Amerikaner in Ordnung. Denn was man selbst tut, erscheint immer in einem milderen Lichte, als wenn ein anderer das Gleiche tut. Außerdem war es die *manifest destiny* der USA, der Wille Gottes, erst den nordamerikanischen Kontinent zu erobern und dann die Größe der eigenen Nation in die Welt zu tragen. Wenn Deutschland dagegenstand, konnte das nicht gottgewollt sein. Hitler war der Beweis, wie böse dieses Deutschland schon immer gewesen war. Dieser war daher im Zweiten Weltkrieg zum Weltbösewicht promoviert worden, schon lange bevor die Dinge geschahen, die wirklich verbrecherisch waren.

---

262 Man lese statt vieler anderer Bücher die Deutschlandreise in William Thackerays Roman *Jahrmarkt der Eitelkeiten (Vanity Fair)* von 1847/48.

5 . Kapitel:
Ein zweiter Dreißigjähriger Krieg?

Der Beginn des Langkrieges

Die bewusst auf Welthegemonie angelegte amerikanische Politik begann offenbar nicht erst 1914. Will man ein Jahr angeben, kann, wie bereits erwogen, 1823 genannt werden. Schon den Verfassungsvätern waren Weltreichsgedanken nicht fern. In ein konkreteres Stadium konnten diese Pläne aber wohl erst mit dem Krieg gegen Spanien (1898) eintreten. Nach dessen Abschluss waren in ferneren Weltgegenden sichere Positionen erworben worden, die ein Mitspracherecht in Ozeanien und dem ganzen Pazifik begründeten und über die Partnerschaft mit Großbritannien die ganze Welt erfassten. Da die USA, mit der Insellage Großbritanniens vergleichbar, auf ihrem Kerngebiet völlig unangreifbar waren, konnten sie, ohne sich um Verteidigung zu kümmern, ihre Kräfte nach außen lenken.

Fortsetzungen nach dem Zweiten Weltkrieg

Nach 1945 ging der Weltkrieg als Kalter Krieg fast ohne Unterbrechung weiter, nun freilich als Stellvertreterkrieg in Korea zwischen den USA und der UdSSR![263] Stalin hatte noch wenige Wochen vor dem Kriegsende Japan den Krieg erklärt, sodass er sich melden konnte, als es an die Verteilung der Beute ging. Daraus ergab sich der Koreakrieg. Dieser endete 1953, von dem man nicht weiß, wer eigentlich Sieger wurde. Die USA wohl nicht. Eine neue Staffel wurde aufgelegt. Aus dem Unabhängigkeitskrieg in Indochina gegen Frankreich ergab sich der Vietnamkrieg, der indes von den USA nicht gewonnen wurde, sondern unter ebenso peinlichen Umständen für beendet erklärt wurde wie 2014 der Afghanistaneinsatz.

Die Vorgänge in Indochina weisen fast die gleiche Logik auf wie die Entwicklung, die von den Anschlägen des 11. Septembers 2001 zum Krieg gegen den Irak, der mit diesen Vorgängen nichts zu tun hatte, führte. Unmittelbar nach dem Amtsantritt von George W. Bush begann die US-Regierung mit Planungen für den Irak-

---

263 Cumings, Bruce: The Korean War, New York 2010, S. 147 ff.: „Two million Korean perished under an American intervention whose carpet-bombing obliterated the north of the country over three successive years." [Zwei Millionen Koreaner gingen infolge der Intervention der Amerikaner zugrunde, deren Flächenbombardements den Norden des Landes drei Jahre lang von Grund auf zerstörten.]

krieg im Januar 2001.[264] Sie berief sich als Begründung auf die Vorgänge vom 11. September. Ein Krieg gegen den Irak sei notwendig, um einen angeblich bevorstehenden Angriff des Irak auf die USA zu verhindern. Die Kontroverse um die wahre Urheberschaft dieses Vorfalls ist hier nicht aufzugreifen. Es sei nur daran erinnert, dass dem britischen und amerikanischen Geheimdienst von ihren Kollegen im Ausland sehr viel zugetraut wird.[265] Es ist heute allgemeine Meinung, dass der Irakkrieg aufgrund von zum Teil von den USA selbst gefälschten Unterlagen begonnen wurde. Manches erinnert an die Explosion im Hafen von Havanna im Jahre 1898 und an die Versenkung der *Lusitania*. Dieser Krieg endete offiziell 2003.

6. *Kapitel:*
Die Gestalt des Imperium Americanum

Die Politik der re-education

Der amerikanische Präsident Truman antwortete nach dem Kriege einmal auf die Frage, was ihn als Präsident besonders stolz mache, „dass wir unsere Feinde völlig besiegen und sie danach als gleichgestellte in die Völkergemeinschaft zurückgeführt haben. Ich nehme an, dass nur Amerika so etwas tun würde".[266] Das klingt so ähnlich wie die berühmte Arie des Sarastro in Mozarts *Zauberflöte*:

> … kennt man die Rache nicht,
> Und ist ein Mensch gefallen,
> führt Liebe ihn zur Pflicht,
> Dann wandelt er an Freundes Hand
> vergnügt und froh ins bess're Land.

In diesen Worten zeigt sich nicht nur das ungebrochene amerikanische Bewusstsein von der eigenen moralischen Überlegenheit. Es ist wahrscheinlich, sogar fast sicher, dass Truman, der den militärisch völlig unnötigen Abwurf der ersten Atombomben befohlen hatte, von der amerikanischen Gutheit wirklich überzeugt

---

264 Bülow, Andreas v.: Die CIA, 3. Aufl., München 2003, S. 7 ff.

265 Gehlen, Reinhard: Der Dienst. Erinnerungen 1942–1971, Mainz 1971, S. 231 f.: Gehlen rühmt die Effektivität des britischen Geheimdienstes. Produktionen wie die James-Bond-Filme sind offenbar nur auf einer britisch-amerikanischen Folie denkbar.

266 Kissinger, a. a. O., S. 9. Das hunderttausendfache Sterben deutscher Kriegsgefangener in den Rheinwiesenlagern (oft sogar reiner Zivilgefangener) wird leider auch in Deutschland häufig unterschlagen.

war.[267] Konkret war damit offenbar die Politik der *re-education* gemeint. Darin sollte das genetisch entartete deutsche Volk wie ein zu resozialisierender Verbrecher über verschiedene Stadien in eine Bewährungszeit mit strengen Bewährungsauflagen überführt werden.[268]

Ein Schritt auf diesem Wege war das Stuttgarter Schuldbekenntnis der Evangelischen Kirche Deutschlands vom 18./19. Oktober 1945. Dessen Haupttreiber war der Generalsekretär des Ökumenischen Rates Visser 't Hooft, der im Kriege dem britischen Geheimdienst angehört hatte.[269] Über diese entwürdigende, bis heute das deutsche Selbstbewusstsein vergiftende Phase ist hier aber nichts weiter zu sagen, als dass hier eine neue Form der Kriegführung und imperialen Beherrschung deutlich wird. Der Besiegte wird nicht nur in seinen Rechten beschnitten, er wird, wie in den dystopischen Science-Fiction-Romanen *Brave New World* und *1984* beschrieben, so konditioniert, dass er an seine eigene Verworfenheit glaubt und nun wie ein Hund die Hand, die ihn schlug, beleckt. Die Rückführung Deutschlands in die Völkergemeinschaft fand ihren ersten Ausdruck in dem so genannten Deutsch-Amerikanischen Freundschaftsvertrag vom 29. Oktober 1954. Nachdem die USA den Koreakrieg verloren oder jedenfalls nicht gewonnen hatten (1953), begann sozusagen die heiße Phase des Kalten Krieges, und (West-)Deutschland wurde als Frontstaat gegen die UdSSR wichtig.

Annexions- und Vertragsimperien

In Trumans Worten offenbart sich neben einer Unwahrheit – die USA haben sich in allen ihren Kriegen durchaus am Besiegten bereichert[270] – auch ein historisches Missverständnis. Spätestens mit dem Dreißigjährigen Krieg in Europa wurde Herrschaft zwar

---

267 Dazu kontrastiert freilich mit Trumans Wunsch, die amerikanische Luftwaffe möchte Japan noch nicht ganz kaputt gebombt haben, damit er noch die Atombombe einsetzen könne; vgl. Andersen, a. a. O., S. 63.

268 Allgemein dazu Schrenck-Notzing, Caspar v.: Charakterwäsche. Die amerikanische Besatzung in Deutschland und ihre Folgen, Stuttgart 1965, erweiterte Neuausgabe: Graz 2004, 3. Aufl. 2010.

269 Willem A. Visser 't Hooft war als Holländer Angehöriger der Nation, die sich ab 1945 in einem Unabhängigkeitskrieg gegen Indonesien befand, der an Grausamkeit nichts von dem vermissen ließ, was man Deutschland vorwarf. Vgl. van den Doel, Hubrecht W.: Afscheid van Indie – De Val van het Nederlands Imperium in Azie, Amsterdam 2001, S. 219: De nederlands-indonesische oorlog.

270 Man denke hier nur an den Diebstahl geistigen deutschen Eigentums nach dem Zweiten Weltkrieg (Patentraub), zu dessen Hauptprofiteuren die USA gehörten.

immer noch (vgl. Wegnahme von Straßburg 1681) durch Wegnahme von Land begründet, aber doch zunehmend durch Zwangsverträge, die dem Unterworfenen bestimmte Leistungen an den herrschenden Staat auferlegen oder die Unabhängigkeit des Unterworfenen dadurch beschränken, dass bestimmte Hoheitsrechte entweder gar nicht oder nur mit Zustimmung des herrschenden Volkes ausgeübt werden können. Was Truman sagte, war in einem gewissen Sinne sogar richtig, wenn er sagen wollte: Wir haben uns durch unsere Siege im Zweiten Weltkrieg territorial nicht bereichert. Die Amerikaner setzten auf eine andere Strategie: Sie bauten ihr Imperium nach dem Zweiten Weltkrieg mittels Verträgen aus. Die südlichste japanische Insel beispielsweise, Okinawa, stand nach dem Zweiten Weltkrieg, da sie China vorgelagert war, im Fokus eines hohen strategischen Interesses. Die Insel wurde aber nicht, wie fünfzig Jahre zuvor Hawaii oder Guam, annektiert, sondern durch Nutzungsverträge praktisch von Japan abgetrennt – so wie es in Deutschland mit Blick auf die US-Militärbasen der Fall ist.[271] Offiziell nennt das Pentagon 725 US-Militärbasen in fremden Ländern, wobei geheimdienstliche Agenturen nicht mitgerechnet sind.[272]

Fast alle europäischen Staaten, die nach 1945 nicht unter sowjetischer Herrschaft gerieten, wurden durch den Bündnisvertrag der NATO unter eine amerikanische Oberherrschaft gebracht. Der NATO-Vertrag selbst sieht zwar nicht vor, dass der militärische Oberbefehlshaber immer ein Amerikaner sein muss, das folgt aber zwingend aus den Befehlsstrukturen.[273] Der Warschauer Vertrag war ein klarer Beherrschungsvertrag. Diese Bezeichnung ist bei dem NATO-Vertrag aber politisch nicht korrekt, obwohl der Unterschied zwischen beiden nicht sehr groß ist. Dieser hatte die gleichen Formen. Er galt als Verteidigungsbündnis und die Führungskraft war die imperiale Großmacht Sowjetunion. Die Abhängigkeiten der europäischen Staaten sind offenbar nach dem

271 Sandars, Christopher: America's Overseas Garrisons: The Leasehold Empire, London 2000. Der Autor, früher Beamter im britischen Verteidigungsministerium, meint: Die USA sahen sich vor einer imperialen Rolle, um die Sicherheit des Westens zu wahren. Indem sie ein globales Sicherheitssystem aufbauten mit amerikanischen Truppen in Europa, Fernost, im Atlantik, der Karibik und im Pazifik ähnelten sie tatsächlich den früheren Kolonialreichen. Aber die USA mussten die Stationierungsrechte mit souveränen Staaten ausverhandeln. Der politisch unvoreingenommene Leser wird das wohl anders bewerten.

272 Näheres bei Johnson, Chalmers, a. a. O.

273 Siehe zum Beispiel den Supreme Allied Commander Europe (SACEUR); seit 2004 der militärstrategisch verantwortliche NATO-Oberbefehlshaber für Operationen.

Muster des *divide et impera* von den USA verschieden ausgestaltet. Die „souveränen" Deutschen sind durch zum großen Teil offensichtlich nicht veröffentlichte Verträge und Zusatzprotokolle[274] an eine kürzere Leine gelegt als Großbritannien oder das macht- und gefahrlose Dänemark. Beispiel: Das territorial stark reduzierte Deutschland besaß 1945 kein für die USA interessantes Gebiet mehr. Interessant waren aber Militärstützpunkte im Vorfeld des sowjetischen Machtbereiches. Die von den USA in Westeuropa unterhaltenen Militärstützpunkte liegen nicht in England oder Frankreich; sie liegen in Deutschland. Diese Örtlichkeiten sind zwar nicht förmlich an die USA abgetreten, aber kein Deutscher kann diese ohne amerikanische Zustimmung betreten, Deutschland darf hier nicht, was die USA sich für den Iran vorbehalten haben, nämlich überprüfen, ob Atomwaffen etwa in Ramstein/ Pfalz lagern. Diese Frage wird offiziell nicht gestellt und inoffiziell wohl bejaht. Zu den Stationierungskosten wird Deutschland trotz offizieller Beendigung des Besatzungsstatuts weiterhin herangezogen.[275]

Sind die USA ein Imperium?

Es kommt auf sehr unterschiedliche Kriterien und deren Bewertung an, ob die Machtstellung der USA als Imperium zu verstehen ist, das als historisches Phänomen dem Römischen Reich und anderen Großreichen der Geschichte an die Seite gestellt werden kann. Während für alle bisherigen Großreiche einigermaßen klare Grenzen auf den Landkarten gezeichnet werden können, ist das bei einem „Vertragsimperium" wie den USA kaum möglich. Es ist offen, wie weit man den Herrschaftsbereich der Vereinigten Staaten ziehen will. Nimmt man nur das Territorium, dann hält die USA mit einer Fläche von knapp unter zehn Millionen km² nach Russland und Kanada erst den dritten Platz. Es kann aber kaum bezweifelt werden, dass die USA die englischsprachigen Staaten Kanada und Australien nebst Neuseeland, wenn nicht rechtsförmig, so doch tatsächlich in der gleichen Weise beherrschen wie Großbritannien ehemals Indien. So wenig wie sich Großbritannien nach der Maxime des *indirect rule* in die inneren Verhältnisse der indischen Teilfürstentümer einmischte, so wenig

---

274 Völkerrechtliche Verträge bedürfen der Ratifizierung durch den Bundestag und sind damit öffentlich einsehbar. Zusatzprotokolle sind nur „Auslegungshilfen" zu diesen und bleiben geheim.

275 In Deutschland waren 2014 über 40.000 US-Soldaten stationiert, etwa zehn Mal so viele wie aus Großbritannien stammende Soldaten in Indien um 1913.

geschieht das von Seiten der USA in Kanada oder Australien. In den USA fährt man auf der rechten Straßenseite, in Kanada auch – aber die USA hat nichts dagegen, dass man in Australien links fährt. Kanada, militärisch sonst von niemandem bedroht, ist von den USA in jeder Hinsicht abhängig. Das zeigt sich unter anderem in seiner Außenpolitik, die mit der der USA praktisch d'accord geht. Australien mit acht Millionen km² – und damit nicht sehr viel kleiner als China mit seinen 1,4 Milliarden Einwohnern – hat mit rund 25 Millionen Einwohnern nur so viele Einwohner wie Belgien und die Niederlande zusammen. Es hätte ohne den Schutz der USA den Zweiten Weltkrieg und den Ansturm Japans nicht überlebt und es ist sehr zweifelhaft, ob das ressourcenreiche Australien eine längere Schwächeperiode der USA durchstehen würde. Rechnet man beide Staaten zum *Imperium Americanum*, so ergibt sich eine Gesamtfläche von über 25 Millionen km² – so groß wie das Zarenreich um 1914. In dieser Betrachtung schieben sich die USA von der Gebietsgröße her auf den ersten Platz, dem mit weitem Abstand Russland und China folgen.

Damit scheint es aber nicht getan zu sein. In Brzezinskis Buch „Die einzige Weltmacht"[276] findet sich eine naiv-entlarvende Weltkarte, auf der die „geopolitische Vorherrschaft" der USA vermerkt ist. Diese umfasst den nordamerikanischen Kontinent, Australien, Neuseeland und den Pazifik, Japan, Südkorea, Ägypten sowie Saudi-Arabien – und natürlich gehört zu diesem Raum der *geopolitischen Vorherrschaft* auch das gesamte Gebiet der NATO, einschließlich der Türkei. Dieselbe Karte nennt als Einflusssphäre der USA unter anderem Pakistan, Indonesien und – das immerhin ist auffällig – die früheren Sowjetrepubliken Ukraine, Kasachstan und Aserbaidschan. Lateinamerika gilt ohnehin seit jeher als „the province of the Monroe doctrine". Die Olney-Formel aus dem Jahre 1895 (Olney corollary or Olney declaration[277]) gilt heute wie seit 1820:

> The United States is practically sovereign on this continent and its fiat is law upon the subjects to which it confines its interposition …[278] [Die Vereinigten Staaten sind praktisch der Souverän auf diesem Kontinent, und ihr Befehl ist Gesetz für alle, die darin leben.]

---

276 Brzezinski, Zbigniew: Die einzige Weltmacht, Rottenburg 2015, S. 39.

277 Richard Olney (1835–1917), aus wohlhabender Familie stammend, war US-Außenminister unter Präsident Cleveland.

278 Vgl. ausführlich hierzu: Young, George B.: Intervention under the Monroe Doctrine: The Olney Corollary, Political Science Quarterly, Vol. 57, No. 2 (Juni 1942), S. 247–280.

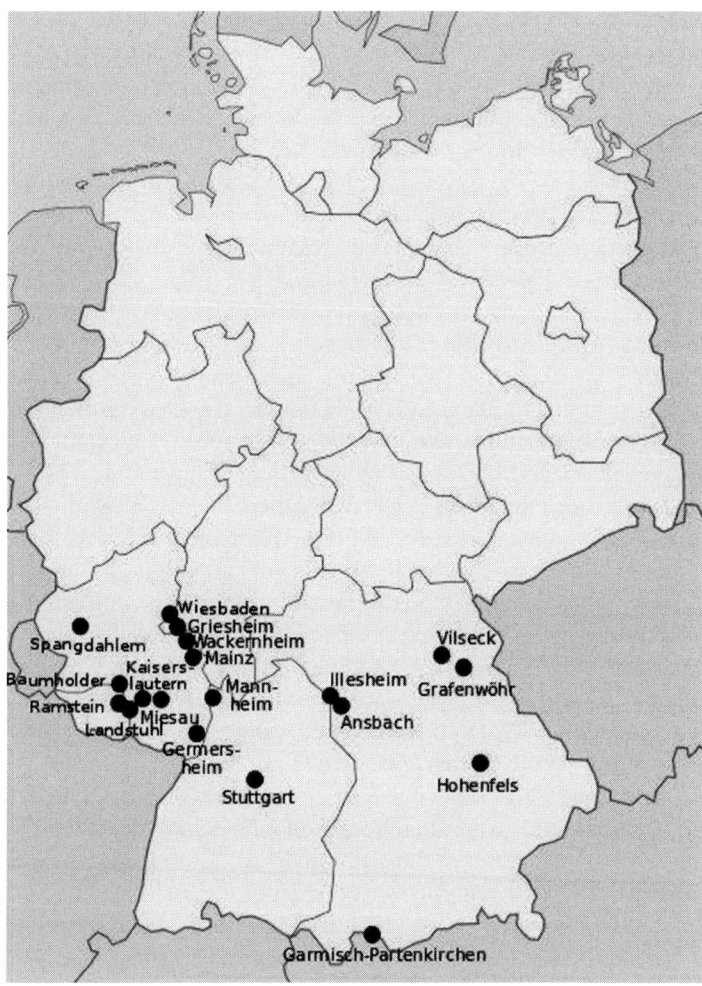

In Deutschland waren 2014 über 40.000 US-Soldaten stationiert, etwa zehn Mal so viele wie aus Großbritannien stammende Soldaten in Indien um 1913. Die Graphik zeigt die Standorte der derzeitigen US-Militärbasen in Deutschland.

Einfacher ist es hiernach, einen US-freien Raum zu beschreiben. Der umfasst Russland, China, Indien, Indochina und wohl auch Afrika. Auch Rom pflegte ein *indirect rule* und ließ den zum Reich gerechneten Völkerschaften nach dem Grundsatz *divide et impera* mehr oder weniger innere Freiheiten, sodass die Angst, die belassenen Freiheiten zu verlieren, gemischt mit dem Stolz, sie zu haben, bei den Unterworfenen die Eifersucht wachhielt und verhinderte, dass sich diese zu einem gemeinsamen Vorgehen vereinigten. Mit dem gleichen Recht, wie beispielsweise Ägypten als römische Provinz in den Geschichtskarten erscheint, könnten heute wohl auch Israel und Pakistan und andere Länder der *geopolitischen Vorherrschaft* als Teil des *Imperium Americanum* in den Weltkarten angesehen werden. Das gilt auch für Europa – und für Deutschland besonders, dessen Souveränität sich immer wieder dann als fragwürdig erweist, wenn die USA wie 2015 im Syrienkonflikt ihre Wünsche deutlich machen.

Rechtlich ist Herrschaftsausübung immer Wahrnehmung von vertraglichen Rechten. Ausnahme ist die *debellatio*, die völlige Niederkämpfung des Gegners, wonach der Sieger dem Besiegten kraft „Kriegsrechts" seine Gesetze aufzwingt, wie es etwa mit den Kontrollratsgesetzen in Deutschland nach dem Zweiten Weltkrieg geschah. In allen anderen Fällen „erlaubt" der Unterworfene in einem Vertrag dem Herren, ihm Gesetze zu geben. Gewöhnlicher Inhalt solcher Verträge ist es, den Außenhandel nur mit dem Herrschervolk oder nur nach dessen Vorgaben zu führen. In diesem Sinne war auch das Bretton-Woods-Abkommen von 1944 ein äußerst lukratives Herrschaftsinstrument der Siegermacht des Zweiten Weltkrieges.[279] Nach diesem Abkommen wurden die Währungen der „Freien Welt" an den US-Dollar gebunden. Dieses bedeutete vereinfacht: Die USA konnten theoretisch (und taten es dann auch praktisch) in der Geldmaschine ihres Zentralbankensystems beliebig US-Dollars schöpfen, welche die Vertragspartner des Bretton-Woods-System zu einem festen Kurs mit ihrer eigenen Währung aufnehmen mussten. Die vertragliche Verpflichtung der USA, Dollars zu einem festen Kurs in Gold umzutauschen, wurde, als de Gaulle Erfüllung verlangte, von den USA 1971 unter Nixon ohne Rücksprache mit den Vertragspartnern einseitig gekündigt. Im Ergebnis hatten die USA also über Jahrzehnte ihre Importe mit aus dem Nichts geschöpften Dollars bezahlt. Die Welt nahm diesen Vertragsbruch hin, weil sie die Macht zu Gegenmaßnahmen nicht hatte. In der Folge wurde der Dollar abgewertet, was die Wettbewerbsfähigkeit der USA kurzfristig erhöhte. Im Grunde lag in dieser Maßnahme aber das Eingeständnis von Schwäche.

Das aktuell verhandelte Transatlantische Freihandelsabkommen (TTIP) mag formal die Beteiligten (USA und EU) gleich behandeln. Dennoch trägt es, wie schon die Geheimniskrämerei um seinen wahren Inhalt zeigt, alle Zeichen eines Beherrschungsvertrages. Es wird bei scheinbarer Gegenseitigkeit die EU für amerikanische Produkte öffnen, ohne dass die EU diese Gegenseitigkeit wird durchsetzen können.

---

279 Vgl. Anderson, a. a. O., S. 25.

Im Vergleich: Rom und die USA

Die westeuropäischen Staaten wird man in abgestufter Folge als Klientelstaaten der USA ansehen dürfen. Der Streit zwischen der offiziell blockfreien Schweiz und den Vereinigten Staaten über die Besteuerung von in der Schweiz angelegtem Vermögen hat gezeigt, wie wenig auch die auf ihre Souveränität so stolze Schweiz gegenüber deutlich vorgetragenen „Anregungen" aus den mächtigen USA auszurichten vermag. In dem klassischen Werk *Gesellschafts- und Wirtschaftsgeschichte der hellenistischen Welt*[280] von Rostovzeff steht der folgende Text, der nur insoweit verändert wurde, als anstatt wie im Original *Rom* und *römisch* die Worte *USA* und *amerikanisch* und statt *(griechische) Städte* das Wort *Europa* eingesetzt wurde:

> Die USA griffen unter dem Vorwand ein, die Freiheit in Europa wiederherzustellen. Nach der offiziellen US-Theorie war das Protektorat, dass sich aus diesen Eingriffen ergab, ... zum Vorteil der Verbündeten. ... Die US-Theorie betrachtete Europa als unabhängiges Staatsgebilde im Bundesverhältnis. Aber in der Praxis besaß es nicht mehr politische Unabhängigkeit als ihre Untertanengebiete. ... Die USA zögerten niemals, den europäischen Staaten ihren Willen aufzuzwingen. Auch wurde bald jedermann in diesen Gebieten klar, dass die Segnungen des USA-Schutzes eine reine Fiktion waren. Die politische Freiheit ... Europas wurde als leere Phrase betrachtet.... Während die USA wenigstens einen plausiblen Grund für die Argumentation hatten, dass ihr Kampf mit den Terroristen [im Original: Seeräuber] als Unternehmen gelten konnten, bei denen die USA und ihre Verbündeten gemeinsame Interessen hatten, so hatten die weiteren Interventionen der USA offenkundig nichts mit der Sicherheit, dem Wohlstand und der Freiheit Europas zu tun. Und doch waren es die Verbündeten, auf die die Lasten mit aller Schwere fielen. ... So erwies sich, was die Gewährleistung der Sicherheit betraf, die USA als ein grober, grausamer Betrug. ... Die europäischen Staaten mussten sich unausweichlich dessen bewusst werden, dass sie nicht mehr waren als Werkzeug in der Hand von Fremden, selbst auf wirtschaftlichem Gebiet ohne Recht und ohne Freiheit. Zweifellos wurden nicht alle Europäer in gleicher Weise behandelt. Es gab einige ... einflussmächtige Große, die durch Servilität und Bestechungen, durch eine kluge Wahl von Freunden und Beschützern ihr Vermögen behalten und vermehren konnten. Die Geschäftsleute aus den USA standen sich aber viel besser als die der europäischen Staaten. So lag die Last der US-Herrschaft mit ihrer ganzen Schwere auf den arbeitenden Klassen und dem Mittelstand.[281]

Der Vergleich Rom–USA wurde und wird wie in diesem Buch auch sonst öfter gezogen. Vielen, das sind vielleicht die im Text ge-

---

280 Michael Rostovzeff, engl. 1941, dt. Sonderausgabe Darmstadt 2013.
281 Ebd., S. 802.

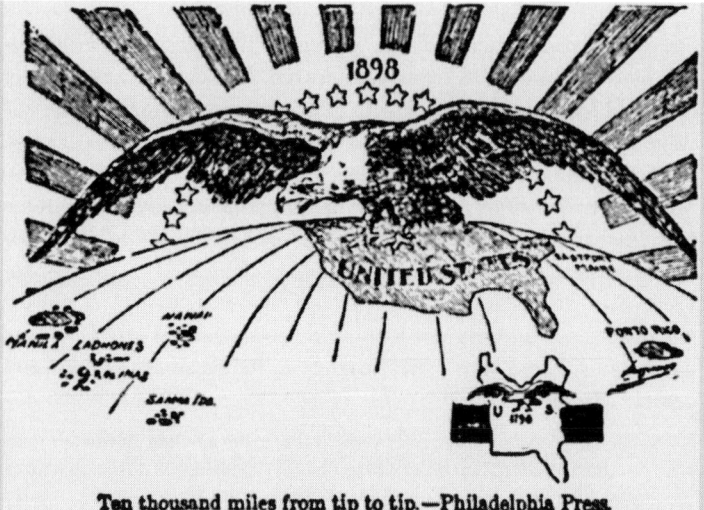

Karikatur aus der Zeit des Spanisch-Amerikanischen Krieges (1898): „Ten Thousand Miles From Tip to Tip" meint die Ausdehnung der Hegemonialsphäre der USA von Puerto Rico bis hin zu den Philippinen. Rechts unten sind die deutlich kleineren Vereinigten Staaten hundert Jahre früher (1798) zu sehen.

nannten *einflussmächtigen Großen,* gefällt der Vergleich gar nicht. Andere wollen ihn nicht ziehen, weil er ihr friedvolles Weltbild stört. Wer aber den Mut hat, den Dingen ins Auge zu blicken, muss erschrecken. Die amerikanische *re-education* nach dem Zweiten Weltkrieg hat uns Deutsche so konditioniert, dass wir allen Gegenbeweisen zum Trotz einfach nicht glauben wollen, dass die Amerikaner oft Mittel einsetzen, deren Gebrauch sie bei anderen heftig kritisieren. Merkwürdig! Wir Deutschen haben doch in zwei Weltkriegen und in all den Kriegen, welche die USA früher und seither geführt haben, gesehen, was die USA imstande sind zu tun. Amerika handelt weiterhin, als ob das Wort des Vergil für ihr Imperium geschrieben wäre. In der *Aeneis* sagt Jupiter über das dem Aeneas und den Römern bestimmte Schicksal:

> His ego nec metas rerum nec tempora pono; imperium sine fine dedi.[282]
> [Ich werde den Römern keine Grenzen für ihr Reich setzen, auch kein zeitliches Ende. Ich habe ihnen eine Herrschaft ohne Ende zugedacht.]

---

282   V. 274 f.

Lebensdauer von Imperien

Die Lebensdauer von Imperien ist kürzer, als es ihre Rhetoriker suggerieren. Das Perserreich dauerte etwa von 550–333 v. Chr. (Schlacht bei Issos), also rund 170 Jahre; das Alexanderreich währte gar nur zehn Jahre. Das Römische Reich, gerechnet von der Einigung Italiens um 300 v. Chr. bis zur Eroberung Roms durch Alarich 410 n. Chr., brachte es auf 700 Jahre. Das Erste Deutsche Reich erwies sich als ähnlich haltbar. Rechnet man von Karl dem Großen um 800 bis zum Ende Karls V. (1550), ergeben sich wie für Rom 750 Jahre; rechnet man ab Otto den Großen um 960, ergeben sich immer noch 600 Jahre. Den Anfang des Britischen Weltreichs kann man auf 1750 setzten, als Kanada und Indien erobert wurden. Spätestens mit der Unabhängigkeit Indiens 1947 wird man sein Ende feststellen dürfen, das wären dann nur 200 Jahre. Tendenziell scheint die Lebensdauer von Imperien also abzunehmen.

Die Geschichte hat noch keine Erfahrung damit, wie lange sich Imperien von solchen Staaten oder Völkern erhalten können, die im demokratischen Prozess an der Gestaltung ihres Staates mitwirken können. Bisher waren es anscheinend nur Monarchien (Sargon von Sumer, Alexander der Große, Karl XII. von Schweden) oder oligarchische Adelsherrschaften (Rom, Venedig, England), in neuerer Zeit auch in Revolutionen hochgespülte Diktatoren (Napoleon, Stalin), die ihre jeweiligen Völker zur Befriedigung ihres Machttriebs einsetzten. Die emanzipierten, an Demokratie gewöhnten Völker der Neuzeit hingegen werden es sich auf Dauer nicht gefallen lassen, dass die Ressourcen ihres Staates und ihr eigenes Leben als Spielgeld machtpolitisch interessierter Eliten verbraucht werden. Es stellt sich daher die Frage, ob nicht überhaupt die Zeit zu Ende geht, in der die Weltgeschichte die Bildung von Großreichen zulässt oder vielleicht sogar fordert. In diesem Zusammenhang drängen sich zwei Überlegungen auf: Imperien sind letztlich die Spielräume von sehr wenigen groß gewordenen intelligenten Männern. Es waren immer nur Männer, welche die großen Reiche gründeten und verwalteten. Männer greifen ins Weite: *Plus ultra* (Weiter als weit oder immer mehr) war zum Beispiel der Wappenspruch des spanischen Königs und deutschen Kaisers Karls V. Imperien entstehen offenbar nicht, weil das herrschende Volk sie zu seiner Wohlfahrt oder Sicherheit braucht, sondern weil einige Männer der Oberschicht sich betätigen wollen. In der bisherigen Geschichte waren es vor allem Männer, die Politik betrieben – insbesondere in den USA. Die wenigen Ausnahmen, wie Kaiserin Irene von Byzanz (797–802), Maria Theresia von Österreich oder Katharina die Große von Russland, sind eher als Ausnahmen zu sehen, welche die Regel bestätigen. Die seit etwa 50 Jahren im demokratischen Prozess im zunehmenden Maße hervortretenden Frauen könnten freilich perspektivisch der zur Imperiumsbildung erforderlichen männlichen Aggressivität entgegenwirken.

Dass sich diese „männliche Aggressivität" vor allem außenpolitisch artikuliert(e), dürfte auch damit zusammenhängen, dass nationale Politik (Innen-, Wirtschafts-, Rechtspolitik usw.) oft nicht besonders spannend ist und Außenpolitik ganz andere Perspektiven eröffnet. Hier entscheidet man über Krieg und Frieden und das Schicksal von Völkern. Außenpolitik ist für größere Staaten immer auch Machtpolitik. Insbesondere ist sie das Politikfeld, auf dem die Parlamente den geringsten Einfluss haben. Hier ist das eigentliche Feld von intelligenten Männern, die zumeist aus wohlhabenden und machtgewohnten Familien stammen und Lust und Berufung zur Machtausübung fühlen.[283] Es sind die amerikanischen Eliten, die sich mit Themen wie „Amerika, die geschichtlich notwendige [indispensable] Nation" oder das „amerikanische Jahrhundert" befassen.[284]

Die Vorteile eines Imperiums finden sich bei den hohen Amtsträgern, die etwa in Britisch-Indien (z. B. Warren Hastings) oder Südafrika (z. B. Cecil Rhodes) rasch zu phantastischem Reichtum gelangen konnten, aber auch noch subalterne Zolleinnehmer in Indien fanden rasch zu einem Wohlstand, an den ein gleich qualifizierter Deutscher nicht denken konnte. Das einfache Volk aber, ohne Bildung und Vernetzung, hat keine Vorteile von der Macht seines Staates. Es sind immer nur einige wenige Männer der Oberschicht, die über das Gewohnte hinausgreifen und ihrem Volk einzureden wissen, dass es zu dem berufen sei, wozu ihr Machtinstinkt sie leitet. Das Volk, in dessen Interesse die Männer zu handeln vorgeben, ist an Außenpolitik wenig interessiert (in den USA ist dies eigentlich gar nicht der Fall). Die Mazedonier hatten kein Interesse an dem Großreich, das ihr ferner König Alexander über den Hindukusch hinaus erweiterte. Das bitterarme stadtrömische Proletariat wurde mit *Brot und Spielen* ruhiggestellt, während seine Eliten sich in den Provinzen bereicherten. Das Londoner „Lumpenpoletariat" (wie Karl Marx es nannte) lebte um 1850, zur Glanzzeit des Britischen Empires, in tieferem Elend als hundert Jahre zuvor. Das war die Zeit der sozialkritischen Romane von Charles Dickens. Ein Siebtel der US-amerikanischen Bevölkerung lebt heute (2015) in Armut. Diese Menschen profitieren

---

283   Jedenfalls für die Außenminister der USA scheint das mehrheitlich zuzutreffen, schaut man in die einschlägigen englischen Wikipedia-Einträge.
284   Anderson, a. a. O., S. 186.

offenbar nicht von der Weltmachtstellung ihres Staates. Wahrscheinlich sind Aufbau und Unterhaltung eines Imperiums sogar schädlich für das herrschende Volk, weil Ressourcen, die sonst der inneren Entwicklung des Staates zukämen, in das Militär umgelenkt werden, das die erworbenen Machtpositionen des Staates erhalten soll.

Imperien sind aber auch Informationsräume, in denen im Zuge der zentralen Herrschaftsausübung kulturelle Präferenzen und Praktiken, Verwaltungsstrukturen und Rechtsvorstellungen in verschiedene Völker getragen und ausgetauscht werden. Die neuzeitlichen Kommunikationsmittel Buchdruck und Zeitungswesen sowie zuletzt Fernsehen und Internet haben heute diese Funktion der Großreiche übernommen.

Die bröckelnde Pax Americana

Nimmt man eine Spanne an von etwa 1898–1991, dann hat man es nicht nur mit einem Zweiten Dreißigjährigen Krieg zu tun, sondern mit mehreren. Die beiden Weltkriege sind als Zweiter Dreißigjähriger Krieg offenbar in einen, beide umschließenden, fast hundertjährigen Umwälzungskrieg eingebettet, der um 1900 begann und 1991 mit dem Zerfall der Sowjetunion endete.

Die zwischen dem Ersten Dreißigjährigen Krieg und den Koalitionskriegen (also 1648–1790) geführten Kriege in Europa werden gelegentlich als Konsolidierungskriege bezeichnet. In diesen bildete sich das System der Großmächte und ihrer Beziehungen zueinander aus. Man könnte die Konfliktzeit von 1900–1991 als einen solchen Weltkonsolidierungskrieg bezeichnen. In diesem wurde der Kolonialismus beseitigt und es bildete sich eine polyzentrale Welt, in der sich die Welthegemonie der USA immer deutlicher herauskristallisierte. Die USA hatten zwar in Korea und Vietnam ihr Dünkirchen erlebt, aber so wie es Churchill gelungen war, das Debakel von Dünkirchen mit der „Operation Dynamo" und dem Wort von der „finest hour of the British Empire", von der man noch in tausend Jahren sprechen werde, in eine Art Sieg umzudeuten, gelang es auch den USA, ihre Niederlagen zu überspielen. Der seit 1945 während Kalte Krieg gegen die Sowjetunion, den Verbündeten im Zweiten Weltkrieg, wurde dann zwar doch gewonnen, aber weniger durch das überzeugende Auftreten der USA als durch die Schwäche der Sowjetunion und das immer deutlicher werdende wirtschaftliche Versagen ihrer kommunistischen Ideologie. 1991 war das Jahr der vollendeten amerikanischen Weltherrschaft, aber vielleicht doch nur in dem Sinne, wie der römische Kaiser Trajan im Jahre 116 die Herrschaft Roms über fast den gesamten damals bekannten Erdkreis begründet hatte. Die von ihm neu erworbenen Provinzen wurden bald nach seinem Tode (119) wieder aufgegeben. Bald darauf, etwa mit dem Tode Kaiser Marc Aurels (180), trat Rom in den erst mit dem Untergang des Reiches endenden Zweifrontenkrieg gegen die Germanen im Norden und das neu entstehende Perserreich der Sassaniden ein. Zwar sollte man sich vor einer Überanstrengung geschichtlicher Parallelen hüten. Es ist aber doch von einer gewissen Symbolkraft, dass das damals aus seiner Agonie erwachende Persien zum stärksten militärischen Gegner Roms wurde – so wie in unseren Tagen das noch vor hundert Jahren von Zerstückelung bedrohte China aus seiner Agonie erwacht ist. Die seit 1991 von den USA angezettelten Kriege (Afghanistan und zwei Golfkriege) wirken wie Rückzugsgefechte, wie Kommandounternehmen, wie sie auch der deutschen Wehrmacht nach der Kriegswende 1941/42 noch glückten (beispielsweise mit der Eroberung der Krim im Mai 1942), die aber die Gesamtlage nicht mehr wirklich beeinflussen konnten.

Spätestens ab 1989 zeigte sich, dass die Sowjetunion der USA militärisch nicht mehr gewachsen war. Diese war vollauf mit sich selbst beschäftigt, als Präsident George H. Bush es für richtig hielt, nun auch in den Ölstaaten reinen Tisch zu machen. Im August 1990 griff er den Irak an und besiegelte das Protektorat über Kuwait. Sein Sohn George W. Bush bereitete sofort nach seinem Amtsantritt eine Fortsetzung dieses Krieges vor. Der als Terroranschlag bezeichnete Vorfall am 11. September 2001 war der Anlass, Afghanistan und den Irak gleichzeitig anzugreifen.[285] Der zweite Golfkrieg wurde im Frühjahr 2003 begonnen. Dieser Krieg war erkennbar völkerrechtswidrig und insofern schlechter geplant als frühere Kriege der USA. Die politischen Folgen dieses Angriffs sind auch heute (2016) noch nicht abzusehen. Zweifellos aber hat er enormen politischen Schaden für die USA angerichtet. Die Bereitschaft auch ihrer treuesten Vasallen, selbst in Deutschland, an die Aufrichtigkeit der amerikanischen Ziele zu glauben, ist weitgehend dahin. Bis etwa zum Jahre 2000 war Antiamerikanismus Ausdruck einer auf gewisse linke Intellektuellenkreise beschränkten Gesinnung; heute ist Kritik und Misstrauen gegenüber den USA in allen politischen Lagern zu beobachten – sogar in Deutschland. Der Zenit der US-Welthegemonie scheint überschritten worden zu sein.

---

285 Es stehe dahin, ob dieser Anschlag von den USA selbst inszeniert wurde. Die Tatsache, dass die US-Regierung angesichts geradezu unzähliger offener Fragen keine wirkliche Aufklärung ermöglicht, hält die Zweifel an der offiziellen Version wach.

Der amerikanische Griff nach der Weltmacht ist letztlich wohl doch misslungen. Die USA haben in Afghanistan eine ebenso deutliche Niederlage erlitten wie die Russen und hundert Jahre zuvor die Briten. Sie haben alle ihre Kriege mit ihrer Materialüberlegenheit gegen deutlich schwächere Gegner geführt. Wohl als Folge des Machtverlustes der USA, nicht eines absoluten, aber doch relativen im Hinblick auf andere aufsteigende Mächte, regen sich die Hydraköpfe des Terrorismus. Die Weltmacht USA hat es nicht geschafft, der Welt den Stempel ihrer Ordnung aufzudrücken. Sie hat den zweiten hundertjährigen Krieg, ob man dessen Anfang nun um 1900 oder wohl besser im Jahre 1917 ansetzt, verloren oder jedenfalls bisher nicht gewonnen.

Im Hundertjährigen Krieg, den England gegen Frankreich verlor, wurden Frankreich und England getrennt und auf ihre jeweils eigenen Wege verwiesen. England wurde aus Kerneuropa ausgestoßen. Der hier sogenannte zweite hundertjährige Krieg der USA könnte die Folge haben, dass die USA aus Europa, vielleicht auch aus Asien verstoßen und damit wieder ganz auf den amerikanischen Kontinent verwiesen werden. Vielleicht wird, wie bereits Tocqueville andeutete, die Volkswelle aus dem lateinamerikanischen Süden die USA überschwemmen. Ein Drittel der US-Bevölkerung stammt bereits von dort und die USA könnten ihr europäisches Erbe vergessen.

11. TEIL

Ergebnis und Ausblick

1. Kapitel:
Deutschland

....

Die überwältigende deutsche Schuld

Die beiden Weltkriege, als einheitlicher Dreißigjähriger Krieg verstanden, sind nur eine von mehreren Etappen innerhalb eines *hundertjährigen Krieges*, den die USA seit 1898 (Krieg gegen Spanien) bis mindestens 1945 (Sieg über Japan) mit und gegen wechselnde Beteiligte zur Gründung eines amerikanischen Weltreiches geführt haben. Am Beispiel der beiden Weltkriege und des hier postulierten hundertjährigen Krieges um die Welthegemonie kann gezeigt werden, dass die Geschichtswissenschaft ihre Aufgabe, Gesamttendenzen im Verlauf der menschlichen Geschichte wahrzunehmen und aufzuzeigen, nicht immer ohne Vorurteile betreibt. Es ist offenbar nicht möglich, Geschichte wirklich *sine ira et studio* zu schreiben. Autoren, die einem bestimmten Staat angehören, sehen Geschichte mit dessen Augen. Da die angloamerikanische Welt in den letzten Jahrhunderten regelmäßig auf der Siegerseite stand, was auch dazu führte, dass die englische Sprache weltweit die führende geworden ist, konnte kaum ausbleiben, dass Geschichte von deren Vertretern in einer bestimmten Weise präsentiert wird, nämlich mit dem ausdrücklichen oder stillen Gefühl: Da es so geworden ist, wie es ist, war alles gut.

Deutsche Historiker schreiben aus der Sicht des Besiegten, und es bleibt dann nicht viel Gutes an Deutschland. Es ist hier nicht die Stelle, um zu untersuchen, in welchem Maße diese Verformung der Wahrnehmung und Würdigung historischer Vorgänge der nach dem Zweiten Weltkrieg von den USA mit missionarischem Eifer betriebenen *re-education* zu verdanken ist. Vielleicht stehen deutsche Historiker wirklich unter dem Eindruck einer überwältigenden deutschen Schuld. Wer freilich in der englischsprachigen Welt wahrgenommen werden will oder auf einen Lehrauftrag in diesen Ländern hofft, tut aber auch gut daran, deren Sichtweisen zugrunde zu legen und politisch unerwünschte Meinungen zu unterdrücken. Der mit dem Namen Ernst Nolte[286] verbundene „Historikerstreit" zeigt, in welche Untiefen das führt. Selbstprädikationen der Angelsachsen werden daher, wiewohl gelegentlich gemildert, zugrunde gelegt, und die (Un-)Taten unserer ehemaligen Kriegsgegner auf europäischen oder weltweiten Kriegstheatern werden entweder nicht gesehen oder heruntergespielt.

Die Frage, was der eigentliche Grund dafür war, weswegen die Vereinigten Staaten zweimal gegen Deutschland zu den Waffen griffen, scheint nicht wirklich kritisch gestellt zu werden. Die hier aufgestellte Behauptung, dass der Grund für die Kriegserklärung der USA im Jahre 1917 schlicht der 14 Tage zuvor erfolgte Rücktritt von Zar Nikolaus II. war, scheint neu zu sein. Sie passt nicht in das von deutschen Historikern gepflegte deutsche Schuldkonzept.

Diese auf Deutschland zentrierte Sicht verhindert auch, den weltweiten Zusammenhang zu sehen zwischen den schier unzähligen kolonialen Eroberungskriegen der Briten und der USA und deren Verhalten in Lateinamerika und Ostasien. Die zahlreichen kleineren und größeren Militäraktionen der Vereinigten Staaten fast unmittelbar nach ihrem Entstehen, das Hochgefühl ihrer Erwählung, die sie über Vorwürfe hinweghebt, die Weltkriege und die unmittelbar danach in Korea und Vietnam geführten Kriege bis hin, vorerst, zum Irakkrieg (2003), werden als Einzelereignisse wahrgenommen. Sie sind aber Teil eines Imperiumsaufbaus, dessen wesentliche Züge oft mit Entwicklungsprozessen früherer Imperien, namentlich des Römischen Reiches, vergleichbar sind. Sie sollten daher, wie es hier geschehen ist, in einen Zusammenhang gestellt werden, und zwar auch mit der offenbar Beispiel gebenden Kolonialpolitik des Mutterstaates der USA, England, dessen beeindruckende Selbstgerechtigkeit die Kritiker oft einfach sprachlos lässt.

Die Weltgeschichte besteht aus einer Abfolge von unzählbar vielen Kriegen. In jedem Einzelfall ist es eine komplexe Aufgabe, deren Gründe zu beschreiben. Auslöser und eigentliche Gründe eines Krieges stehen oft in einem merkwürdigen Missverhältnis zueinander. War der *Prager Fenstersturz* (1618) so schlimm, dass er einen Dreißigjährigen Krieg rechtfertigt, der fast die Hälfte der deutschen Bevölkerung ums Leben gebracht oder ins Unglück gestürzt hat? Die Schüsse an der Marco-Polo-Brücke im Juli 1937, die den Zweiten Japanisch-Chinesischen Krieg auslösten, waren

---

286 Ernst Nolte (Jg. 1923) ist seit dem „Historikerstreit" immer mehr in eine auch menschliche Isolation geraten, die mit der Bewertung seiner Arbeiten nur wenig zu tun hat.

gewiss keinen achtjährigen Krieg wert und niemand in Deutschland vermag zu sagen, aus welchem Grunde und mit welchem deutschen Interesse sich Deutschland an dem noch längeren Krieg der USA in Afghanistan beteiligt hat, der ebenso grundlos begann wie er grundlos, ohne Sieg oder Niederlage einer Partei, endete.

Die Gründe für Kriege mögen jeweils verschieden sein, aber sie gehen letztlich doch auf ein sehr einfaches Motiv zurück: A will von B, was B nicht freiwillig geben will. Krieg ist daher das rechtliche Gegenteil von Vertrag, der den freiwilligen Leistungsaustausch zwischen grundsätzlich gleichberechtigten Partnern bezeichnet. Krieg und Vertrag gehen aber dann ineinander über, wenn ein Vertragspartner sehr viel mächtiger ist als der andere. Krieg ist daher fast immer Ausdruck des Egoismus einer Partei, die viel und immer noch mehr will.

Egoismus ist so selbstverständlich, dass er bei der Beschreibung menschlichen Verhaltens in Geschichte, Psychologie, Philosophie, Nationalökonomie usw. allgemein zu unterstellen ist. Der Egoismus hat mit dem anderen, ebenso starken Grundtrieb, nämlich dem Geschlechtstrieb, gemeinsam, dass der Mensch sich seiner letztlich schämt. Die Betätigung beider Triebe bedarf daher anscheinend einer besonderen Rechtfertigung. Diese Rechtfertigung sucht sich der Mensch offenbar auf zwei Ebenen, nämlich auf der archaischen und der ideellen. Das archaische Verständnis von Sexualität als Mittel, dem Stamm Nachkommen zu schaffen, kann unter anderem dem Alten Testament entnommen werden.[287] In dem Maße, wie der Mensch höhere Bedürfnisse entwickelt, werden offenbar die Rechtfertigungselemente aus der archaischen auf die ideelle Ebene verschoben. Die Betätigung des Geschlechtstriebes wird dann mit den Stichworten „sexuelle Freiheit" einem höheren, als edler ausgegebenen Zweck zugeordnet. So auch der Egoismus. Wiederum bietet das Alte Testament eine Fülle von Belegen dafür, wie egoistisch der Einzelne, eine Sippe oder ein Volk sein konnten und, da von Gott berufen, sein mussten! Die Landnahmeberichte des Alten Testaments zeigen keinerlei Skrupel des Gottesvolkes bei der Vertreibung und Vernichtung der in Kanaan heimischen Bevölkerung. Archaische Völker hatten eine urtümliche Freude daran, andere zu berauben. Odysseus erzählt den Phäaken mit unverhohlenem Stolz, wie er und seine Gefährten sich hier und dort räuberisch bereichert hatten. Die noch gar nicht so sehr weit zurückliegenden Erzählungen unserer germanischen

---

287   Vgl. z. B. Psalm 127: „Kinder sind eine Gabe des Herrn, und Leibesfrucht ist ein Geschenk. Wie die Pfeile in der Hand des Starken, also geraten die jungen Knaben …"

Vorfahren sprechen die gleiche Sprache.[288] Es kam den Räubern wie den alten Israeliten gar nicht in den Sinn, ihre Handlungen ethisch zu bewerten. Erst in der späteren Reflexion werden diese um 600 v. Chr., also Jahrhunderte später, in den alttestamentlichen Büchern nachgeschoben, indem die Landnahme und die damit verbundenen Grausamkeiten als Gottes Wille erklärt werden.

Mit steigendem Zivilisationsgrad verschiebt sich die Rechtfertigung egoistischen Verhaltens aus dem primitiven Immer-Mehr-Habenwollen auf eine höhere Ebene. Man nimmt dem anderen nichts weg, sondern verweist darauf, höhere Güter zu bewirken (Verbreitung der eigenen Religion, Bekämpfung der Bosheit des Gegners), als dessen Folge der Sieger die nun herrenlose Habe des Besiegten zum Heil der Welt an sich nehmen darf, ja muss. Es geht dann nicht mehr nur um Weidegründe, sondern um edlere Ziel, etwa um die Heiligkeit der (eigenen!) Nation.

Im Vorfeld des Ersten Weltkrieges war mit dem Beitritt Russlands die Triple Entente entstanden. Dieser stand der 1882 gegründete Dreibund von Deutschland, Österreich und Italien als Defensivbündnis gegenüber.[289] Als sich nach dem Ende der raschen deutschen Siege insbesondere angesichts der abwartenden Rolle der USA ein Übergewicht der Ententemächte abzeichnete, sah Italien sich veranlasst, Deutschland und Österreich-Ungarn den Krieg zu erklären.[290] Einen Kriegsgrund gab es nicht. Der Kriegsgrund war nationaler Egoismus, der Wunsch, an der künftigen Kriegsbeute beteiligt zu werden. So aber sagte man es nicht. Der italienische Egoismus wurde daher auf die ideelle Ebene geschoben; er wurde zum *sacro egoismo,* zum *heiligen Egoismus.*[291]

Die Selbstbelobigung des Siegers und die korrespondierende moralische Herabsetzung des Besiegten sind älteste Topoi der Geschichte. Der Sieg wurde unter den schwierigsten Bedingungen,

---

288 Vgl. z. B. Meissner, Rudolf: Die Geschichte von Leuten aus dem Lachswassertal, Jena 1923. Diese beziehen sich auf Begebenheiten um 1000 (nach!) Christi Geburt, während sich die *Odyssee* auf eine Zeit um 1000 vor (!) Christus bezieht.

289 Italien erhoffte sich von dem Dreibund einen Rückhalt für seine kolonialen Bestrebungen in Afrika. Das Bündnis verlor um die Jahrhundertwende an Bedeutung und zerbrach 1915 endgültig, als Italien den Vertrag kündigte.

290 Das wurde in dem Durnowo-Brief (vgl. Anlage 6 im Anhang) völlig richtig vorhergesagt.

291 Diese Wendung stammt von dem italienischen Politiker Antonio Salandra (1853–1931) aus dem Jahr 1914. In einer Ansprache forderte er eine „unbegrenzte und ausschließliche Hingabe an das Vaterland, einen geheiligten Egoismus für Italien" („… della esclusiva ed illimitata devozione alla patria nostra, del sacro egoismo per l'Italia").

die in der rückwärtigen Schau immer noch schwieriger werden, errungen. Der besiegte Gegner wird in der Rückschau immer gefährlicher, brutaler; immer großartiger wird hingegen die Leistung des Siegers. England hat beide Weltkriege gewollt.[292] Seine Kriegserklärungen an Deutschland machten an sich lokale Streitigkeiten zweimal zum Weltkrieg. Nachdem der Weltschaden eingetreten war, und zwar auch am eigenen Leibe, stilisierte es sich als selbstlosen, nur dem Recht und der Demokratie verpflichteten Einzelkämpfer gegen die deutschen Monstren: Kaiser Wilhelm II. im Ersten und Hitler im Zweiten Weltkrieg. Je ferner diese historischen Personen rücken, desto monströserer Ausmaße nehmen sie an. Die immer größer werdende Ruchlosigkeit des Besiegten steht mit den vermeintlich edlen Beweggründen des Siegers in einem proportionalen Verhältnis.

Der Sieger zog nicht aus, um dem Feind seine Weidegründe zu nehmen, sondern um edle Ziele zu erreichen, etwa die „Freiheit" – was immer diese unter einer amerikanischen Dominanz bedeutet. Die Ausmerzung der Indianer wurde, da den Toten und Vertriebenen die Freiheit ja nun nicht mehr gebracht werden konnte, mit Gottes Auftrag, der *manifest destiny,* motiviert. Der Druck, die begangenen Untaten zu rechtfertigen, war in Amerika sowie in England (Genozide in Australien und Neuseeland; Zwangsumsiedlungen mit entsprechenden Todesopfern in Kanada, Südafrika, Sudan, Kenia, Malaya usw.) erheblich größer als in Russland. Bei der russischen Eroberung Sibiriens kam es kaum zu Untaten dieser Art. Russland brauchte daher keine *manifest destiny* zur Eroberung Sibiriens. Das kann eine von mehreren Erklärungen dafür sein, weswegen nicht etwa Russland, der eigentliche Sieger über Deutschland im Zweiten Weltkrieg, sondern England, das zum Sieg über Deutschland eigentlich gar nichts beigetragen hatte, und die USA, die wie 1917 das abgekämpfte Europa abräumten, bis heute stets und ständig ihre Leistungen gegen Deutschland herausstreichen.

Abschied vom Alleinschulddogma?

Die beiden Weltkriege als Einheit zu verstehen, greift zu kurz. Man muss, um sie zu würdigen, weiter zurück- und weiter vorausgreifen. In den Ersten Weltkrieg war Europa gemäß der Worte des britischen Premierministers Lloyd George „hineingeschlittert" („slithered over the brink into the boiling cauldron of war"). Das bedeutet wohl, dass er von keiner Nation bewusst angezettelt worden war, auch nicht von Deutschland. Das vieldiskutierte Buch

---

292 Vgl. den Durnowo-Brief, Anlage 6 im Anhang.

Die Schlafwandler (2014; *The Sleepwalkers*) des australischen Historikers Christopher Clark führt das für unsere Zeit noch einmal aus. Deutschland trug am Ausbruch des Krieges gewiss eine Mitverantwortung, es war aber am Ersten Weltkrieg nicht allein schuld! Diese Sicht, die insbesondere auf Frankreichs Betreiben hin in dem der deutschen Delegation nur noch zur Unterschrift ausgehändigten Versailler „Friedensvertrag" Aufnahme fand[293], war und ist wohl noch eine Art Glaubenssatz der Französischen Republik. Aber selbst dort ist es heute möglich zu sagen: „Non, l'Allemagne n'etait pas coupable."[294]

Wenn die beiden Weltkriege, wie allgemein angenommen wird, aber eine Einheit bilden, folgt daraus heute wohl, dass Deutschland auch am Zweiten Weltkrieg nicht ganz allein schuld war. Das legt auch die hier vorgetragene, nicht mehr eurozentrische Sicht nahe. Wenn die deutsche *Allein*schuld an den Weltkriegen zu einer *Mit*schuld heruntergestuft wird, waren definitionsgemäß auch die anderen *mit*schuldig. Dann müssten eigentlich die Versailler Friedensbedingungen neu verhandelt werden und die von Deutschland an Frankreich gezahlten Reparationen (teilweise) mit Zinsen zurückgefordert werden. Es müsste weiter von den USA und Großbritannien Schadensersatz jedenfalls für jene Zivilbombardements verlangt werden, die unbefestigte deutsche Städte ohne militärischen Wert trafen, beispielsweise Nürnberg am 2. Januar 1945, Dresden am 14. Februar 1945 und viele andere mehr. Die Bombardements waren, wie im Grunde von den Tätern zugestanden wird, völkerrechtswidrig und wurden von den Tätern vor allem mit der Alleinschuld Deutschlands, die dessen Bestrafung erfordere, gerechtfertigt. Die Vertreibungen, zum Beispiel durch Polen aus Ostdeutschland und durch Tschechen aus Böhmen, waren manifest völkerrechtswidrig. Auch sie wurden mit der deutschen *Allein*schuld einigermaßen legitimiert. An eine Wiedergutmachung des Unrechts ist derzeit nicht zu denken. Die These der deutschen *Mit*schuld anstelle der *Allein*schuld stellt Deutschland, nach Heinrich Heine wie erwähnt der Hegemon im „Luftreich des Traums", vor die Hamletfrage (III, 1), an welcher dieser träumende Held schließlich zerbrach:

> To be, or not to be, that is the question:
> Whether ‹tis nobler in the mind to suffer
> The slings and arrows of outrageous fortune,

---

293 Die Bezeichnung „Diktat" ist politisch unkorrekt und wird daher wie hier etwas kompliziert umschrieben.

294 Vgl. Simonnot, Philippe: „Die Schuld lag nicht bei Deutschland" / „Non, l'Allemagne n'etait pas coupable" (zweisprachig), Berlin 2014.

Or to take arms against a sea of troubles,
And by opposing, end them? To die: to sleep;

[Sein oder Nichtsein; das ist hier die Frage:
Obs edler im Gemüt, die Pfeil und Schleudern
Des wütenden Geschicks erdulden oder,
Sich waffnend gegen eine See von Plagen,
Durch Widerstand sie enden? Sterben – schlafen –]

Ist es edel, Geschichtsverformungen zu unseren Lasten zu dulden? Als edel gilt eigentlich der wuchtige Protest, gefolgt von einer ebensolchen Tat: „sich waffnend gegen eine See von Plagen, / Durch Widerstand sie enden?".

Wir haben aber die Machtmittel nicht, uns zu wehren. Der Gründungsmythos der Bundesrepublik Deutschland beruht daher auf der These von der deutschen Alleinschuld. Damit haben wir eine übertriebene Meinung von der Wichtigkeit Deutschlands in der Weltgeschichte des 20. Jahrhunderts.[295] Aber das ist nun einmal unser Stolz. Im Grunde ist es ein nur mit einem Minuszeichen versehener, deutscher Chauvinismus, wenn wir glauben, die Weltkriege, und zwar auch ihre Vor- und Nachgeschichte, seien eine vor allem uns Deutschen gewidmete weltgeschichtliche Veranstaltung. Das Selbstlob der Sieger ist ein zeit- und kulturübergreifendes geschichtliches Phänomen. Ein neues geschichtliches Phänomen ist aber, dass das besiegte Volk das Selbstlob der Sieger selbst predigt und die von diesen proklamierte deutsche Schuld wie ein nationales Symbol auch im Ausland vor sich herträgt. Der deutsche Schuldkult ist zum Kern des deutschen Nationalbewusstseins geworden. Aber jedes Volk, so auch wir Deutschen, will doch wohl irgendwie als etwas Besonderes wahrgenommen werden, es will etwas sein oder haben, was andere nicht sind oder haben. Amerika und England haben Freiheit und die Demokratie erfunden, Frankreich die Menschenrechte, Italien hat den Papst, Belgien hat seine Waffeln, China die Große Mauer – und Deutschland hat eben seine Schuld.

In Dostojewskis Roman *Die Brüder Karamasow* gibt es eine Szene, in der der Vater Karamasow dem Starez, dem heiligen Mann, schamlos plappernd sein sudeliges Leben, seine Sünden und Fehltritte, vorträgt. Der Starez weist ihn ab. Er solle aufhören, sich mit seinem Schmutz interessant zu machen. Wir Deutschen

---

295 Den Hütern der politischen Korrektheit, die befürchten, die deutsche Schuld am Ausbruch des Zweiten Weltkrieges könnte dann zu gering erscheinen, kann mit der Rechtsfigur der *actio (illicita) libera in causa* geholfen werden: Der Bösewicht bedient sich innerhalb eines an sich rechtmäßigen Handlungsrahmens rechtswidriger Methoden, bleibt also Bösewicht.

sind mit unserem Sündenkult in der gleichen Gefahr. Wer in einem Gespräch nichts Positives beitragen kann, heischt gern mit seinen Unfällen und Fehltritten um Aufmerksamkeit. Das letzte schriftliche Zeugnis von Luther, am Tag vor seinem Tod, enthielt die Worte: „Wir sind Bettler. Hoc est verum [Das ist wahr.]." Dieses Wort drückt ein Lebensgefühl aus, das wohl nur beim Nordeuropäer zu Hause ist. Es ist fast zum Erkennungszeichen lutherischen Christentums geworden. Zweifelsohne enthält es eine tiefe Wahrheit. Allein es gilt doch auch Goethes Wort: „Zu strenge Fordrung ist verborgner Stolz."[296] Auf einer anderen sprachlichen Ebene wird dieser Gedanke von dem englischen Ausdruck „fishing for compliments" ausgedrückt. Indem der Sprecher seine eigenen Leistungen über Gebühr herabsetzt, provoziert er Widerspruch, auf den es dem angeblich so Bescheidenen eigentlich ankommt.[297] Es ist zu vermuten, dass der deutsche Schuldkult eine Ausprägung dieses „Sündenstolzes" ist, mit welchem wir Deutschen zeigen wollen, dass wir etwas Besonderes sind. Das vorliegende Buch hat gezeigt, dass wir das nicht sind.

Vielleicht aber doch: Im 3. Buch Mose 16, 1 ff. kann die Geschichte vom Sündenbock nachgelesen werden. Mit ein wenig Fantasie erkennt man, dass Deutschland von seinen Miteuropäern in die Lage des Sündenbocks versetzt wurde. Nachdem England und Frankreich, aber auch die Niederlande und Belgien ihre durch Sklavenhandel und brutalen Kolonialismus angerichteten Schäden erkannt hatten, war es psychologisch verständlich, einen Sündenbock zu suchen, welchem man eine noch größere Schuld zuweisen konnte – eben Deutschland.

2. Kapitel:
Wie es weitergehen könnte

....

Stehen wir vor einem Zeitalter des Rechts?

Es wurde gezeigt, dass wir Deutschen ein wichtiger Teil des konfliktreichen Weltgeschehens im 19. und 20. Jahrhundert waren. Das Stück, das in diesen Jahren auf dem Welttheater gespielt wurde, trug aber nicht den Titel *Deutschland, Deutschland*, wie die meisten Deutschen glauben, sondern *America, America*.

---

296 Iphigenie, V. 1649.
297 Vgl. auch das Gedicht von Wilhelm Busch „Selbstkritik hat viel für sich, vorausgesetzt man tadelt sich …", das den gleichen Gedanken ausdrückt.

Es ist auch zweifelhaft, ob die deutschen Staatsoberhäupter darin mehr als Nebenrollen spielten. Die *Pax Americana* wurde aber auch nicht erreicht. Auch hierfür lohnt ein Blick in die Geschichte: Gegen die französische Fremdherrschaft unter Napoleon in Spanien entstand ab 1808 die Guerillabewegung. Kleinkriege und Terroranschläge konnten zwar die militärisch klar überlegenen französischen Truppen nicht aus dem Lande treiben, aber sie behinderten eine effektive Machtausübung. Dabei bliebe hier die Frage offen, inwieweit es sich um eine von Priestern entfachte religiös motivierte Bewegung gegen die gottlosen Franzosen handelte oder ob, wie so oft, religiöse Motive nur das die Aufständischen einigende Band darstellten. Die von England unterstützten Guerilleros banden jedenfalls so viele Kräfte Frankreichs, dass nach Napoleons Debakel vor Moskau auch Preußen und Österreich den Mut zum Aufstand fassten. In einer ähnlichen Lage scheinen sich die USA heute angesichts des arabischen Terrorismus zu befinden. Militärisch sind sie ihnen eindeutig überlegen, aber es gelingt der USA anscheinend nicht, die Aufständischen, die sich ebenfalls religiös motivieren, zu vernichten. Der von den USA in Afghanistan seit 2001 geführte Krieg endete abrupt, als US-Präsident Obama 2011 plötzlich erklärte, die USA hätten ihre Ziele in Afghanistan erreicht. Das stieß weltweit auf Unverständnis, denn in Wahrheit war in zehn Kriegsjahren gar nichts erreicht worden. Damit endete der Afghanistankrieg ebenso ruhmlos wie der Vietnamkrieg, in dem die USA ebenfalls nach enormen militärischen Anstrengungen 1973 unvermittelt die Vietnamisierung des Krieges ausriefen, weil Südvietnam sich allein helfen könne. Im Mai 1975 wurde Saigon von den Kommunisten erobert.

Die USA scheinen aber entschlossen, alle ihre Machtmittel einzusetzen, um ihre Welthegemonie zu befestigen. Diese ist aber durch den Aufstieg Chinas gefährdet. Eine längere Schwächeperiode der USA wird daher die beherrschten Völker zum Aufstand gegen die amerikanischen Zumutungen führen.

Das führt zu der Frage, ob die Zeit der Hegemonialmächte nicht überhaupt vorüber ist. Die Völker der Welt warten auf ein Zeitalter des Rechts. Vielleicht kommt einmal die Zeit eines verbindlichen Völkerrechts, eine Weltphase des wahren Völkerbundes, von dem Immanuel Kant 1795 in seiner Schrift *Vom ewigen Frieden* sprach. Mit unseren beschränkten deutschen Machtmitteln können wir dazu wenig beitragen. Mit unseren hoffentlich noch nicht gar zu sehr beschränkten Geisteskräften könnten wir aber versuchen, in diesem Verrechtlichungsprozess eine wichtige Rolle zu übernehmen. Der bessere Titel des Weltstücks wäre daher wohl: *Die Welt als Rechtsraum*.

Menschheit als Völkerrechtsubjekt

Das Völkerrecht begründet Rechte und Pflichten grundsätzlich nur für Völkerrechtsubjekte; lediglich im humanitären Völkerrecht (beispielsweise Verbot der Diskriminierung, der Folter usw.) kommt eine Direktwirkung völkerrechtlicher Regeln zugunsten von Organisationen oder Privatpersonen in Betracht. Völkerrechtssubjekt sind nur Staaten oder von Staaten geschaffene völkerrechtliche Körperschaften. Die Menschheit als solche, also die Gesamtheit aller auf der Erde lebenden Menschen, hat aus klassischer völkerrechtlicher Sicht keine Völkerrechtssubjektivität und folglich weder Rechte noch Pflichten. Es gibt zwar die Vereinten Nationen, aber diese sind im Rechtssinne nur ein Verein von Staaten, nicht aber eine Vertretung der Menschheit als solcher. Die Menschheit als solche existiert für das Völkerrecht nicht. Das führt, etwa im Bereich des Umweltrechts, zu Schwierigkeiten. Beispiel: Staaten, die die Klimakonvention nicht unterschreiben, handeln grundsätzlich nicht rechtswidrig, wenn sie klimaschädliche Gase verströmen; Staaten, die die UN-Seerechtskonvention nicht unterschreiben, können ihren Müll beliebig in internationale Gewässer versenken – denn das Klima und auch die Hohe See gehören niemandem.

Der Verfasser[298] hat hierzu die Auffassung vertreten, dass die Menschheit Völkerrechtssubjekt sei, also als solche völkerrechtliche Rechte und gegebenenfalls auch Pflichten habe: Das Klima, die Hohe See usw. gehören nicht niemandem, sondern der Menschheit als ganzer. Es ist also nach dieser Theorie auch ohne ausdrücklichen völkerrechtlichen Vertrag rechtswidrig, Gemeinschaftsgüter der Menschheit zu beschädigen oder exklusiv für sich in Anspruch zu nehmen. Zu diesen Gemeinschaftsgütern der Menschheit gehören auch übernationale Kulturgüter wie beispielsweise die Pyramiden, der Anspruch auf historische Wahrheit und Informationsansprüche (beispielsweise, was sagen die Akten des Staates X über einen bestimmten historischen Vorgang usw.).

Hieraus ergibt sich: Die Menschheit hat als solche auch einen Anspruch gegen jeden Staat, dass dieser seine Rechtsordnung so einrichtet, dass jeder einzelne Mensch gleich welcher Herkunft Rechtsschutz genießt, und zwar im Rahmen gewisser unveräußerlicher Mindestgrundsätze: unparteiische Richter, Gewährung rechtlichen Gehörs, Zügigkeit des Verfahrens usw. Wenn ein Staat wegen Revolution, Krieg oder diktatorischer Regierung das völ-

---

298 Aden, Menno: Völkerrechtssubjektivität der Menschheit – ein Diskussionsanstoß, Zeitschrift für vergleichende Rechtswissenschaft 105/2006, 55–64.

kerrechtlich bestimmte Mindestmaß an Rechtsstaatlichkeit nicht gewährleisten kann oder will, so darf ein anderer Staat nach dem Grundsatz der größten Nähe (internationale Notzuständigkeit; Proximitätsgrundsatz) an seiner Stelle tätig werden. Hierzu ist ein Schiedsgericht einzuschalten, wobei mit verlässlichen und verbindlichen völkerrechtlichen Regeln dafür gesorgt werden muss, dass dieses nach dem Recht und nicht nach den machtpolitischen Interessen bestimmter Großmächte entscheidet.

Quod di bene vertant! –
Das mögen die Götter zum Guten wenden!

Anhang

Literatur

Monographien

Adams, Brooks: American Economic Supremacy, London 1900

Aden, Menno: Deutsche Fürsten auf fremden Thronen, Leonie am Starnberger See 2013

Ders.: Apostolisches Glaubensbekenntnis, Nordhausen 2013 (zitiert als: Credo)

Anderson, Perry: American Foreign Policy and its Thinkers, London/New York 2015

Aretin, Karl v.: Das Reich, Stuttgart 1992

Assmann, Jan: Das kulturelle Gedächtnis, 7. Aufl., München 2013

Bacque, James: Other Losses: An Investigation into the Mass Deaths of German Prisoners at the Hands of the French and Americans after World War II, 2. Aufl., Vancouver/Toronto 2004

Baker, Nicholson: Human Smoke – The Beginnings of World War II. The End of Civilisation, London 2008

Brodie, Fawn M.: Thomas Jefferson – An Intimate History, New York 1974

Brogan, Hugh: The Penguin History of The USA, 1999

Brzezinski, Zbigniew: Die einzige Weltmacht, Rottenburg 2015

Bucher, Lothar: Der Parlamentarismus, wie er ist, 3. Aufl., Stuttgart 1894

Bülow, Andreas v.: Die CIA und der 11. September, 4. Aufl., München 2003

Clark, Christopher: The Sleepwalkers. How Europe went to War in 1914, London 2012

Clarke, Peter: The Thousand Days oft he British Empire, London 2007

Cralle, Richard K. (Hrsg.): The works of John C. Calhoun, Bd. II, New York 1854–1857

Cunningham, Henry S.: British India and Its Rulers, New Delhi 1995 (Nachdruck der 1. Aufl. von 1882)

Demandt, Alexander: Die Spätantike – Römische Geschichte von Diocletian bis Justinian, München 1989

Eckardstein, Hermann von: Lebenserinnerungen und politische Denkwürdigkeiten, 3 Bände, Leipzig 1921

Eitel, Ernest J.: Europe in China – The History of Hong Kong, London 1895 (Neudruck 1983)

Erman, Adolf: Ägypten und ägyptisches Leben im Altertum, 2. Aufl., Hildesheim 1981

Falk, Heinrich: Das Weltbild Peter J. Tschaadajews nach seinen acht „Philosophischen Briefen", München 1954

Ferguson, Niall: The War of The World, London 2006

Ford, Henry: Mein Leben und Werk, 12. Aufl., Leipzig 1923

Gehlen, Reinhard: Der Dienst. Erinnerungen 1942–1971, Mainz 1971

Gernet, Jacques: Die chinesische Welt, Frankfurt/Main 2007

Grant, Ulysses S.: Personal Memories of U. S. Grant, New York 1885–1886

Heinkel, Ernst: Stürmisches Leben, Stuttgart 1953

Hohenlohe-Schillingsfürst, Chlodwig zu: Denkwürdigkeiten, Stuttgart – Leipzig 1907

Honigberger, John Martin: Thirty Five Years in the East – Relating to the Punjab and Cashmere, London 1852 (unveränderter Nachdruck, New Delhi 1995)

Irons, Peter: A People's History of the Supreme Court, London 2000

Johnson, Chalmers: The Sorrows of Empire, New York 2005

Kissinger, Henry: Weltordnung, München 2014

Lambsdorff, Gustav Graf v.: Die Militärbevollmächtigten Kaiser Wilhelms II. am Zarenhof, Berlin 1937

Longley, Clifford: Chosen People: The Big Idea that Shapes England and America, London 2002

Macaulay, Thomas: History of England, New York 1972

Mahan, Alfred: Seapower, Boston 1918

Mann, Golo/Heuß, Alfred (Hrsg.): Weltgeschichte, 12. Bände, Berlin 1960–1965

Mahan, Alfred: The Interest Of America In Sea Power, Present And Future, London 1897

Mommsen, Theodor: Römische Geschichte, 9. Aufl., Berlin 1903

Morgenstern, George: Pearl Harbor 1941. Eine amerikanische Katastrophe, Leonie am Starnberger See 2012

Osterhammel, Jürgen: Die Verwandlung der Welt – Eine Geschichte des 19. Jahrhunderts, München 2011

Paleologue, Maurice: Am Zarenhof während des Weltkrieges. Tagebücher und Betrachtungen, 3. Aufl., München 1927

Ranke, Leopold von: Englische Geschichte, 2 Bände, Stuttgart 1955

Röhl, John C. G.: Kaiser, Hof und Staat. Wilhelm II. und die deutsche Politik, 2. Aufl., München 2007

Sandars, Christopher: America's Overseas Garrisons: The Leasehold Empire, London 2000

Schüler, Andreas: Erfindergeist und Technikkritik. Der Beitrag Amerikas zur Modernisierung und die Technikdebatte seit 1900, Stuttgart 1990

Schrenck-Notzing, Caspar v.: Charakterwäsche. Die amerikanische Besatzung in Deutschland und ihre Folgen, 3. Aufl., Graz 2010

Schumpeter, Joseph A.: Capitalism, socialism and democracy, New York–London 1942

Schultze-Rhonhof, Gerd: Der Krieg, der viele Väter hatte, 6. Aufl., München 2007

Shirer, William L.: Berlin Diary, New York 1941

Siemens, Werner v.: Lebenserinnerungen, München 2008

Simonnot, Philippe: „Die Schuld lag nicht bei Deutschland"/„Non, l'Allemagne n'etait pas coupable" (zweisprachig), Berlin 2014

Sothen, Hans Becker v.: Bild-Legenden. Fotos machen Politik. Fälschungen – Fakes – Manipulationen, Graz 2013

Spengler, Oswald: Jahre der Entscheidung, München 1933

Stinnett, Robert B.: Day of Deceit – The Truth abour FDR and Pearl Harbor, New York 2000

Tarn, William: Die Kultur der hellenistischen Welt, Darmstadt 1966

Tocqueville, Alexis de: Über die Demokratie in Amerika, Stuttgart 1986

Toynbee, Arnold: Study of History 1939–1954, Bd. I–XII, Oxford–New York 1974 (überarbeitete Auflage)

Weisberger, Bernard, A.: Reaching for Empire, New York 1964 (The Life History of the United States, Bd. 8, 1890–1901)

Wilhelm II.: Ereignisse und Gestalten aus den Jahren 1878–1918, Berlin 1922

Winnicki, Adam: Die neue Weltordnung: Die USA und ihre globalen Herausforderer, Graz 2011

Witte, Sergei: Mémoires du Comte Witte, Paris 1921

Wohlfahrt, Horst (Hrsg.): 40 Jahre Kernspaltung. Eine Einführung in die Originalliteratur, Darmstadt 1979

Young, George B.: Intervention under the Monroe Doctrine: The Olney Corollary, Political Science Quarterly, Vol. 57, No. 2 (Juni 1942), S. 247–280

Nachschlage- und Quellenwerke

Bevölkerungs-Ploetz, 3. Aufl., Würzburg 1965

Briefwechsel Stalins mit Churchill, Attlee, Roosevelt und Truman; aus dem Englischen von Helmut Tautz, Berlin 1961

Encyclopædia Britannica, London 1974 ff. (zitiert als EB)

Frankfurter Zeitung (Hrsg.): Geschichte der Frankfurter Zeitung, Frankfurt/Main 1911

Kindlers Literaturlexikon, München 1982 ff.

Anlagen

Anlage 1: Monroe-Doktrin: „Amerika den Amerikanern"

... Cuando el presidente de Estados Unidos James Monroe,en 1823, formuló esa primera doctrina global de su país, «América para los americanos», Diego Portales, un ciudadano chileno que comerciaba en los puertos del Pacífico y años después sería ministro de estado en su país, escribió a un amigo: «Si, pero hay que tener mucho cuidado: para los americanos del norte, los únicos americanos son ellos mismos».

[Als Präsident Monroe 1823 diese erste Doktrin mit dem Ziel der Weltgeltung formulierte, nämlich „Amerika den Amerikanern", schrieb Diego Portales, ein Bürger Chiles mit Geschäftsinteressen an der Pazifikküste, der Jahre später Außenminister seines Landes sein sollte, an einen Freund: „Schön und gut, aber man sollte doch sehr vorsichtig sein. Für die Amerikaner im Norden gelten nämlich nur sie selber als Amerikaner."]

Quelle: Doctrina Monroe, im Netz unter: https://es.wikipedia.org/wiki/ Doctrina_Monroe [zuletzt eingesehen am 12. Januar 2016]

Anlage 2: Amerikas schwarze Listen

Röhren-Embargo: Hieb ins Leere

Morgens um sieben beim Frühstück sprachen Außenminister Hans-Dietrich Genscher und sein amerikanischer Kollege George Shultz in New York die Weltlage durch. Doch das Wichtigste erfuhr der Bonner Gast erst am nächsten Tag aus der „New York Times". Was Shultz seinem Gesprächspartner nicht erzählen wollte: Das Handelsministerium der Washingtoner Regierung hatte kurz nach Genschers Ankunft zum Schlag gegen die Deutschen ausgeholt.

Vier Unternehmen von Rhein und Ruhr kamen auf die schwarze Liste der US-Regierung und werden ab sofort nicht mehr mit amerikanischer Erdöl- und Erdgastechnologie beliefert. Der Washingtoner Bann trifft drei Mannesmann-Firmen – die Kocks Pipeline Planungs GmbH, die Essener Hochdruck-Rohrleitungsbau GmbH und die Mannesmann Anlagenbau AG – sowie die AEG-Tochter AEG-Kanis.

Ebenso wie andere europäische Unternehmen mochten sich die deutschen Firmen nicht an ein US-Embargo für die über 5000 Kilometer lange Gas-Pipeline von Sibirien bis Bayern halten. John Brown aus England, Nuovo Pignone aus Italien und Dresser aus Frankreich hatten schon in den letzten Wochen die ersten von 125 vorgesehenen Turbinen für die Pipeline geliefert. [...]

Keine der auf die schwarze Liste gesetzten Mannesmann-Firmen bezieht auch nur ein einziges Teil aus den USA. Warum auch: Der Düsseldorfer Konzern, Lieferant der Großrohre für die Sibirien-Pipeline, ist in der Röhrentechnologie absolut führend.

Die Amerikaner straften die Röhrenfirma allein deswegen ab, weil Mannesmann Anlagenbau in „vertraglichen Beziehungen", so der offizielle Text des US-Handelsministeriums, zu AEG-Kanis und der staatlichen Moskauer Einkaufsgesellschaft Machinoimport steht. [...]

Mehr als AEG und Mannesmann dürfte die amerikanische Attacke die Kohl-Genscher-Regierung treffen, der so viel an herzlichen Beziehungen zur Washingtoner Regierung liegt. Genscher hatte nach der Lektüre der „New York Times" Mühe, seine Enttäuschung herunterzuspielen: „Wir sind ja die einzigen, die die Sanktionen noch nicht hatten."

Quelle: Auszug aus: *Der Spiegel*, 41/1982 vom 11. Oktober 1982, S. 130–131

Anlage 3: Alfred Mahan: „Weltweite Wohlfahrt" durch Ausbreitung der angloamerikanischen Staaten

Comparative religion teaches that creeds which reject missionary enterprise are foredoomed to decay. May it not be so with nations? Certainly the glorious record of England is consequent mainly upon the spirit, and traceable to the time, when she launched out into the deep – without formulated policy, it is true, or foreseeing the future to which her star was leading, but obeying the instinct which in the infancy of nations anticipates the more reasoned impulses of experience. Let us, too, learn from her experience. Not all at once did England become the great sea power which she is, but step by step, as opportunity offered, she has moved on to the world-wide pre-eminence now held by English speech, and by institutions sprung from English germs. How much poorer would the world have been, had Englishmen heeded the cautious hesitancy that now bids us reject every advance beyond our shore-lines! And can anyone doubt that a cordial, if unformulated, understanding between the two chief states of English tradition, to spread freely, without mutual jealousy and in mutual support, would increase greatly the world's sum of happiness?

Quelle: Auszug aus Alfred Thayer Mahan: The Interest of America in Sea Power, Present and Future, London 1897, S. 50

Anlage 4: Die Schleswig-Holstein-Frage und der Rechtsraum Europas

I. Ausgangspunkt

Recht sichert Bestehendes und behindert eben dadurch aber auch das Neue. Die als Rechtssicherheit gepriesene Starrheit des Rechtes führt dazu, dass zur Erneuerung drängende Kräfte erst einen „kritischen Druck" erreichen müssen, um sich durchzusetzen. Ohne diesen verpuffen die Kräfte. Wird er erreicht, entstehen Zustände hoher „juristischer Entropie", welche aber in eine neue Gesamtordnung überleiten. Bis tief ins 19. Jahrhundert standen aus dem Mittelalter stammende Gerechtsame und Landesbräuche gegen das aufkommende, aber noch unfertige Neue. Dieses zeigte sich als Forderung nach nationaler Selbstbestimmung, als republikanisches Aufbegehren gegen Königsmacht. Es zeigte sich auch als Kollision von altem Gewohnheitsrecht mit einem neuen, staatlich gesetzten Recht. Das kann am Beispiel der Schleswig-Holstein-Frage (1850–64) gezeigt werden.

Es kann helfen, diesen Fall zu bedenken, um daraus Lehren für heute zu ziehen, wo nationale Rechte mit einem noch unfertigen europäischen oder Weltrecht kollidieren.[299]

II. up ewig ungedeelt

Vor 150 Jahren, am 18. November 1863, bestätigte der soeben auf den Thron gelangte dänische König Christian IX. die von seinem Vorgänger erlassene *Gesamt-Staatsverfassung* Dänemarks und löste damit einen Prozess aus, welcher die politischen Grenzen des überkommenen, aber damals geltenden Rechts aufzeigt.

Dänemark bestand seit alten Zeiten aus drei ungleichen Teilen: Königreich, Herzogtum Schleswig und Herzogtum Holstein. Holstein gehörte seit jeher zum Deutschen Reich. Als dessen Herzog war der König Lehnsmann des Kaisers. Schleswig war auch nicht Dänemark, aber es gehörte der dänischen Krone, etwa vergleichbar dem weiland Reichsland Elsass-Lothringen, welches nicht Deutschland war, aber dem Reich gehörte. Hier war der König in seiner Eigenschaft als Herzog gleichsam sein eigener Lehnsmann. Die Herzogtümer hatten ihr eigenes Recht. Im Vertrag von Ripen (= dän. Ribe, 1460) war den Landständen von Schleswig und Holstein vom König feierlich bestätigt worden, dass beide Herzogtümer *up ewig ungedeelt,* also dauernd unter demselben Herrn bleiben sollten. Es war aber nicht gesagt, dass die Herzogtümer *up ewig* den König von Dänemark als Herzog haben sollten. Um 1845 zeichnete sich ab, dass das Königshaus (= die ältere Linie des Oldenburger Grafenhauses) im Mannesstamm aussterben werde. Die Erblichkeit der Krone auch in weiblicher Linie war zwar um 1700 im Königreich eingeführt worden. Im reichsangehörigen Holstein aber galt das sogenannte Salische Erbrecht, welches die Thronerbung nur in männlicher Linie erlaubte.[300] In Schleswig, da nicht reichsangehörig, war Erbrecht in weiblicher Linie für sich genommen möglich. Da es aber *up ewig ungedeelt* mit Holstein vereint sein sollte, hätte ein unterschiedliches Erbrecht diese Einheit zerrissen. Es schien also möglich, dass beim Aussterben des Mannesstamms die Herzogtümer sich von Dänemark trennen würden. Dem vorzubeugen, hatte König Christian VIII. (1839–48) eine *Gesamt-Staatsverfassung* mit einer einheitlichen Erbfolge für Königtum und Herzogtümer erlassen.

Das wurde von den weit mehrheitlich deutschen Schleswig-Holsteinern als Schritt zur Einverleibung nach Dänemark gesehen. Es kam zum Aufstand (so die dänische Sicht) bzw. zum Volkskrieg (so die deutsche Sicht). Der Erste Schleswig-Holsteinische Krieg (der von 1864 war der zweite)

---

299 Die Ausführungen sind dem Schwiegervater des Verfassers, Hartwig Schlegelberger, der am 9. November 2013 hundert Jahre alt geworden wäre, gewidmet. Schlegelberger war Landrat in Flensburg, dann viele Jahre Mitglied der Kieler Landesregierung. Als jahrzehntelanger Präsident des Deutschen Grenzvereins hat er sich allgemein anerkannte Verdienste um die Rechte beider Völker im Grenzraum erworben.

300 Vgl. die *Pragmatische Sanktion*, mit der Kaiser Karl VI. seiner Tochter Maria Theresia die Nachfolge in den zum Reich gehörenden Ländern sichern wollte.

wurde von Dänemark blutig niedergeschlagen (Schlacht von Idstedt, 1851). Wegen der strategischen Bedeutung der Ostseeausgänge mischten sich die Großmächte (England, Russland, Preußen, Österreich sowie Frankreich) ein. Im Londoner Protokoll von 1852 wurde zwischen diesen eine Art Friedensvertrag geschlossen. Dieser garantierte die staatliche Einheit von Dänemark nebst Herzogtümern. Preußen und Österreich als Unterzeichnermächte waren daran gebunden, die daran nicht beteiligten deutschen Mittelstaaten aber nicht.

Mit dem Tod von König Friedrich VII. am 15. 11. 1863 endete der Mannesstamm des Königshauses. Nachfolger als König wurde der kraft weiblichen Erbrechts berufene Christian IX. Dagegen erhob sich kein Widerspruch. Da das Londoner Protokoll die Einheit des Gesamtstaates garantiert hatte, sah Christian sich aber auch als Herzog von Holstein und von Schleswig. Hier erhob sich Widerspruch. Der Herzog von Schleswig-Holstein-Augustenburg, der in männlicher Linie von einer Seitenlinie des Königshauses abstammte und nach salischem Erbrecht zweifelsfrei zum Herzog berufen war, hatte das Londoner Protokoll nicht mit unterschrieben, er war auch gar nicht darum gebeten worden. Der Augustenburger proklamierte sich folglich als Herzog von Holstein. Da das vom dänischen König seinerzeit für Schleswig verfügte weibliche Erbrecht wegen Verstoßes gegen den Grundsatz *Up ewig ungedeelt* verstieß, sah er dieses als ungültig an – mit der Folge, dass er als Herzog von Schleswig und Holstein auftrat.

III. Erwerb von Schleswig-Holstein

Das Manifest vom 18. 11. 1863 *besiegelte die staatsrechtliche Trennung Schleswigs von Holstein* (Ernst R. Huber). Diese Trennung widersprach dem Londoner Protokoll.[301] Die Mehrheit der Mitglieder des Deutschen Bundes, von einer Deutschland durchrauschenden patriotischen Welle getragen, stand auf Seiten des Augustenburgers und forderte die Bildung eines Herzogtums Schleswig-Holstein unter diesem, im Ergebnis also dessen Abtrennung von der dänischen Krone. Der Deutsche Bund, da kein Unterzeichner des Londoner Protokolls, konnte das fordern. Für Preußen aber wäre das ein Bruch desselben gewesen. Wenn es den Erwerb der Herzogtümer anstrebte, wie Bismarck später zugab, schon früh ins Auge gefasst zu haben, musste er anders vorgehen. Für Österreich galt dasselbe.

Preußen und Österreich traten den Ansprüchen des Augustenburgers entgegen, vorgeblich um die bedrohte Einheit des Gesamtstaates Dänemark aufrechtzuerhalten. In Bezug auf ein zum Deutschen Bunde gehöriges Gebiet allerdings, Holstein, sei das Manifest vom 18. November 1863 ein Rechtsbruch des Königs. Sie ließen sich daher vom Bundesrat ermächtigen, die Rechte *Holsteins* zu sichern. Aber nur Holstein gehörte zum Deutschen Bund. Die Ermächtigung des Bundestages zum Einschreiten konnte sich also nicht auch auf Schleswig beziehen. Dessen Besetzung wurde daher damit begründet, dass die vom König verfügte Trennung Schleswigs von Holstein die *holsteinischen* Rechte aus dem *Up ewig ungedeelt*-Grundsatz

---

301 Grundlegend und fast umfassend: Huber, Ernst R.: Deutsche Verfassungsgeschichte seit 1789, Stuttgart u. a. 1963, Bd. III, S. 449–509.

verletze. Um den dänischen König zu zwingen, diesen Rechtsbruch wieder rückgängig zu machen, schritten Preußen und Österreich zu einer *Pfandbesetzung des Herzogtums Schleswig.* Da er das nicht tat, wurde aus der vom Deutschen Bund ermächtigten Zwangsmaßnahme gegen ein Bundesmitglied (= dänischer König als Herzog von Holstein) ein Krieg. An dessen Ende musste der König von Dänemark im Wiener Frieden vom 30. Oktober 1864 „seine" Herzogtümer Holstein und Schleswig sowie Lauenburg abtreten, und zwar an Preußen und Österreich zur gesamten Hand. Allerdings waren Preußen und Österreich unter der Prämisse in den Krieg gezogen, dass der derzeitige dänische König schon mal gar nicht Herzog von Holstein war.

Tatsächlich waren die deutschen Bundesstaaten wie auch der offenbar weitaus größte Teil der höchst engagierten Juristen der Meinung, dass nach den geheiligten Rechten der fürstlichen Erbfolge gar nicht der dänische König, sondern der Augustenburger rechtmäßiger Herzog der Herzogtümer war. Dieser Meinung war insbesondere auch der preußische Kronprinz, nachmals Kaiser Friedrich III. Der Augustenburger war aber am Wiener Frieden nicht beteiligt. Der dänische König wurde im Wiener Frieden also gezwungen, über die Herzogtümer zu verfügen, die ihm gar nicht gehörten; ein Fall des § 185 BGB. Die Abtretung war mithin aus Rechtsgründen unwirksam.

IV. Parallelen zu heute?

Die Schleswig-Holstein-Frage war eine der kompliziertesten staats- und völkerrechtlichen Fragen des 19. Jahrhunderts in Europa. Die vorstehende Skizze kann den rechtlichen Gehalt dieses Problems bei Weitem nicht ausschöpfen.[302] So wäre z. B. die sehr schwierige Frage zu diskutieren, ob Holstein nach dem Ende des Deutschen Reiches 1806 überhaupt noch zum Deutschen Bund zu rechnen war, ggfs. mit welchen Folgen. Da es den deutschen Kaiser nicht mehr gab, hatte sich das lehnsrechtliche Band, welches Holstein 1000 Jahre an den Kaiser gebunden hatte, erledigt. Konnte ein völkerrechtliches „Nichtwesen" wie der Deutsche Bund Nachfolger des Kaisers sein? Konnte der Grundsatz *up ewig ungedeelt* denn das Jahr 1806 überdauern? Hatte er sich nicht infolge der Verschiebung der Sprachgrenze nach Süden durch Wegfall der Geschäftsgrundlage erledigt? Welchen Geltungsanspruch hatte das dynastische Erbrecht gegenüber dem neuen auf Volkstum gegründeten Zugehörigkeitsgefühl der Schleswiger und der Holsteiner zu jeweils Deutschland oder Dänemark? War das einseitige Manifest des Königs vom 18. 11. 1863 überhaupt rechtswirksam? Der 1660 eingeführte Absolutismus war in Dänemark inzwischen aufgehoben worden. Bismarck hat ausweislich seiner *Gedanken und Erinnerungen* diese Probleme sehr wohl gesehen. Er benutzte 1864 das damals noch geltende dynastische Erbrecht letztlich als Hebel, um dieses im Ergebnis ad absurdum zu führen; um einer neuen, letztlich auf Volkssouveränität gegründeten Ordnung zum Durchbruch zu verhelfen.

---

302 Huber, a. a. O., listet zu dieser Frage fast eine ganze Seite von Schrifttumshinweisen in Kleindruck auf.

Heute kann die Schleswig-Holstein-Frage als ein Vorstück für den Aufbau eines Rechtsraumes Europa gesehen werden. Einerseits muss das Recht gelten und Verträge sind einzuhalten. Aber auch das Recht hat zeitlich und sachlich nur eine begrenzte Reichweite. Recht darf nicht und kann am Ende auch nicht das geschichtsmächtig vordringende Neue verhindern.

Wir schaffen heute einen neuen Rechtsraum in der EU. Das führt wie jeder Systemwechsel geradezu notwendigerweise zu chaotischen Zwischenzuständen und Friktionen. Diese erleben wir heute bei der Diskussion um die Eurokrise, um wirkliche oder befürchtete Übergriffe der EG-Behörden oder des EuGH in die nationale Rechtsprechung, bei der Frage nach Grenzen und Restinhalten nationaler Souveränität usw. Ein solcher Systemwechsel stand um 1863 an, als die Schleswig-Holstein-Frage aufbrach und nach einer Lösung verlangte: Uralte Rechtsregeln standen gegen noch undeutlich formulierte neue Ansprüche. Die Kriege von 1850 und 1864 waren der sichtbare Ausdruck des mit dem Systemwechsel einhergehenden Chaoszustandes. Krieg war damals ein akzeptiertes Mittel der Politik. Dieses Mittel haben wir für uns heute ausgeschlossen. Die ewigen und oft elenden, mit juristischen Spitzfindigkeiten und politischen Schienbeintritten geführten Verhandlungen um die künftige Form Europas oder um den neuen europäischen Rechtsraum sind wohl nur die Entsprechung zu den damaligen Kriegen und dann doch das bessere Mittel, um das Neue ans Licht zu bringen. Ein Teil dieses Neuen war damals das Selbstbestimmungsrecht und der Nationalismus. Im Zeichen der Europäisierung und der Globalisierung sind wir anscheinend wieder einen Schritt zurückgetreten und beschauen mit Abstand und kritischer, was der Nationalismus unter den Völkern angerichtet hat.

Quelle: Menno Aden, 2014; im Netz unter: https://www.google.at/?gws_rd=ssl#q=Die+Schleswig-Holstein-Frage+und+der+Rechtsraum+Europas

Anlage 5: Interventionen der USA
in Mittelamerika 1846–1994

1846–1848	Krieg zwischen Mexiko und den USA: Mexiko verliert die Hälfte seines Territoriums
1854	Nicaragua: Zerstörung von San Júan del Norte, nachdem der US-Botschafter von einer aufgebrachten Menge verletzt wurde und keine Entschädigung geleistet wurde
1857	Nicaragua: Militärische Aktionen in Zusammenhang mit den Versuchen des US-Abenteurers William Walker, das zentralamerikanische Land unter seine Kontrolle zu bringen
1859	Mexiko: 200 US-Soldaten überqueren den Grenzfluss Rio Grande, um den mexikanischen „Banditen" Cortina zu verfolgen
1860	US-Intervention in Kolumbien (Panama-Bucht) „zum Schutz amerikanischer Interessen während einer Revolution"

1866	US-Intervention in Mexiko „zum Schutz amerikanischer Staatsbürger"
1894	US-Intervention in Nicaragua „zum Schutz amerikanischer Interessen in Bluefields im Gefolge einer Revolution"
1898	Kuba und Puerto Rico: Spanisch-Amerikanischer Krieg; Spanien verliert seine letzten Kolonien in Lateinamerika
1903	US-Intervention in Honduras „zum Schutz des amerikanischen Konsulats und der Werft in Puerto Cortez" während revolutionärer Unruhen
1903	US-Intervention in der Dominikanischen Republik „zum Schutz amerikanischer Interessen in Santo Domingo während revolutionärer Aufstände"
1903–1914	US-Intervention in Panama „zum Schutz amerikanischer Interessen und amerikanischen Lebens" während und nach der Sezession von Kolumbien (Kanalbau-Interessen)
1903–1909	Kuba: „Intervention zur Wiederherstellung der Ordnung, zum Schutz der Ausländer und zur Errichtung einer stabilen Regierung nach schweren revolutionären Unruhen"
1912	US-Intervention in Kuba „zum Schutz amerikanischer Interessen in der Provinz Oriente und in Havanna"
1912–1925	US-Intervention in Nicaragua „zum Schutz amerikanischer Interessen während eines Revolutionsversuches". Präsenz einer US-Streitmacht bis zum 5. August 1925 als „Garant für Frieden und politische Stabilität"
1913	Mexiko: Landung einiger Marines in Ciaris Estero zur Evakuierung amerikanischer Staatsbürger
1914	US-Intervention in Haiti „zum Schutz amerikanischer Staatsbürger während gefährlicher Unruhen"
1914	US-Intervention in der Dominikanischen Republik: Eingreifen amerikanischer Marines während revolutionärer Unruhen
1914–1917	Mexiko: Einnahme von Vera Cruz und Einmarsch von Truppen unter General Pershing in Nordmexiko im Zusammenhang mit der mexikanischen Revolution
1915–1934	US-Intervention in Haiti „zur Aufrechterhaltung der Ordnung"
1916–1924	US-Intervention in der Dominikanischen Republik „zur Aufrechterhaltung der Ordnung"
1917–1922	US-Intervention in Kuba „zum Schutz amerikanischer Interessen während eines Aufstands"
1918–1919	US-Intervention in Mexiko: Einmarsch amerikanischer Truppen; mehrere Strafexpeditionen gegen mexikanische „Banditen"
1924	US-Intervention in Honduras: Landung von US-Truppen während eines Bürgerkrieges; die Hauptstadt Tegucigalpa wird von 200 Marines besetzt

1925	Panama: Landung amerikanischer Truppen zur „Aufrechterhaltung der Ordnung und zum Schutz amerikanischer Interessen"
1926–1933	Nicaragua: Landung amerikanischer Marines zum Schutz der US-Interessen; 1933 müssen die US-Truppen abziehen, ohne den Guerilla-Führer Sandino besiegt zu haben
1933	US-Intervention in Kuba: Während einer Revolution gegen den Diktator Machado Flottendemonstration vor der kubanischen Küste
1954	Guatemala: CIA-Unterstützung und Waffenhilfe zum Sturz des demokratisch gewählten Präsidenten Arbenz
1961	Kuba: CIA-Unterstützung und Waffenhilfe für die Landung von Exilkubanern in der Schweinebucht zum Sturz Fidel Castros
1962	Kuba: Seeblockade der USA gegen die Insel
1965	Dominikanische Republik: Landung von insgesamt 30.209 Marines während revolutionärer Unruhen zur Wiedereinsetzung des gewählten Präsidenten Júan Bosch, der im Gefolge der Intervention von pro-amerikanischen Kräften politisch kaltgestellt wird
1973	Chile: CIA-Unterstützung und Waffenhilfe zum Sturz des gewählten Präsidenten Salvador Allende
1979–1990	Destabilisierungsversuche gegen die sandinistische Regierung in Nicaragua; Aufbau und Unterstützung der „Contra"-Rebellen
1983	Grenada: Landung von Marines und Rangern „zum Schutz amerikanischer Bürger und zur Wiederherstellung der Ordnung"
1989	Panama: Intervention zur Gefangennahme des Chefs der Nationalgarde Noriega wegen dessen Verwicklung in den Drogenhandel; mindestens 1.500 Tote unter der Zivilbevölkerung
1994	Haiti: Intervention zur Wiedereinsetzung des 1991 gewählten Präsidenten Aristide

Quelle: http://www.quetzal-leipzig.de/printausgaben/ausgabe-20-wieder-gewalt/gewaltsame-interventionen-der-usa-in-lateinamerika-ab-1846-19093.html [zuletzt eingesehen am 12. Januar 2016]

Anlage 6: Pjotr Durnows Denkschrift vom 11. Februar 1914
an Zar Nikolaus II. (Auszug)

Pjotr Durnowo, russischer Politiker und Innenminister im Russischen Reich, prophezeite in seinem vertraulichen Brief an den Zaren Nikolaus II. den Ersten Weltkrieg in allen Details. „Durnowos Denkschrift" gilt in der russischen Geschichtsforschung als ein Beispiel für zeitgenössisches analytisches Denken, das seiner Zeit voraus war. Hier eine gekürzte Wiedergabe seiner Denkschrift:

Die Rivalität zwischen England und Deutschland erscheint als eine Hauptfrage der Weltgeschichte unserer Zeit und unvermeidlich wird diese Rivalität zu einem Krieg führen, dessen Ausgang für den Besiegten wahrscheinlich tödlich sein wird. Dermaßen unversöhnlich erscheinen die Interessen dieser beiden Nationen und also auch ihr Nebeneinanderbestehen als Großmächte.

Einerseits sehen wir einen Inselstaat, dessen Macht und Einfluss sich auf eine mächtige Flotte, auf Welthandel und auf unzählige Kolonien gründet. Auf der anderen Seite erscheint ein mächtiges kontinentales Reich, dessen Landbesitz seiner stark angewachsenen Bevölkerung nicht mehr genügt. Auch hat die letztere frei und offen erklärt, ihre Zukunft liege auf den Meeren und hat mit fabelhafter Schnelligkeit einen Welthandel entwickelt, zu dessen Verteidigung eine starke Kriegsflotte erbaut wurde, während durch ihre berühmte Weltmarke „Made in Germany" dem industriellen Wirken des Gegners eine tödliche Gefahr ins Leben gerufen wurde.

England wird sich natürlich ohne Kampf nicht fügen, und deshalb ist zwischen ihm und Deutschland ein Krieg auf Leben und Tod unvermeidlich. Dieser bevorstehende Konflikt kann aber keinesfalls als ein Zweikampf zwischen England und Deutschland losbrechen. Dazu wären ihre Kräfte zu ungleich und außerdem könnten sie einander nicht genügend fassen.

Für Deutschland wäre es zwar möglich, Volksaufstände in Indien, Südamerika und Irland hervorzurufen, mittels Kaperung und Unterseebooten den englischen Seehandel zu paralysieren und dadurch für Großbritannien Lebensmittelschwierigkeiten zu verursachen. Aber bei all ihrer Tapferkeit würden sich doch die deutschen Heerführer kaum zu einer Landung in England erdreisten können, wenn ihnen nicht vorläufig ein besonderes Glück zur Vernichtung der englischen Kriegsflotte verhelfen könnte.

Was England betrifft, so ist für dasselbe Deutschland völlig unangreifbar. Alles, was England selbstständig durchführen könnte, wäre die Annektion der deutschen Kolonien, die Annullierung des deutschen Seehandels und im besten Falle die Vernichtung der deutschen Kriegsflotte. Aber alles dieses wäre nicht genügend, um den Feind zum Frieden zu zwingen. Unzweifelhaft wird sich England deshalb bemühen, schon früher erprobte Mittel zu ergreifen: es wird sich zu einer Kriegserklärung nicht früher entscheiden, bevor es sich nicht den Beistand anderer kriegsfähiger Mächte gesichert hat; und da auch Deutschland gewiss nicht isoliert auftreten wird, so wird sich der künftige englisch-deutsche Krieg zu einem bewaffneten Konflikt der europäischen Mächte gestalten, von denen die einen englisch, die anderen deutsch gestimmt sein werden.

Wie bekannt, haben England und Amerika während des russisch-japanischen Krieges gegenüber Japan eine wohlwollende Neutralität beobachtet, was zu gleicher Zeit durch Frankreich und Deutschland Russland gegenüber geschah. Wie es scheint, konnte dies als Grundlage einer natürlichen politischen Kombination für die Zukunft bleiben. Leider aber nahm unsere Diplomatie nach dem Krieg einen ganz entgegengesetzten Kurs und entschied sich für eine Annäherung an England. Frankreich wurde hinzugezogen und so bildete sich unter dem Einfluss Englands ein Bündnis der drei Mächte und ein Zusammenstoß mit den mit Deutschland verbündeten Staaten wurde früher oder später unvermeidlich.

Natürlich ergibt sich die Frage: was haben wir gewonnen oder was können wir gewinnen durch einen solchen Verzicht auf unser traditionelles Misstrauen gegen England und auf unser, wenn nicht freundliches, so doch wenigstens gut nachbarliches Zusammenleben mit Deutschland?

Wenn wir alle Ereignisse, die dem Friedensvertrage von Portsmouth folgten, analysieren, fällt es uns schwer, irgendwelche realen Vorteile zu verzeichnen, welche wir unserer Annäherung an England zu verdanken hätten. Den einzigen Vorteil – unsere verbesserten Beziehungen mit Japan – kann man kaum als Folge des russisch-englischen Verständnisses betrachten ...

Einmal in den Besitz von Korea und Formosa gelangt, wird Japan wahrscheinlich nicht nördlicher vordringen, und sein Erweiterungstreben wäre eher in der Richtung der Philippinischen Inseln, Javas, Sumatras und Borneos vorauszusehen. Das Äußerste wäre vielleicht für Japan, sich im Handelsinteresse einer weiteren Strecke der Mandschureibahn zu bemächtigen.

Also sind wir der Meinung, dass nicht nur ein friedliches Zusammenleben zwischen Russland und Japan, sondern auch ein engeres Bündnis ohne jegliche Bemühung Englands naturgemäß zustande kommen könnte. Die Grundlagen zu einem solchen Bündnis liegen klar auf der Hand. Japan ist kein reiches Land und deswegen fällt es ihm schwer, eine starke Armee und eine mächtige Flotte zu gleicher Zeit zu unterhalten. Ein Bündnis mit Russland würde Japan die Möglichkeit geben, in Aussicht auf die *schon aufgehende Rivalität mit Amerika*[303] alle seine Aufmerksamkeit der Flotte zu widmen und die Verteidigung seiner Interessen auf festem Lande Russland zu überlassen.

Auf diese Weise hat, was unser Verhältnis zu Japan anbetrifft, uns eine Annäherung an England gar keine realen Vorteile gebracht.

Wenn also in diesen Angelegenheiten unsere Diplomatie in dem Einverständnis mit England keine Wirkungsfreiheit gefunden hat, so ist im Gegenteil unser Versuch, mit *Tibet Beziehungen anzuknüpfen, auf einen scharfen Widerstand Englands* gestoßen. Nicht zum Besseren hat sich auch seitdem unsere Lage in Persien gestaltet. Ist es nicht merkwürdig, sich zu erinnern, dass unser Einfluss in diesem Lande sich am stärksten unter der Regierung des Schachs Nasreddin bewährte, also gerade zur Zeit der größten Spannung unserer Beziehungen mit England?

Kurz gesagt, wir haben dabei (gemeint: Persien) nichts gewonnen, sondern wir haben im Gegenteil an der ganzen Front verloren, indem wir fremden Interessen unser Prestige, viele Millionen und selbst das kostbare Blut russischer Soldaten geopfert haben.

Unsere Annäherung an England und infolge davon die Entfremdung mit Deutschland hat für uns die schlimmsten Folgen auf der Balkanhalbinsel mit sich gebracht. Wie bekannt, gebrauchte noch Bismarck das geflügelte Wort, dass für Deutschland die Balkanfrage nicht die Knochen eines einzigen pommerschen Soldaten wert sei ... Also hat uns das *englisch-russische Einverständnis bis jetzt nichts Reales und Nützliches gebracht.*

---

303 Hervorhebungen im Text durch d. Verf.

In der Zukunft führt es uns unvermeidlich einem Kriege mit Deutschland entgegen. Unter welchen Umständen wird sich dieser Krieg gestalten und welches werden wahrscheinlich seine Folgen sein? ... Der Zusammenhang der Mächte im künftigen Krieg ist unzweifelhaft; einerseits sind das Russland, Frankreich und England, andererseits Deutschland, Österreich und die Türkei. *Wahrscheinlich ist, dass sich an dem Krieg, je nachdem er sich entwickeln wird, auch andere Staaten beteiligen werden.*

Welcher nähere Vorwand zum Kriege entstehen könnte, sei es ein Konflikt feindlicher Interessen auf der Balkanhalbinsel oder ein Kolonialzwischenfall, wie das in Algeciras der Fall war, der Zusammenhang der kämpfenden Mächte bleibt sicher derselbe ... Vielmehr ist es zu erwarten, dass *Italien* sich der Koalition gegen Deutschland anschließen wird, wenn der Verlauf des Krieges Italien zu einer vorteilhaften Beteiligung günstig erscheinen wird. In dieser Hinsicht ist Italiens Lage ähnlich der von Rumänien, welches vermutlich neutral bleiben wird, bis sich die Waagschale des Kriegsglückes auf die eine oder andere Seite neigen wird. Dann aber wird sich Rumänien im Bewusstsein eines gesunden politischen Egoismus der siegenden Partei anschließen, um eine Entschädigung entweder auf Kosten Österreichs oder auf Kosten Russlands zu erhalten ... Wir denken nicht, dass solch eine Kriegsbereitschaft auf eigene Kriegslust Deutschlands hindeutet. Deutschland hätte den Krieg gern vermieden, wenn es ohne denselben sein Ziel – die Beseitigung der Alleinherrschaft Englands auf dem Meere – erreichen könnte. Wenn es aber dabei auf Widerstand von Seiten der Koalition stößt, so wird Deutschland nicht nur von dem Krieg nicht zurücktreten, sondern wird ihn in einem womöglich günstigen Moment selbst provozieren ... Ohne Zweifel wird auf uns die Hauptlast des Krieges drücken, da England zu einem breiten Anteil an einem Kriege auf festem Lande nicht fähig ist, Frankreich aber wegen Armut an Kontingenten und in Aussicht der kolossalen Verluste, welche die Kriegstechnik unserer Zeit herbeiführen muss, sich wahrscheinlich auf eine streng defensive Taktik beschränken wird. Wir werden als Sturmbock wirken müssen, welcher die Kraft der deutschen Defensive zu durchbrechen hat, und dabei werden uns viele Nebenangelegenheiten widerstehen und viel Anstrengung und Aufmerksamkeit werden sie unsererseits in Anspruch nehmen.

... Amerika und Japan sind beide Deutschland gegenüber feindlich gesinnt. ...

Vielmehr bleibt die Möglichkeit nicht ausgeschlossen, dass Amerika und Japan feindlich gegen Deutschland auftreten, gewiss aber nur, um sich etlicher schwach verteidigter Kolonien zu bemächtigen.

... ebenfalls müssen wir auf sehr unangenehme Komplikationen in Polen und Finnland vorbereitet sein. ...

Endlich müssten wir in Betracht ziehen, dass sich in dem bevorstehenden Krieg die kulturell und technisch höchst entwickelten Nationen beteiligen werden. Bis jetzt hat jeder Krieg neue Schaffungen auf dem Gebiete der Kriegstechnik hervorgerufen, was unseren Gegnern große Vorteile bieten wird, da wir mit unserer technisch schwach entwickelten Industrie nicht in der Lage sein werden, die neuen Kriegserfindungen auszunutzen.

Aller dieser Schwierigkeiten scheint sich *unsere Diplomatie nicht bewusst zu sein und ihr Verhalten gegenüber Deutschland hat einen einigermaßen aggressiven Charakter,* was den Ausbruch dieses wegen englischer Einflüsse eigentlich unvermeidlichen Krieges unerwartet beschleunigen kann.

Die Lebensinteressen Deutschlands und Russlands stoßen nirgends gegeneinander und nichts liegt einem friedlichen Zusammenleben beider Staaten im Wege.

An Überschuss der Bevölkerung, der eine Erweiterung unseres Landbesitzes erfordern könnte, leiden wir nicht. Wenn es sich jedoch abgesehen hiervon um Eroberungen handelte, was kann uns ein Sieg über Deutschland geben? Polen, Ostpreußen. Wozu aber brauchen wir diese Provinzen mit einer dichten polnischen Bevölkerung, wenn es uns schwer genug fällt, die russischen Polen zu regieren? ... Wenn wir annehmen, dass unsere Diplomatie durch eine Annäherung an England freien Durchgang durch die Meerengen erzielte, so meinen wir, dass die Erreichung dieses Zieles einen Krieg mit Deutschland nicht unbedingt nötig machte.

Nicht Deutschland, sondern England hat uns den Ausgang aus dem Meer versperrt. Deutschlands Beistand hatten wir es zu verdanken, dass wir im Jahre 1871 uns von den erniedrigenden Beschränkungen, welche uns von England laut des Pariser Friedensvertrages auferlegt waren, befreien konnten. Es ist anzunehmen, dass die Deutschen eher als die Engländer uns in der Frage der Meerengen entgegenkommen würden, da sie dabei wenig interessiert sind und um diesen Preis gern ein Bündnis mit uns gekauft hätten ... Kurz gesagt: obgleich es unzweifelhaft ist, dass die zur Zeit noch geltenden russisch-deutschen Handelsverträge für uns unvorteilhaft sind und dass Deutschland bei ihrem Abschluss die damaligen politischen Zustände gut auszunutzen verstand und uns, einfach gesagt, gequetscht hat, so sind wir doch der Meinung, dass solch ein Verfahren nicht als „casus foederis" betrachtet werden kann; vielmehr erscheint es uns als eine Äußerung eines gesunden und unserer Nachahmung werten nationalen Egoismus, den wir seitens Deutschlands voraussetzen mussten und mit dem wir zu rechnen hatten.

Vielmehr wäre für unseren Handelsverkehr eine Niederlage Deutschlands unvorteilhaft, da dann ein Friede eintreten würde, welcher ausschließlich den Interessen Englands entsprechen könnte. ... In Betreff der ökonomischen Zukunft Deutschlands stehen die Interessen Russlands und Englands in vollem Gegensatz. *Für England wäre es vorteilhaft, den Seehandel Deutschlands zu vernichten und es in ein armes, vom Ackerbau lebendes Land zu verwandeln.* Abgesehen von den Handelsverträgen ist es allgemein verbreitet, die Leiden des russischen ökonomischen Lebens unter deutschem Joch zu beklagen, ebenso wie die systematische Ausbreitung der deutschen Kolonisation, welche vermeintlich das russische Reich mit großer Gefahr bedroht. Wir denken aber, dass derartige Befürchtungen höchst übertrieben sind.

Eine Annäherung an Deutschland sollte in keiner Weise in eine Vasallenschaft übergehen und ein freundliches, nachbarschaftliches Verhältnis mit Deutschland dürfte nicht zu dem Preis einer Opferung unserer Staatsinteressen zustande kommen. Deutschland wird unsere Bemühungen, einer weiteren deutschen Kolonisation in Russland vorzubeugen, nicht bekämpfen, da es Deutschland selbst vorteilhafter ist, die Kolonisationsbewegung nach seinen eigenen Kolonien zu lenken.

Was die Klagen über ein vermeintliches deutsches Joch betrifft, so glauben wir, dass diese Frage eines richtigen Verständnisses bedarf. Russland ist zu arm an Kapitalien und an industrieller Initiative, um ohne einen breiten Zuschuss ausländischer Kapitalien wirken zu können. Dies erklärt zum größten Teil die verhältnismäßige Billigkeit der Erzeugnisse der deutschen Fabriken und Gewerbe und ihren allmächtigen Sieg über englische Waren auf dem Weltmarkt.

Die mäßigen Forderungen der Rentabilität des deutschen Kapitals haben zur Folge, dass dieses Kapital auch solchen Gewerben dient, in die wegen ihres niedrigen Gewinnes Kapitalien anderer Länder nicht hineingesteckt werden.

Diese verhältnismäßige Billigkeit des deutschen Kapitals hat für Russland noch die guten Folgen, dass im Vergleich mit französischen oder englischen Unternehmungen bei den deutschen geringere Summen russischen Geldes als Unternehmergewinn aus dem Land abströmen.

Im Unterschied zu den englischen und französischen Unternehmern machen es die deutschen Kapitalisten zum größten Teil mit ihrem Kapital selbst nach Russland übersiedeln [sic]. Deshalb sehen wir im Vergleich zu englischen und französischen so viele deutsche Gewerbsleute und Fabrikanten in Russland. Die Franzosen und Engländer bleiben im Ausland und pumpen ihren Gewinn bis zur letzten Kopeke aus ihren Unternehmungen heraus, die deutschen Unternehmer dagegen weilen lange in Russland und bleiben dort für immer. Die Deutschen unterscheiden sich von den anderen Ausländern dadurch, dass sie sich bald an Russland gewöhnen. *Jeder von uns hat Franzosen und Engländer gesehen, die ihr Leben lang in Russland verbracht haben und doch kein Wort Russisch sprechen. Im Gegensatz hierzu ist es schwer, einem Deutschen zu begegnen, der, wenn auch mit einer fehlerhaften Aussprache und in gebrochener Form, sich doch nicht Russisch verständigen konnte.*

Deutschland dagegen ist ein beständiger, wenn auch nicht uneigennütziger Vermittler unseres Exporthandels und ist für uns das Gedeihen der schaffenden Kräfte Russlands interessiert als an einer Quelle ihrer vorteilhaften Vermittlungsoperationen [sic].

Dieser Krieg wird so riesig große Ausgaben erfordern, ... Es ist unzweifelhaft, dass die Auslagen, welche der Krieg von uns erfordern wird, bei weitem die finanziellen Kräfte übersteigen werden. Wir werden zu Anleihen bei den Verbündeten und Neutralen gezwungen sein, was uns gewiss sehr teuer werden wird. Es lohnt sich nicht, selbst darüber zu sprechen, was geschehen wird im Fall, dass der Krieg für uns ein schlechtes Ende nehmen würde.

Die *finanziellen und ökonomischen Folgen einer Niederlage* können weder gezählt noch im Voraus berechnet werden und werden sich wahrscheinlich als ein allgemeiner Verfall unserer ganzen Volkswirtschaft erweisen.

Aber selbst ein Sieg stellt uns vor höchst ungünstige finanzielle Aussichten. ... Der Friedensvertrag wird ausschließlich zum Besten Englands diktiert werden und wird Deutschland nicht die Möglichkeit geben, sich dermaßen zu erholen, um eben später unsere Kriegsausgaben zu decken. Das Wenige, was uns von Deutschland zu erhalten gelingen könnte, werden wir mit den Bundesgenossen teilen müssen, sodass unser Anteil im Vergleich mit den Kriegskosten ganz gering sein wird. ... Unterdessen aber werden uns Zahlungen aus den Kriegsanleihen obliegen infolge strenger Forderungen unserer früheren Bundesgenossen, denen wir nach dem Umsturz der deutschen Macht nicht mehr nötig sein werden.

Möglich ist es eben, dass, da infolge des Sieges unsere politische Macht steigen wird, die Bundesgenossen sich bemühen werden, uns wenigstens ökonomisch zu schwächen. Und dann erst, eben nach einem siegreichen Krieg, werden wir unvermeidlich unter ein solches finanzielles Joch unserer Gläubiger kommen, im Vergleich zu dem unsere jetzige Abhängigkeit von dem deutschen Kapital uns federleicht erscheinen wird.

Wie traurig auch die ökonomischen Aussichten uns erscheinen können, die als Resultat eines Bündnisses mit England und infolgedessen eines Krieges mit Deutschland uns bevorstehen, so werden sie immer doch in den Hintergrund treten gegenüber den Folgen dieses wesentlich unnatürlichen Bündnisses.

Es muss in Rücksicht gezogen werden, dass *Russland und Deutschland als Vertreter der konservativen Idee* in der zivilisierten Welt erscheinen, im Gegensatz zu dem demokratischen Prinzip, das in England und viel schwächer in Frankreich verkörpert ist. *Es ist sehr sonderbar, dass England, das zu Hause bei sich aufs Mark monarchistisch und konservativ gestimmt erscheint, dagegen in seinen äußeren Beziehungen immer als Beschützer der äußersten demokratischen Bestrebungen auftritt* und als Helfer bei allen Volksbewegungen, welche den Umsturz der Monarchie und der gesetzlichen Ordnung bezwecken.

Ein vieljähriges und fleißiges Studium aller antisozialen Strömungen unserer Zeit überzeugt uns, dass in *dem besiegten Lande eine soziale Revolution unvermeidlich* ist, welche sich natürlicherweise nachher auch auf das Gebiet der Sieger verbreiten wird. ... Russland bietet einen besonders günstigen Boden für soziale Erschütterungen, da seine Volksmassen von den Prinzipien eines unbewussten Sozialismus durchdrungen sind.

Der Krieg mit Deutschland wird besonders günstige Umstände zu solch einer Agitation schaffen. Wie schon oben gesagt ist, verspricht uns dieser Krieg die größten Schwierigkeiten und kann sich nicht zu einem Siegeseinzug in Berlin gestalten. Der Krieg wird unvermeidlich auch unglückliche Wendungen – wir wollen hoffen, nur zeitweilige – mit sich bringen und unsere Kriegsgeräte können sich als mangelhaft erweisen. All dergleichen wird unsere intelligente Gesellschaft wegen ihrer Nervosität sehr übertreiben und wegen ihrer regierungsfeindlichen Stimmung *ausschließlich auf Schuld der Regierung* setzen.

Im Falle einer siegreichen Beendigung des Krieges wird die Bezwingung der sozialistischen Bewegung endgültig kaum unüberwältigbare Schwierigkeiten bieten. Aber im Falle einer *Niederlage, deren Möglichkeit in einem Kriege mit solch einem Gegner wie Deutschland immer vorausgesetzt werden muss*, ist bei uns eine soziale Revolution in ihren äußersten Formen *unvermeidlich.* Die revolutionären Aufwiegler werden sofort mit den sozialistischen Losungsworten auftreten, als den einzigen, welche imstande sind, breite Volksschichten revolutionär und einzig zu stimmen.

Nicht minder soziale Erschütterungen im Falle einer Niederlage zu erleben, steht auch Deutschland bevor, obgleich dieses mit Rücksicht auf die außerordentliche Zähigkeit der deutschen Nation uns auf den ersten Blick sonderbar vorkommen könnte. *Ein unglücklicher Krieg wird so schwer auf das Volk drücken, dass alle die jetzt tief verborgenen anarchischen Bestrebungen ans Licht kommen werden ...* Deutschland wird infolge seiner Niederlage alle seine Weltmarktplätze und seinen Seehandel einbüßen, da das *einzige Ziel des Krieges seitens seines wahren Stifters, Englands, die Vernichtung der deutschen Konkurrenz war.*

Kurz gesagt, können in Deutschland den in Russland waltenden ganz ähnliche Zustände eintreten ... *Alles früher erwähnte drängt uns die Überzeugung auf, dass eine Annäherung an England uns nichts Gutes verspricht und dass die englische Orientierung unserer Diplomatie wesentlich fehlerhaft ist. Mit England können wir nicht den gleichen Schritt gehen; es muss seinem eigenem Schicksal überlassen werden, und wegen England dürfen wir uns nicht mit Deutschland verfeinden.*

Das dreifache Bündnis ist eine künstlich herbeigeführte Kombination, es ist nicht auf gemeinsame Interessen gegründet und die Zukunft gehört nicht ihm, sondern einem engen Bündnis zwischen Russland, Deutschland, dem mit letzteren versöhnten Frankreich und dem mit Russland in einem streng defensiven Bündnis stehenden Japan.

Solch eine politische Kombination, welcher jegliche Streitsucht gegenüber anderen Staaten fremd wäre, könnte auf lange Jahre den *Weltfrieden sichern, da denselben nicht, wie es sich die englische Diplomatie zu beweisen bemüht, der deutsche Militarismus bedroht, sondern ein ganz natürliches Bestreben Englands, seine bestrittene Weltherrschaft auf den Meeren um jeden Preis zu erhalten ...*

Quelle: Zeitung „Reichswart", 2. Jahrgang, Nr. 14, 15, 16 und 17, 2. April–23. April 1921 (digital einzusehen unter: http://zefys.staatsbibliothekberlin.de/kalender/auswahl/date/1921-04-02/25546545 [zuletzt eingesehen am 17. Januar 2016; Hervorhebungen vom Verfasser]

П. Н. Дурново.
ЗАПИСКА ДУРНОВО [Durnowo-Brief]

Февраль 1914 г. [Februar 1914]

БУДУЩАЯ АНГЛО-ГЕРМАНСКАЯ ВОЙНА ПРЕВРАТИТСЯ В ВООРУЖЕННОЕ СТОЛКНОВЕНИЕ МЕЖДУ ДВУМЯ ГРУППАМИ ДЕРЖАВ.

[Ein englisch-deutscher Krieg wird zu einem Waffengang zwischen zwei Mächtegruppierungen führen.]

Центральным фактором переживаемого нами периода мировой истории является соперничество Англии и Германии.

[Die Rivalität zwischen England und Deutschland ist der zentrale Faktor der Periode der Weltgeschichte, die wir heute durchleben.]

Это соперничество неминуемо должно привести к вооруженной борьбе между ними, исход которой, по всей вероятности, будет смертельным для побежденной стороны.

[Diese Rivalität wird unvermeidlich zu einem bewaffneten Kampf beider führen. Dessen Ausgang wird, aller Wahrtscheinlichkeit nach für den Unterlegenen tödlich sein.]

Bildnachweis

S. 16, 25, 41, 47: Wikimedia commons, gemeinfrei; 46: Wolpertinger, wikimedia commons (CC-BY-SA-3.0), 67, 72: Wikimedia commons, gemeinfrei; 74: Archiv Mag. G. Schneeweiß v. Arnoldstein; 101, 107, 117, 121, 126 (Zentralbibliothek Zürich), 145: Wikimedia commons, gemeinfrei; 153: kilima8, wikimedia commons (CC-BY-SA-2.5); 169: Mackay 86, Wikimedia commons (CC-BY-SA-3.0), 170, 178, 179: Wikimedia commons, gemeinfrei; 193: Rama, wikimedia commons (CC-BY-SA-3.0), 196: Wikimedia commons, gemeinfrei

Aus unserem Programm